Jürgen Wolf
Visualität, Form und Mythos in Peter Handkes Prosa

Jürgen Wolf

Visualität, Form und Mythos in Peter Handkes Prosa

Westdeutscher Verlag

CIP-Titelaufnahme der Deutschen Bibliothek

Wolf, Jürgen:
Visualität, Form und Mythos in Peter Handkes Prosa /
Jürgen Wolf. - Opladen: Westdt. Verl., 1991

Der Westdeutsche Verlag ist ein Unternehmen der Verlagsgruppe Bertelsmann International.

Umschlaggestaltung: Horst Dieter Bürkle, Darmstadt

ISBN 978-3-531-12189-5   ISBN 978-3-322-97012-1 (eBook)
DOI 10.1007/978-3-322-97012-1

Für

Hildegard und Jupp Wolf

und

Gottfried K.

Inhalt

"... Welt versinkt, wenn wir
die Augen endgültig schließen..."[1]

Einleitung

Die Auseinandersetzung mit einem Schriftsteller, der in
der Gegenwart nicht einmal die Hälfte der produktiven
Lebenszeit überschritten hat, ist in literaturwissen-
schaftlicher Hinsicht immer problematisch. Peter Handkes
Werk befindet sich - wie zu hoffen ist - noch im Fortschreiten. Gerade seine Arbeiten haben von Beginn an in
ihrer Abfolge und Entwicklung einen außerordentlich
"prozeßhaften" Charakter. Dies läßt vermuten, daß mit der
Erzählung "Die Abwesenheit" aus dem Jahr 1987 der kon-
tinuierliche thematische Fortgang noch nicht zu einem
Abschluß gekommen ist. Dennoch erscheint mit "Die Abwesenheit" ein Kreis geschlossen: Das Verhältnis der
Protagonisten zu den Dingen und zur Welt hat sich gänzlich
beruhigt und ist zumindest gegenüber den dinglichen
Erscheinungen frei von Reibungen.
Die folgende Arbeit unternimmt den Versuch, diese Kontinuität hin zu einer ruhigen Wahrnehmung der Phänomene
nachzuzeichnen. Dabei wird sich zeigen, daß es die von der
Kritik festgestellte "Kehre" in Handkes Werk seit "Langsame Heimkehr" tatsächlich nicht gibt. Besonders innerhalb
der Literaturkritik sind seine Arbeiten spätestens seit
diesem Zeitpunkt heftig umstritten. Zuweilen stehen sich
die Kritiker wie streitende Prozeßparteien gegenüber.
Trotz dieser Tatsache setzt sich diese Arbeit nur marginal
mit Rezensionen auseinander. Es ist für unser Thema müßig,
da sich die größte Anzahl der Kritiken nicht einmal in
Ansätzen ernsthaft mit Handkes Themen und Texten befaßt.

---

[1] Gadamer, in: König, Hrsg., S. 52

(Freilich stellt sich hier die Frage, ob das ihre Aufgabe ist oder sein soll). Die meisten Beiträge beschränken sich auf bloßes "Meinen" oder auch "Geschmäcklerisches". Jedenfalls sind journalistische Beiträge - so umfangreich ihre Liste nun bereits ist - zum Thema dieser Arbeit kein erhellender Faktor.

Wegen der vielfältigen Bezüge Handkes zu literarischen, kunsthistorischen und philosophischen Traditionen war es angebracht, auch längere Passagen aus anderen Werken im Zusammenhang zu zitieren. Nur auf diese Weise erscheint die Verbindung zu Handke und der Reflex der Tradition auf sein Werk gewährleistet. Im übrigen mag die Fülle von Zitaten aus Handkes Arbeiten manchen überraschen. Jedoch erscheint dieses Vorgehen unbedingt erforderlich, da seine Texte in außerordentlicher Weise für sich sprechen. Sie im Zusammenhang zu zitieren, führt zumeist weiter, als an ihre Stelle sekundäre Ausführungen zu setzen.

Die Darstellung ist dem Thema angepaßt. Doch muß betont werden, daß die thematischen Schwerpunkte "Visualität", "Form" und "Mythos" nicht getrennt voneinander zu sehen sind, wie es auf den ersten Blick vielleicht erscheinen mag. Es geht bei jedem der einzelnen Punkte um die Frage, wie Handke das Verhältnis von Mensch und Welt in seinem Prosawerk entwirft. Der essentielle Zugang zu den Phänomenen erfolgt - das ist nahezu selbstverständlich - durch die visuelle Wahrnehmung. Mit ihr entsteht ein inneres Wahrnehmungsbild. Seine Gestalt wird bestimmt von den äußeren Formen einerseits und der Verfassung des Bewußtseins andererseits. Auch letztere fällt unter den Begriff der Form. Eine Art Protokoll dieser Vorgänge und Beziehungen bildet die Form der Erzählung. Der Gegenwartsmythos seinerseits ist in diesem Zusammenhang eine besondere Form der Erzählung, die auf bestimmte sinnliche und auch visuelle Komponenten zurückgreift.

Der erste Teil der Arbeit versucht in engster Anlehnung an den Text, die Genese der Blicke, der visuellen Wahrnehmung von "Die Hornissen" bis "Die Stunde der wahren

Empfindung" nachzuzeichnen. Es geht in diesem Teil um die
Klärung der Fragen: Wer sieht was und wie? Und warum sieht
er die Dinge so, wie er sie sieht? Um bei dieser Fragestellung einigermaßen genau zu bleiben, war ein etwas
zähes Nach und Nach durch die chronologische Untersuchung
einzelner Publikationen nicht zu umgehen.[2]

Der zweite Teil behandelt dann Visualität und die oben
kurz skizzierten Varianten der Form anhand der Publikationen "Langsame Heimkehr" und "Die Lehre der Sainte
Victoire"[3]. Die Auseinandersetzung mit den Werken Stifters und Cézannes war zum Verständnis von Handkes literarischen Entwürfen von Raum, Zeit und der phänomenologischen Beziehung zu den Dingen unerläßlich. Als fast banale
essentielle Erkenntnis bleibt auch hier die Feststellung,
daß die innere Gestimmtheit des Menschen und äußere Räume,
Zeit und die Dinge sich fortwährend wechselseitig bedingen
und beeinflussen. Das Bewußtsein oszilliert zwischen Innen
und Außen.

Im dritten Teil schließlich werden Strukturen des Mythos
in der Gegenwart in Handkes Werk, insbesondere seit
"Langsame Heimkehr", herausgearbeitet. Diese Erscheinungsformen des Mythos sind äußerst vielschichtig, entziehen
sich aber nicht den tradierten Kategorien. Die mythischen
Elemente einer unmittelbaren Sinnlichkeit, einer Phantasie
in der Entwicklungsstufe der kollektiven und individuellen
Kindheit und der Wieder-holung in der Erzählung sind auch
bei Handke konkret nachweisbar.
Ein interdiziplinärer Vergleich mit dem Rückgriff auf

---

[2] In diesem Kapitel sind nur die für das Thema wichtigsten Prosa-Arbeiten Handkes aus den Jahren 1966 - 1975
berücksichtigt. Die Filmerzählung "Falsche Bewegung"
wäre für den ersten Titel der Arbeit durchaus interessant gewesen, jedoch hat sie bereits Melzer, S.
132ff. unter dem Thema des "erotischen Blicks" behandelt.

[3] Im folgenden auch mit "Lehre" zitiert.

mythische Inhalte in der Malerei seit den 70er Jahren
bietet sich hier an. Besonders in der zeitgenössischen
Malerei Italiens innerhalb der "Transavanguardia" erfolgt
eine intensive Auseinandersetzung mit mythischen Ideen.
Das Werk Enzo Cucchis erscheint in weiten Teilen geeignet,
korrespondierende Intentionen zu Handkes Position auf-
zuzeigen. Drei seiner Arbeiten aus den Jahren 1980 bis
1986 sollen als Korrelate zum Werk Handkes der Exem-
plifikation des Themas dienen. Cucchi und Handke geht es
gleichermaßen um die Reaktivierung von archaisch-mythi-
schen Bewußtseinsschichten. Diese Versuche sind gedacht -
wie es mythisch geprägter Kunst in der Neuzeit zumeist
eigen war - als Gegenentwurf zu einer ungebrochenen
Rationalität und damit verbunden zu einem blinden Fort-
schrittsglauben in unserer Zeit.

Da der thematische Rahmen dieser Arbeit ohnehin relativ
weit gefaßt ist, wurden in die Untersuchung ausschließlich
Prosaarbeiten Handkes einbezogen.

"Your inside is out .....
Your outside is in .....
Your outside is in .....
Your inside is out....."

The Beatles[1]

I. Die Entwicklung der visuellen Form

1. "Die Hornissen"

Das erste Prosawerk Handkes, ist als Roman ausgewiesen. Dennoch wird darin keine lineare und in sich geschlossene Handlung erzählt. Es besteht aus 67 Abschnitten, deren Überschriften seitlich neben dem Text angeordnet sind. Die einzelnen Textabschnitte haben einen diskontinuierlichen und disparaten Bezug zueinander. Im Klappentext gibt Handke einen ersten Aufschluß über das Verfahren der Konstruktion des Romans: "Die Hornissen [...] sind der Versuch, die Entstehung eines Romans zu beschreiben." Ein Mann erinnert sich an den Inhalt eines "verschollenen" Buches. Aus den Erinnerungsfragmenten

> "denkt der Mann den Roman aus, und zwar derart, daß unentscheidbar bleibt, ob das Geschehen in dem 'neuen Roman' nur den 'Helden' des alten Romans betrifft, oder auch ihn, der ihn ausdenkt. Dieser neue Roman sind **Die Hornissen**".

Er bezieht sich damit auf das vorletzte Kapitel des Romans, "Die Entstehung der Geschichte". An dieser Stelle wechselt die Erzählperspektive von der Ich- zur Er-Form; der Ich-Erzähler wird selbst zum Betrachteten. Seine Erinnerung an das Buch

---

[1] Aus dem Song "Everybody's Got Something to Hide Except Me and My Monkey".

"scheint durch die Gegenwart verworfen und abge-
ändert; [...]
Indessen zweifelt er nicht, daß er das Buch vorzei-
ten gelesen hat; da er es also gelesen hat, kann er
damals das Augenlicht noch nicht verloren haben; ein
Zweifel plagt ihn nur über die Begebenheiten, die in
dem Buch vor sich gegangen sind." (H 271).

Als Handlungskern steht allerdings fest, daß das Buch von
zwei Brüdern erzählt,

"von denen später der eine, als er allein nach dem
abgängigen zweiten sucht, erblindet. [...]
Es wird davon ausgegangen, daß der Blinde, als er
schon erwachsen ist, eines Sonntags erwacht und
durch etwas, dem er mit seinen Gedanken nicht mehr
beikommen kann, an seinen abwesenden Bruder gemahnt
wird. Fortan wechseln in seinem Gehirn die Stellen,
an die er sich zu erinnern glaubt, ohne Ordnung
durcheinander." (H 272 f.)

Auf die Erblindung des Erzählers, Gregor Bendedikt, ist
bereits im ersten Kapitel hingewiesen.

"Schon an diesem Morgen, sagte mein Bruder, hätte
ich mit meinen zuckenden Lidern einem Blinden ähn-
lich geschaut." (H 11)

Die Blindheit schließt die visuelle Wahrnehmung aus;
gleichzeitig verstärkt sie das vorgestellte Bild des Blinden durch die Erinnerung. Bereits die beiden ersten Sätze
des Romans enthalten visuelle Elemente. Mit Verben der
Wahrnehmung wie "starren" und "schauen" sind Modalitäten
der Wahrnehmung beschrieben.

"Damals, sagte mein Bruder, sei ich vor dem Ofen
gesessen und hätte in das Feuer gestarrt.
Er sei noch im Regen vor Tagesanbruch von hinten auf
die Anhöhe gekommen; ohne zu schauen, sei er durch
den Weidedraht in das Feld gestiegen,..." (H 7)

Wenige Absätze weiter diktieren die Blicke das Geschehen.
Dem Erzähler erscheinen Blicke und Individuen voneinander
isoliert; nachdem das Auge sie ausgesandt hat, nehmen die
Blicke eine eigenständige Form an, die jedoch trotz aller

Selbständigkeit vom Subjekt bestimmt wird.

> "Seine Blicke gingen in die Augen, von denen sie
> ausgegangen waren zurück, und gingen wiederum aus
> und schauten wiederum mich an. [...] Er flüchtete
> sich mit den Blicken zum Feuer. Er brach mit den
> Blicken ein in die Glut, die an ihren Rissen und
> Rillen in einem stetigen Wechsel von Wind und Wind-
> stille glühend den Luftzug anzog und austieß. So-
> gleich riß er die Blicke heraus und schleifte das
> Gesicht breitseits über die Scheibe zur Mauerkan-
> te..." (H 8f.)

Mit der Verbindung von Visualität, Erinnerung und Sprache
wird das erkenntnistheoretische Verfahren des Romans bestimmt. Es geht der Frage nach, auf welche Weise sich subjektive Realitäten konstituieren. In welchem Verhältnis
stehen Innen- und Außenwelt, Blick, Erinnern und Sprache?
Die Sprachrealität im Roman entsteht aus einer vorgegebenen Realität. Sie konstruiert sich aus den primären Erinnerungen des Erzählers und der sekundären Erinnerung aus
dem Inhalt des Buches. Die Figur des ehemals Sehenden ist
dabei exemplarisch. Der blinde Ich-Erzähler "wird zum
Detektiv eines subjektiven Prozesses, durch den Realität
entsteht."[1]
"In vielen Sagen ist gerade der Blinde ein Seher. Der
Seher ist blind." (H 274) So begnügt er sich zwangsläufig
mit dem, "was er sich ausdenkt." (H 275)
In diesem Modell liegt nicht nur eine Reminiszenz an den
blinden Seher Teiresias oder den blinden Sänger Homer. Es
ist vielmehr die Betonung eines inneren Bildes als Abbild
einer subjektiven Realität.
Dieses vorstellende Denken bildet die Welt in den Inhalten
des Bewußtseins. Nur der Blinde ist in letzter Konsequenz
und Unausweichlichkeit darauf und auf die Erinnerung angewiesen. Sie ist der Rahmen und die Begrenzung des Roman-
inhalts. Das erste Kapitel lautet "Das Einsetzen der Erinnerung"; das letzte trägt den Titel "Das Aussetzen der

---

[1] Klinkowitz, S. 38

Erinnerung". Mit ihr endet die Vorstellung des blinden Erzählers und damit auch die Erzählung. Dieses Verfahren der erinnernden Vergegenwärtigung erreichte mit Proust in der literarischen Moderne einen Höhepunkt. Im berühmten "Madeleine-Erlebnis"[1] beschreibt der Erzähler, wie der Geschmack von Lindenblütentee und Madeleine-Gebäck die Vergangenheit und die Gegenwart miteinander verbindet. Der geschmacklichen Wahrnehmung ordnet er Bilder der Vergangenheit zu. Die "memoire involontaire" gründet auf der bereits gelebten Erfahrung; Erkennen heißt an dieser Stelle auch immer Wiedererkennen.

Proust, der Schüler Bergsons, praktiziert dessen Auffassung einer "durée interieure", die er als "vie continue d'une memoire qui prolonge le passé dans le présent..."[2] bezeichnet. Gleichzeitig ist mit der Erinnerung die Kontinuität einer Person ausgesagt; im Bewußtsein der Kontinuität empfindet sich das Ich in unmittelbarer Weise.

Zu dieser Dauer, der vereinheitlichten Form von Vergangenheit und Gegenwart in der Gegenwart gehört für Bergson auch die Verknüpfung von erinnerter Vergangenheit und gegenwärtigem Erleben. Er schreibt dazu: "Il n'y a pas de conscience sans memoire, pas de continuation d'un état sans l' addition, au sentiment present, du souvenir des moments passés."[3]

Diese Form des Bewußtseins als Dauer erscheint auch in den "Hornissen", jedoch ohne daß der Erzähler die Emphase von Prousts Erzähler in der "Recherche" bei der Vergegenwärtigung der Vergangenheit in dieser Form nachvollzieht.

Der Blinde ordnet dem einstmals Gesehenen und Erfahrenen ein zeitversetztes Korrelat aus der Gegenwart zu. Unterschiedliche Wahrnehmungsformen wie Sehen und Hören wirken voneinander abhängig und synästhetisch. Die Realität des

---

[1] Proust, Bd. 1, S. 66

[2] Bergson, Introduction..., S. 200 f.; s.a. Essai sur les données..., S. 75

[3] A.a.O.

Blinden findet auf diese Weise im und durch das Innenbild
statt.

> "Ich teilte den Geräuschen, die ich hörte, die Bil-
> der zu. Ich teilte den Bildern die Geräusche zu, die
> ich nicht hörte. Ich teile den Geräuschen die ich
> nicht hörte, die Bilder zu. Dem Geräusch der Kupp-
> lung und der Gelenke teilte ich den hinteren Wagen
> der Straßenbahn [...]
> Ich teilte den Lippen die Bilder der Mundbewegungen
> zu und den Bewegungen die Geräusche. Ich teilte den
> einander zugeneigten Bilder der Körper die Unterhal-
> tung zu." (H 82)

Neben Anklängen an das "Sprachspiel"[1] weist das visuelle
Modell der "Hornissen" auf Wittgensteins Auffassung im
"Tractatus" hin. Dort betont er die Bildhaftigkeit der
äußeren Erscheinungen, die Parallelität von Erscheinung
und Abbild: "Wir machen uns Bilder der Tatsachen."[2] Das
Bild ist immer ein Abbild, nicht die Wirklichkeit selbst;
es ist ein "Modell der Wirklichkeit"[3] und als solches
"Eine Tatsache".[4] Doch ist es "mit der Wirklichkeit verknüpft".[5] Es muß etwas "im Bild und Abgebildeten identisch sein, damit das eine überhaupt das Bild des anderen
sein kann."[6] In Wittgensteins Abhandlung erscheint der
Blindgewordene als Idealtypus für sein Modell. Die Welt
verlagert sich auf den Gedanken, der sich auf ein Wahr-
genommenes bezieht.

> " 'Ein Sachverhalt ist denkbar' heißt: Wir können
> uns ein Bild von ihm machen.
> Die Gesamtheit der wahren Gedanken sind ein Bild der
> Welt."

---

[1] Mixner, S. 14 ff weist mit Nachweisen darauf hin.

[2] Wittgenstein, Bd. 1, 2.1.

[3] Ebd., 2.12

[4] Ebd., 2.141

[5] Ebd., 2.1511

[6] Ebd., 2.161

Fehlt die visuelle Erfahrung, so mangelt es dem Blinden auch an Stoff, um sich ein 'wahres Gedankenbild' zu machen. Gregor Benedikt analysiert seine Situation:

> "Wenn ich aber mit den Bildern zu der Grenze der Erfahrung gekommen war, half mir nichts mehr weiter. Ich lag in einem finsteren Raum unter den schlafenden, wachenden Blinden und konnte mir von nichts mehr ein Bild machen." (H 92)

Seine Erfahrung bildet hier "eine Grenze der Welt"[1], oder, um es mit Rudolf Arnheim zu beschreiben: "Was das Sehen zu bieten hat, steht dem Geist nicht nur zur Verfügung, sondern ist unentbehrlich für ihn."[2] Gregor Benedikt stößt an die Grenzen seiner Welt, wenn in den niedergeschriebenen Sätzen kein weiteres Abbild der Wirklichkeit gegeben werden kann. Der Satz als "Bild der Wirklichkeit"[3], als "Vertretung von Gegenständen durch Zeichen"[4], ist eine Form der abgebildeten Welt. Ist die einstmals wahrgenommene Welt nicht mehr in Sprache zu fassen, sind die "Grenzen der Welt" selbst bedeutet. In dem Aufsatz "Zur Tagung der Gruppe 47 in USA" (1966) macht Handke seine Unterscheidung von Welt und Sprachwelt deutlich. Die Sprache ist eine eigenständige Form der Welt, "eine Realität für sich" (BE 34), durch die man nicht auf die Welt schauen kann. Zu beachten ist bei jeder sprachlichen Kommunikation, wie mit der Sprache Welt geformt wird.

> "Das 'Glas der Sprache' sollte endlich zerschlagen werden. Durch die Sprache kann nicht einfach durchgeschaut werden auf die Objekte. Anstatt so zu tun, als könnte man durch die Sprache schauen wie eine Fensterscheibe, sollte man die tückische Sprache selber durchschauen, und wenn man sie durchschaut hat, zeigen, wieviele Dinge mit der Sprache

---

[1] Ebd., 5.632

[2] Arnheim, S. 27

[3] Wittgenstein, 4.021

[4] Ebd., 4.0312

gedreht werden können. Diese stilistische Aufgabe
wäre durchaus, dadurch, daß sie aufzeigte, auch eine
gesellschaftliche." (BE 30)

Horkheimer und Adorno konstatieren in diesem Zusammenhang
eine "abgegriffene Sprache" und ihre Aneignung durch die
"gesellschaftlichen Maschinerien".[1] Sprache als Klischee
erscheint entindividualisiert und daher unreflektiert
verfügbar: "Kein Ausdruck bietet sich an, der nicht zum
Einverständnis mit herrschenden Denkrichtungen hinstre-
be,..."[2]
In dem Aufsatz "Die Literatur ist romantisch" stellt
Handke die eigene Auffassung Sartres Metapher gegenüber,
die Sprache müsse "'wie ein Glas' sein, durch das man ohne
Fälschung auf die Dinge schauen könne." (BE 41) Für Handke
dagegen dienen "die Wörter des Schriftstellers [...] nicht
als Glas, geben nicht die Dinge wieder, sondern die Meinung des Beschreibenden, wie die Dinge sein sollten." (BE
41 f.) Mit dem Blick auf die Sprache unternimmt er es,
"die institutionalisierte und schablonenhafte Wirklich-
keitsvorstellung zu entlarven."[3]
Die Dichotomie zwischen wahrgenommener Wirklichkeit und
Sprachwirklichkeit ist im Kapitel "Die Verheimlichung der
Nachricht" in einer augenblickshaften Sprachirritation des
Erzählers veranschaulicht. Er fragt sich, ob er den Ge-
schehensablauf durch Sprache beeinflussen kann und "sam-
melte Worte" (H 18) für eine "Nachricht". Doch sind hier
Realität und Sprache radikal und unvereinbar voneinander
getrennt, so daß der Erzähler mit seinem gedachten Primat
der Sprache scheitert.

"Die Worte fielen mir jedoch im Gehirn, bevor ich
sie aussprach, zu Silben und Buchstaben auseinander,
die ich zu fassen nicht mehr imstande war;..." (H19)

---

[1]   Adorno, Schriften; Bd. 3, S. 12

[2]   A.a.O.

[3]   Sergooris, S. 86

Einen ähnlichen Zustand beschreibt Hofmannsthal im "Brief"
des Lord Chandos, dem die "abstrakten Worte, deren sich
doch die Zunge naturgemäß bedienen muß" zerfielen "wie
modrige Pilze."[1] Chandos ist "völlig die Fähigkeit abhanden gekommen, über irgendetwas zusammenhängend zu
denken oder zu sprechen."[2] Paradoxerweise formuliert er
in einer brillanten Sprache einen Wirklichkeits- und
Sprachzerfall. Chandos erlebte in der Vergangenheit "in
einer Art von andauernder Trunkenheit, das ganze Dasein
als eine große Einheit: geistige und körperliche Welt
schien mir keinen Gegensatz zu bilden."[3] Seine Schizophrenie führt über eine "Aufhebung der Subjekt-Objekt-
Spaltung"[4] bis zu einem Zustand, in dem er schließlich
"selbst einer Spaltung unterliegt."[5] Nach dem Umkippen
des Bewußtseins ist ihm zum Zeitpunkt des Briefes die Welt
in unzusammenhängende Teile zersplittert. Die Sprache versagt, weil ihre Begriffe als Abbilder nicht mehr tragfähig
sind.

Mixner stellt zu Recht fest, daß ein psychopathologischer
Zustand bei Gregor Benedikt nicht vorliegt. Er begab sich
bewußt in die "Gefahr des Verwechselns oder Einswerden von
Wortwirklichkeit und wirklicher Wirklichkeit", die ihm bei
seinem Versuch, die äußere Wirklichkeit durch die Sprache
zu steuern, "zu Bewußtsein kommt."[6]

Am Ende des Romans beschreibt der Erzähler schließlich,
wie er seinen Bruder über ein vereistes Schneefeld gehen
sah, und der Bruder durch die obere Eisschicht einbrach.

"Als ich ihn anrief, brach er ein. Als er den linken

---

[1] Hofmannsthal, S. 131

[2] A.a.O.

[3] Ebd., S. 129

[4] Weinberg, S. 103

[5] A.a.O.

[6] Mixner, S. 7

Fuß herauszog, brach der rechte ein. Als er den
rechten Fuß herauszog, brach zusehends auch der
linke ein. Als er in Lauf fiel, brach er beiderseits
ein. Unter der Eisschicht ist der Schnee aus dichtem
Staub." (H 277)

Diese Stelle demonstriert erneut "das Bewußtsein, daß die
Sprache Eigenwert hat."[1] Die obere Eisschicht ist wieder-
um eine Metapher der "Glas-Metapher" Sartres. Sie muß
zerbrochen werden, um zu der von ihr verdeckten Welt der
Dinge zu gelangen. Ist dies einmal geschehen, bricht der
Fortschreitende mit jedem weiteren Schritt wieder ein.
Handkes gesamtes nachfolgendes Werk ist ein fortwährender
Versuch, wahrgenommene Wirklichkeit und Sprachwirklichkeit
einander anzunähern. Über mannigfaltige Irritationen im
Verhältnis Innenwelt, Außenwelt und Sprache wird sich ihre
Differenz verringern. Sprache und Dinge rücken als paral-
lele Formen näher aneinander.

2. "Der Hausierer"

Im zweiten Roman sind Erzähltext und Reflexionstext voneinander getrennt. Jedes der zwölf Kapitel beginnt mit
einem reflektierenden Text, der darlegt, "wie das Buch
sich nach den Gattungsregeln des Kriminalromans entwickeln
könnte."[2] Danach ist die Geschichte des Hausierers "nicht
erfunden; es ist eine gefundene Geschichte, und zwar im
Großen und Ganzen die übliche Geschichte in einem Kriminalroman. Dieses Geschichtenschema ist das Modell für die
Darstellung von Furcht, Angst, Schrecken, Verfolgung,
Folterung, Beklemmung und Schmerz gewesen."[3] Durch "Prü-
fung" und "Abstraktion" des Kriminalromanschemas hoffte
Handke, "auch zu neuen Darstellungsmöglichkeiten meiner

---

[1] Lex, S. 28

[2] Klinkowitz, S. 38

[3] Handke, in: Fellinger, S. 36

Wirklichkeit zu kommen, weil mir die bisherigen Darstellungsmöglichkeiten **unmöglich** geworden sind,..."[1] Mit der
Betonung "meiner Wirklichkeit" ist erneut die Subjektivität allen Geschehens akzentuiert. In den "Hornissen" war
es im wesentlichen die Addition von Erinnertem und Gegenwärtigem. Im "Hausierer" soll nun die Folie des Kriminalromans aufgelegt werden, und mit dieser Änderung der literarischen Methode wird auch der Blick auf die Welt erneuert und beeinflußt. Der Anspruch einer permanenten Innovation der literarischen Form und Methode entspricht dem
Programm des Frühwerks. Es äußert sich in Handkes apodik-
tischem Postulat:

"Zuallererst geht es mir um die Methode." (BE 26)

Durch ein neues literarisches Abbild und Modell soll das
"endgültig scheinende Weltbild" (BE 20) abgelöst und in
Frage gestellt werden.
Handke beschreibt diesen Einklang von Erweiterung der
literarischen Form und erweitertem Weltzugang:

"Jetzt, als Autor wie als Leser, genügen mir die bekannten Möglichkeiten, die Welt darzustellen, nicht
mehr. Eine Möglichkeit besteht für mich nur einmal.
[.....]
Ein Darstellungsmodell, beim ersten Mal auf die
Wirklichkeit angewendet, kann realistisch sein, beim
zweiten Mal schon ist es eine Manier, ist irreal,
auch wenn es sich wieder als realistisch bezeichnen
mag." (BE 20)

Der Hausierer ist als stets "Dazukommender" mit dem unverstellten Blick des Außenstehenden geradezu der Idealtypus
für eine innovative Wahrnehmung des Geschehens. Er "sieht
die Dinge an dem Ort der Handlung zum ersten Mal. Er muß
sie alle erst wahrnehmen." (Ha 8)
Seine Wahrnehmungen vermitteln das Geschehen, und dennoch
steht er in einer deutlichen Distanz dazu. Durch die Er-

---

[1] A.a.O.

Form des Romans wird der Leser in die Lage versetzt, die
Beobachtungen des Hausierers seinerseits zu beobachten.
Das Geschehen verläuft in einer Kurve, ausgehend von einer
"ursprünglichen Ordnung" vor dem ersten Mord, über eine
Unordnung der Dinge nach den beiden Morden bis zur "end-
gültigen Wiederkehr der Ordnung" (Ha 201) nach der Entlarvung. Ordnung und Unordnung sind kontrastierende
Bewußtseinszustände des Hausierers, die einander jedoch
bedingen.

> "Jede besonders beschriebene Ordnung an einem Ding
> oder an einer Person ist auch besonders verdächtig.
> Die Beschreibung der Ordentlichkeit eines Hinter-
> kopfes, eines Halses oder einer Fensterscheibe, läßt
> für die künftige Ordnung dieser beschriebenen Gegen-
> stände fürchten. Die Peinlichkeit der jetzt be-
> schriebenen Ordnung steht in der Spannung zu der
> Peinlichkeit der zu erwartenden Unordnung." (Ha 10)

Im "Hausierer" beginnt, was sich auch im nachfolgenden
Werk als konstantes Phänomen fortsetzen wird: Das Oszillieren und die Überschneidung von Innen und Außen. Ordnung
und Unordnung spielen sich im Subjekt ab, und die Beschreibung erhält dadurch psychologisierenden Charakter.
Im "Hausierer" ist die Wirklichkeit zunächst ein festes
und kausales Gefüge, das er als "eine ungestörte Wirklichkeit" (Ha 24) wahrnimmt. Die Gedanken entsprechen den
Sätzen im Roman, sie "gehorchen dem, was er bemerkt.
Nirgendwo gibt es eine Lücke." (Ha 24) "Die erste Unordnung" erfolgt dann im zweiten Kapitel nach der Ankündigung
im kommentierenden Text. Zwischen dem Betrachter und den
Dingen ist die gleichmütige Harmonie verlorengegangen:
"Alles, was er sieht, kommt ihm wie ein Fremdkörper vor."
(Ha 30)
Die Dinge erhalten gestische Eigenschaften, und die Umwelt
erscheint in unverbundene Fragmente zersplittert, was der
parataktische Charakter der Sätze demonstriert. Die Angst
des Hausierers reflektiert von den Gegenständen zurück.

> "Die Bedrohlichkeit des aufrechtstehenden Bügel-

eisens! Den Fleck könnte man fast schon eine Lache nennen. Eisstücke fallen in die leeren Gläser. Der Rolladen verzerrt sich fast unmerklich. Von dem Draht klatscht ein großer einzelner Tropfen auf die Straße. Das Schuhband ist an der Spitze lehmgelb. ... In diesem Augenblick der Beschreibung klingt sogar das Geräusch des Wassers, das aus der Kanne ins Glas rinnt, gefährlich." (Ha 34)

Die Kategorie der äußeren Ordnung ist auf den Vorgang der Wahrnehmung und damit auf die Seite des Subjekts verlegt: "Die Ordnung ist nur eine Ordnung der Sinne gewesen." (Ha 61) Auch hier besteht eine Parallelität von Geschehen und Sprache. Dem Kausalitätsbruch entspricht in dieser Phase "die alogische Struktur der Sätze."[1]

> "Wie im Schrecken die Gegenstände nichts mehr mit-einander zu tun zu haben scheinen, so scheinen hier die Sätze im Schrecken nichts mehr miteinander zu tun zu haben. Jeder Satz steht für sich allein."[2]

Der Hausierer wird verdächtigt, verfolgt und gerät dabei in heftige Angstzustände. Nach der Erfahrung einer atomi-sierten Außenwelt nehmen die Gegenstände in dieser Situa-tion ein Eigenleben an. Er kann ihre Abfolge nicht mehr koordinieren und die Dingwelt emanzipiert sich zu einem eigenständigen Kommunikationspartner.

> "Der leere Sessel schaut ihm entgegen." (Ha 88)
> "Es kommt ihm vor, als hätten sich auf einmal alle Gegenstände selbständig gemacht." (Ha 99)

Danach wirken Angst und Schrecken als unmittelbarer Reflex auf die Wahrnehmung. Ihm kommen "auf einmal die Gegenstän-de verschleiert vor." (Ha 100) Die Blicke bleiben nicht mehr an den Dingen haften; - "Alles ist fürchterlich glatt" (Ha 102), und "Er sieht keine Farben." (Ha 102) In diesem Zustand stehen die Dinge isoliert für sich, und

---

[1] Handke, in: Fellinger, S. 37

[2] A.a.O.

"die Wirklichkeit [...] zerfällt in Einzelheiten. [...] Er kann das Messer nicht mehr mit dem Brot verbinden, den Raum nicht mehr mit der Tür [.....]" (Ha 127)

Im weiteren Verlauf des Romans eskaliert das Befinden des Protagonisten. Sein Innerstes verlagert sich fast vollständig nach außen in die Dinge, so daß er sich schließlich die Frage stellt: "Vielleicht sind die Dinge wahnsinnig?" (Ha 136) Nach der Entlarvung des wahren Mörders ist das Gleichgewicht zwischen Innen und Außen wieder hergestellt.

> "Jedes Verhältnis zwischen Gegenständen und Personen ist aufgeklärt und gesichert. [....] Jeder beschriebene Gegenstand gehört zu einem anderen beschriebenen Gegenstand." (Ha 188)

Subjekt und Objekt existieren frei von Affektionen nebeneinander.

3. Der Einfluß Robbe-Grillets

Sowohl "Die Hornissen" als auch "Der Hausierer" sind in Teilen vom "nouveau roman" Robbe-Grillets aus der ersten Phase der "Romane des Blicks"[1] beeinflußt. Die wesentlichen Anregungen erhielt Handke durch den Symbol- und Verweisungscharakter der Dinge auf den Zustand des Individuums. Handke waren "die oft rein magischen Erlebnisse von Angst"[2] als Heranwachsender wichtig:

> "daß mir Gegenstände da als Anlässe für eine Existenzangst dienten. [...] daß sie eigentlich Zeichen waren für psychische Situationen, sonst wäre ich zum

---

[1] Wellershoff, S. 10; danach sind den "Romanen des Blicks" "Le voyeur" (1955) "La jalousie" (1957) und "Dans le labyrinthe" (1959) zuzuordnen

[2] Durzak, S. 324

Beispiel nie fasziniert gewesen von Robbe-Grillet."[1]

Hinzu tritt die Art von Genauigkeit der Beschreibung, wie sie Robbe-Grillet in ausgeprägter Weise praktiziert. Mit Handkes strenger Unterscheidung von Sprache und Wirklichkeit komme es darauf an, daß ein Phänomen "der Sprache einverleibt" und nicht "einfach mit Hilfe der Sprache abgeschrieben" (BE 32) wird.

In "Die Hornissen" bediente er sich noch der Technik des "nouveau roman" mit dem "Einhalten einer Sicht von Außen" und der Vermeidung "von Psychologisierung".[2] Die Beschreibung ist sehr am Detail orientiert. Mit dem "Hausierer" jedoch ist eine deutliche Trennungslinie zum Verfahren Robbe-Grillets gezogen. Die Anthropomorphisierung der Dinge hebt das isolierte Nebeneinander von Betrachter und Gegenständen auf. Der Grund dafür liegt in einer persönlichen Erfahrung Handkes, wie er in einem Gespräch schildert:

> "Das war so ein richtiges Gefühl, so ein menschliches Gefühl, daß die Natur anthropomorph wurde, was Robbe-Grillet abgelehnt hat. [...] Das kann man sagen: Daß das lieblich geworden ist, wenn irgendein Dorf sich ins Tal geschmiegt hat. Der Robbe-Grillet hat gesagt: 'Das ist Blödsinn.'"

Robbe-Grillets "Romane des Blicks" hingegen suggerieren in der Wahrnehmungsperspektive eine scheinbar unverfälschte Objektivität. Der Betrachter schaut auf die Dinge wie durch das unbeseelte Objektiv einer Kamera. Die Dinge existieren gleichberechtigt neben den Menschen, und die Intention und "ganze Kunst" des Autors richtet sich darauf, "dem Objekt ein Da-sein zu geben und ihm das Etwas-sein zu nehmen."[3] Die Subjektivität liegt hier im wesentlichen in der Auswahl der einzelnen Gegenstände. Diese Selektion

---

[1] A.a.o.

[2] Thuswaldner, S. 33

[3] Barthes, S. 88

läßt wiederum Rückschlüsse auf den Beobachter zu, da er damit das WAS des Sehens bestimmt. So gelangt Irene Wellershoff zu dem Ergebnis:

> "Da also immer im Wahrgenommenen der Wahrnehmende erscheint, sind auch Robbe-Grillets Dingwelten als Bewußtseinswelten zu verstehen."[1]

In "La jalousie" beispielsweise führt der Blick des Plantagenbesitzers durch das Romangeschehen. Mit ihrer wiederholten Selektion erhalten die Dinge dort symbolischen Charakter. Der von ihm vermutete Ehebruch seiner Frau A... mit dem Nachbarn Frank wird mit dem Erscheinen eines Tausendfüsslers in Verbindung gebracht. Von Eifersucht getrieben, gleiten seine anscheinend objektiven Blicke immer wieder zu diesem Insekt. Für den eifersüchtigen Ehemann bilden Tausendfüssler, seine Frau und der Nachbar gemeinsam den Code für den Ehebruch.[2]

> "E i n   T a u s e n d f ü s s l e r! sagt sie mit verhaltener Stimme in der Stille, die sich gerade ausgebreitet hat. Frank blickt wieder auf. Indem er sich dann auf die Richtung einstellt, die von den regungslosen Augen seiner Nachbarin angedeutet wird, dreht er den Kopf zur anderen Seite, nach rechts. Auf dem hellen Anstrich der Wand, gegenüber von A... ist eine Scutigera mittlerer Größe (ungefähr fingerlang) zum Vorschein gekommen, die trotz der gedämpften Beleuchtung gut zu sehen ist."[3]

Die Abweichung Handkes von der Perspektive Robbe-Grillets wird an dieser Stelle besonders deutlich. Die Außenwelt im "Hausierer" ändert sich mit dem Bewußtsein des Protagonisten. Die Dinge stehen dann nicht nur für sich, sondern nehmen die Subjektivität des Betrachters an; beständig wechseln sie ihren Ausdruck. In "La jalousie" hingegen ist

---

[1] Wellershoff, S. 16

[2] Vgl. dazu auch Robbe-Grillet, S. 29, 33f., 53, 71, 91, 92

[3] Robbe-Grillet, S. 33

die Solität der Einzelheiten von Anfang an vorausgesetzt.
Jedes Teil - von einer Bürste[1] bis hin zu einzelnen Kör-
pergliedern - führt ein unabhängiges Eigenleben. Eine Hand
erscheint als singulärer "Handkörper":

> "Die rechte Hand ergreift das Brot und führt es zum
> Mund, die rechte Hand legt das Brot auf das weiße
> Tischtuch und ergreift das Messer, die linke Hand
> ergreift die Gabel, die Gabel sticht ins Fleisch...-
> .."[2]

Robbe-Grillet verharrt an der sinnlich wahrnehmbaren Oberfläche der Dinge mit ihrer konstanten Form. Selbst diese
Oberfläche unterliegt im "Hausierer" fortwährend wechselnden Eigenschaften. Sie scheint sich zu entziehen mit der
plötzlichen "Eigenschaft von Glätte" (H 98). Das Subjekt
mit seinen Ambivalenzen ist in dieser psychologisierenden
Schreibhaltung in der Welt als Gesamtheit stets repräsentiert.

4. "Die Angst des Tormanns beim Elfmeter"

Erstmals zeigt Handkes Prosawerk den geschlossenen Hand-
lungszusammenhang einer Fabel.[3]
Die gewählte Er-Form weist unterschiedliche Positionen und
Perspektiven des Erzählers zum Protagonisten Bloch und zur
Handlung auf. Immer wieder unterliegt die scheinbare All-
wissenheit des Erzählers Irritationen.

> "Dem Monteur Joseph Bloch, der früher ein bekannter
> Tormann gewesen war, wurde, als er sich am Vormittag
> zur Arbeit meldete, mitgeteilt, daß er entlassen
> sei. Jedenfalls legte Bloch die Tatsache, daß bei
> seinem Erscheinen in der Tür der Bauhütte, wo sich
> die Arbeiter gerade aufhielten, nur der Polier von

---

[1] Ebd., S. 34

[2] Ebd., S. 61

[3] Vgl. Zürcher, S. 46; Mixner, S. 125

der Jause aufschaute, als eine solche Mitteilung aus
und verließ das Baugelände." (ATbE7)

Der erste Satz deutet auf einen auktorialen Erzähler
hin.[1] Doch bereits im folgenden verweist der Erzähler auf
die Reflexionen des Protagonisten Bloch. Die Perspektive
des Geschehens ist die Joseph Blochs. Der Erzähler ist
außenstehend und beobachtet sowohl Innen- als auch Außenwelt des Helden. Als typisches Merkmal für eine Erzählung
in Er-Form hat er am Geschehen selbst keinen Anteil, obwohl die Darstellungsweise keineswegs objektiv ist. Der
Erzähler kennt die Welt Blochs, ohne mit ihm identisch zu
sein. Aus dieser Distanz zu ihm kann er sie erzählen und
wird nicht - wie Bloch - von ihr beherrscht. Ein Teil der
Sekundärliteratur deutet das Geschehen als "psychopathologische Studie"[2] oder als "Verhaltensmodell eines
Schizophrenen";[3] aber dieser Interpretationsansatz ist
eine unangemessene Verkürzung. Fest steht, daß Handke "Die
beginnende Schizophrenie" von Klaus Konrad als eine der
wichtigsten Publikationen des Jahres 1968 ansah, weil er
erkannt habe, "daß ... eine radikale Bewußtseinsänderung
beim Erwachsenen, also beim halbwegs erwachsenen Menschen,
faktisch nur durch einen schizophrenen Schock möglich
ist..."[4]
Doch sind psychologische Kategorien bei der Deutung von
Kunst mit großer Vorsicht anzuwenden. Die Grenzen zwischen
pathologischem Zustand und Normalität scheinen längst ver-
wischt. Eine vorschnelle Einordnung in psychopathologische

---

[1] Zu beachten ist der Bezug zu Kafka, insbesondere im
     "Prozeß-Roman" mit der Infragestellung von Aukto-
     rialität des Erzählers bereits im ersten Satz. Handke
     bekennt in seiner Rede zur Verleihung des Franz Kafka
     Preises: "Franz Kafka ist mir, Zeit meines Schreible-
     bens, Satz für Satz der Maßgebende gewesen;..." (EdF
     156)

[2] Heintz, S. 93

[3] Mixner, S. 126

[4] Zit. nach Mixner, S. 124

Begriffe entspringt zumeist der Unsicherheit gegenüber den Inhalten der einzelnen Kunstform.

Vogt weist auf diese Art der Irritation zwischen Schriftstellern und Rezipienten hin, was auch für die Deutung eines Werkes selbst gelten kann:

> "Es hat auch keinen Sinn mehr, immer wieder von Gerárd de Nerval, Antonin Artaud, August Strindberg, Friedrich Nietzsche und Hölderlin und Walser zu sprechen. Wer schreibt, ist verrückt.
> (...)
> Friedrich Dürrenmatt ist verrückt.
> Peter Handke ist verrückt.
> (...)
> Verrückt oder normal ist eine Frage der gesellschaftlichen Akzeptation."[1]

Losgelöst von psychologischen Einordnungen, ist daher Blochs Beziehung zur Außenwelt zu untersuchen.

Er erlebt Dinge in zerstreuter Zusammenhanglosigkeit und will sich mit diesem Zustand nicht abfinden. Er bemüht sich, den Zusammenhang zwischen den Erscheinungen zu erdenken; doch je größer seine Anstrengungen sind, desto größer wirken Irritation und Verstrickung.[2]

Auch im "Tormann" geht es um einen neuen Zugang zur Außenwelt. In den beiden ersten Romanen wurden jeweils neue Beschreibungsmodelle gefunden. Handke hat hier anscheinend erkannt, daß sein Programm, ein Modell ständig zu ändern, um Wirklichkeitsklischees zu vermeiden, selbst zum Klischee und zur Manier wird.

Der erweiterte Zugang zur Welt findet nun über das subjektive Wirklichkeitserleben Blochs statt. Erneut verdeutlicht Handke hier seine Position des Aufbrechens aller als gesichert scheinenden Beziehungsformen zur Außenwelt. Ausgangspunkt ist "der Erkenntnisschock, der aus der Kollision zwischen dem eigenen Ich und der Wirklichkeit ent-

---

[1] Vogt, S. 165f.

[2] Mixner, S. 132f. verweist auf die von Handke beschriebene Metaphorik der Figur des "Tormanns" und des "Monteurs".

steht, der Ekel vor beiden, die Flucht aus allen Orien-
tierungen und Beruhigung versprechenden Normen."[1]
Für diese Kollision ist Blochs Form der Wahrnehmung ein
Katalysator. Zunächst ist auf der ersten Seite der Erzählung seine Befindlichkeit in einer eher allgemeinen Aussage umrissen.

> "Alles, was er sah, störte ihn; er versuchte, mög-
> lichst wenig wahrzunehmen." (ATbE 7)

Er steht einer als übermächtig empfundenen äußeren Wirklichkeit gegenüber und ist unfähig, seine Blicke einer
Kontrolle und Selektion zu unterwerfen.

> "Bloch, der nicht gewohnt war, soviel Einzelheiten
> wahrzunehmen, schmerzte der Kopf,..."(ATbE 30)

Der Flut seiner Wahrnehmungen kann er nicht entfliehen.
Jeder Versuch, der Umwelt auszuweichen, mißlingt.

> "Statt einfach wegzuschauen! Er schaute weg und er-
> blickte im Flur Reisende, die mit Kindern von der
> Toilette kamen. [...] Es hörte überhaupt nicht mehr
> auf!" (ATbE 31f.)

Ihm fehlt die Fähigkeit, durch Selektion seine Umwelt
kohärent zu konstruieren; sie konstruiert ihn und konstruiert sich in ihm. Die Pupille wird zur geöffneten
Schleuse, in die Außenwelt unkontrolliert einflutet.

> "Links vor sich sah er...
> Rechts von ihm war... Hinter sich sah er...
> Er wurde unruhig und ging weiter." (ATbE 74)

Schließlich unternimmt der Erzähler durch die Einführung
der Man-Form den Versuch, Blochs Ich zu verallgemeinern.

> "An der Theke sah man einige Burschen stehen, die

---

[1] Durzak, S. 351

jedesmal, wenn sie lachten, einen Schritt zurück-
traten... Man sah, wie einer der Burschen etwas
erzählte und wie die anderen Burschen starr wurden,
kurz bevor sie alle auf einmal aufschrien. Wer saß,
saß möglichst an der Wand. Man sah den Greifer in
der Musikbox nach der Platte fassen, man sah, wie
der Tonarm zuschlug, man hörte wie einige, die auf
ihre Platten warteten verstummten; es nutzte nichts,
es änderte nichts." (ATbE 75)

Über die bloße Wahrnehmungsfülle hinaus nehmen die Dinge
einen zeichenhaften Charakter an. Das Schema des Kriminal-
falles, wo es auch um die Deutung von Zeichen und Indizien
geht, ist hier auf das Verhalten und die Sichtweise Blochs
übertragen.[1] Dieses aus dem "Hausierer" bekannte Phänomen
ist im "Tormann" von einer besonderen Idiosynkrasie in der
Wahrnehmung bestimmt. Bloch lädt das alltägliche Geschehen
mit Bedeutung auf und sieht es gegen sich gerichtet. So
läßt das Kind der Pächterin des Landgasthofes in der Küche
Holzscheite fallen, und "Bloch kam es vor, als könnten
diese Vorgänge gegen ihn verwendet werden." (ATbE 39) Er
hat existentielle Ängste, die nicht durch ein nachvollziehbares konkretes Ereignis ausgelöst wurden. Auch sein
Mord an der Kinokassiererin ist nicht der alleinige Grund
für seinen Zustand; der Mord wurde durch Blochs Befinden
und Situation bedingt und ist darin eingebunden. Der
offensichtlich irrationale Anlaß ist eine Frage, die ihn
auf seine Situation der Arbeitslosigkeit hinweist.

"Sie stand auf und legte sich aufs Bett; er setzte
sich dazu. Ob er heute zur Arbeit gehe? fragte sie.
Plötzlich würgte er sie." (ATbE 23)

Er mißt den Dingen und Geschehnissen über die bloße äußere
Gestalt hinaus und gegen ihre alltägliche Bedeutung einen
verweisenden Sinn zu. Alles wird so zu einer undefinier-
baren "Anspielung", "die Gegenstände ringsherum sollten
ihm etwas andeuten. 'Als ob sie nur zuzwinkern und Zeichen

---

[1] Zur Zeichenhaftigkeit und Funktion des Geldes im
     "Tormann" vgl. Manthey, S. 520 ff.

geben!' dachte Bloch." (ATbE 90f.) Dabei ist er unfähig,
die Dinge für sich zu betrachten. Er schreibt ihnen ein
Eigenleben zu und bildet um sie einen Mythos, den er
schließlich nicht mehr umgehen kann. Wie im "Hausierer"
eskaliert die Zeichenhaftigkeit der Dinge, als ihm die
Gegenstände schließlich Befehle erteilen:

> "Der Abwaschfetzen, der über dem Wasserhahn lag,be-
> fahl im etwas. Auch der Verschluß der Bierflasche
> auf dem inzwischen sonst leergeräumten Tisch forder-
> te ihn zu irgend etwas auf. Es spielte sich ein: Üb
> erall sah er eine Aufforderung: das eine zu tun, das
> andere nicht zu tun." (ATbE 109)

Erneut hat sich das Bewußtsein des Protagonisten in die
Dinge entäußert.

> "Es kam ihm vor, als sei er aus sich selber her-
> ausgefallen.....
> [....]
> ....ekelhaft das Innere nach außen gestülpt; nicht
> fremd, nur widerlich anders." (ATbE 78)

In Blochs Bewußtsein fehlt es an innerer und damit auch an
äußerer Kontinuität des Geschehens. Er konstruiert Kausa-
litäten, die in der Alltagswahrnehmung als solche nicht
existieren. "Alle auftretenden Dinge sind bereits ge-
normt....alles ist a priori schon gedeutet....".[1] Ohne
inneres Koordinatensystem zerfallen die Konjunktionen der
Ereignisse in Beliebigkeit.

> "Er wurde immer müder, und draußen fielen die Äpfel
> von den Bäumen." (ATbE 105)

Sein Blick ist verfremdet; es ist ein "außergewöhnlicher
Blick, der von den Wahrnehmungsklischees des Alltags"[2]
abweicht. Die Blicke lassen sich nicht von der Abfolge des

---

[1] Pütz, in: von Wiese, S. 670

[2] Schmiedt, in Arnold, S. 99

äußeren Geschehens leiten, sondern finden einen eigenen
und verfremdeten Zugang zur Welt.

> "Er beobachtete auf einem Feld einen Hund, der auf
> einen Mann zulief; dann bemerkte er, daß er nicht
> mehr den Hund beobachtete, sondern den Mann, der
> sich bewegte, wie jemand, der einem anderen in den
> Weg treten will...." (ATbE 96)

Diese Art einer gegenläufigen Wahrnehmung ist auch in der
Schlußszene auf dem Fußballplatz nochmals aufgegriffen.
Dort erklärt der ehemalige Torwart Bloch einem Vertreter
die Schwierigkeit, von den Stürmern und dem Ball wegzu-
schauen und dem Tormann zuzuschauen.

> "Es ist ein komischer Anblick, den Tormann so ohne
> Ball, aber in Erwartung des Balles, hin und her
> rennen zu sehen', sagte er." (ATbE 124)

Bloch widersetzt sich hier der Wahrnehmungsfolge, die im
Fußballspiel von der Bedeutung des Balles gelenkt wird.
Ihm, dem ehemaligen Torwart, fällt es leicht, seinerseits
den passiven Torwart und nicht das von der Präsenz des
Balles bestimmte Spielgeschehen zu beobachten.
Parabelartig montiert er immer wieder Sequenzen, in denen
eine Übereinstimmung von Aktion und Reaktion, von Zeichen
und Bedeutung herrscht. So kauft er sich "eine Wanderkarte
von der Gegend", vergleicht die Zeichen auf der Karte mit
der Landschaft und ist dabei immer wieder überrascht, daß
im vorbestimmten, festgelegten Verhältnis von Zeichen und
Bedeutung diese übereinstimmen. Zeichenhafte und äußere
Vorgaben sind hier in einer Weise geschlossen, die Blochs
Phantasie keinen Spielraum läßt.

> "....und wenn man von der Karte aufschaute, über-
> raschte es einen, daß es zutraf. Dort drüben mußte
> das Gelände sumpfig sein; dort drüben mußte ein
> Bildstock sein, dort drüben mußte ein Bahnübergang
> sein." (ATbE 95)

In einer weiteren Beispielszene erklärt ihm ein Zollwache-

beamter Aktion und Reaktion bei der Arbeit in seinem Beruf
(ATbE 112f.) Da dieser in seinem Beruf zu funktionieren
hat, ist er auf eindeutige und klare Ableitungen angewiesen und muß die Logik seiner Wahrnehmungen dem äußeren
Geschehen anpassen.

Bloch erlebt eine Irritation "sinnlicher Erfahrbarkeit von
Wirklichkeit im Bewußtsein".[1] Sein Verhältnis "zum materiellen Zeichensystem der natürlichen Umwelt"[2] und dessen
Vermittlung durch Sprache ist gebrochen. Beständig versucht er, unter Ausschluß der Worte Wirklichkeit wahrzunehmen. Zunächst konstituiert sich die Außenwelt in der
Sprache und schwindet mit ihr.

> "Mit geschlossenen Augen überkam ihn eine seltsame
> Unfähigkeit, sich etwas vorzustellen. [....]
> Er behalf sich, indem er statt Wörtern für diese
> Sachen Sätze bildete, in der Meinung, eine Geschichte aus solchen Sätzen könnte ihm erleichtern, sich
> die Sachen vorzustellen." (ATbE 20)

Eine unmittelbare Erfahrung von Wirklichkeit ist ihm nicht
möglich. Nicht nur die Dinge üben eine Art tyrannischer
Herrschaft auf ihn aus, sondern auch die Wörter. Dem wahrgenommenen Gegenstand haftet untrennbar die sprachliche
Bezeichnung an.

> "Der Schrank, das Waschbecken, die Reisetasche, die
> Tür: erst jetzt fiel ihm auf, daß er wie in einem
> Zwang zu jedem Gegenstand das Wort dazu dachte."
> (ATbE 57)

Dieser Automatismus erschließt die Wirklichkeit nicht,
sondern zwischen Bloch und die Dinge schiebt sich immer
wieder das Wort. Es grenzt die Außenwelt von ihm ab. Der
Zugang zum Geschehen wird damit indirekt. Nicht das Individuum beherrscht die Sprache, vielmehr werden die subjektiven Wahrnehmungen von ihr beherrscht.

---

[1] Mixner, S. 137

[2] Heintz, S. 106

Bloch versucht schließlich, die Dinge für sich zu sehen - ohne Sprache, ohne Erinnerungen und ohne die Vorprägungen, die sein Bewußtsein an ihnen bildete. Doch entscheidet über diese Modalitäten des Sehens seine Gestimmtheit. In der affektarmen Müdigkeit gelingt es ihm, die Beschränkungen durch die Sprache zu transzendieren.

> "Er war so müde, daß er jeden Gegenstand vor sich sah, vor allem die Umrisse, als ob es von den Gegenständen nur die Umrisse gäbe. Er sah und hörte alles unvermittelt, ohne es erst wie früher in Worte übersetzen zu müssen oder es überhaupt nur als Worte und Wortspiele zu erfassen. Er war in einem Zustand, in dem ihm alles natürlich vorkam." (ATbE 104)

Danach nimmt er die Dinge als visuelle Zeichen wahr, die der Erzähler in ihrer Form auch unmittelbar in den Text der Erzählung überträgt. Diesen entspricht der materielle Inhalt.

Einen Hinweis auf eine mögliche Auflösung von Blochs Wahrnehmungskrise zeigt die Schlußszene auf einem Fußballplatz. Noch ganz dem eigenen Deutungszwang unterlegen erklärt er einem Vertreter die wechselseitige Aktion und Reaktion zwischen Tormann und Schütze beim Elfmeter. Das Deutungsschema zwischen beiden mit der Kette von Vorausberechnungen der gegnerischen Gedanken und Reaktionen phantasiert Bloch in seiner befangenen Situation nach. Er reflektiert in theoretischer Weise und verliert damit den Blick für das äußere Geschehen. Einen Ausweg aus dem Gefängnis des eigenen Bewußtseins hat Kleist im "Marionettentheater" beschrieben. Die Lösung liegt in der Erkenntnis, "welche Unordnungen in der natürlichen Grazie der Menschen das Bewußtsein anrichtet".[1] Je "dunkler und schwächer" die Reflexion wird, desto klarer erscheint die Grazie oder das Bewußtsein. Mit der Anekdote des fechtenden Bären, ein Beispiel für "entweder gar keins, oder ein

---

[1]   Kleist, S. 339

unendliches Bewußtsein",[1] ist der Erfolg einer konzentrierten oder reflexionsfreien Anschauung, die mögliche
"Finten" erkennt oder erst gar nicht wahrnimmt, beschrieben.

> "Aug'in Auge, als ob er meine Seele darin lesen
> könnte, stand er, die Tatze schlagfertig erhoben,
> und wenn meine Stöße nicht ernsthaft gemeint waren,
> so rührte er sich nicht."[2]

Dieses Modell überträgt Handke mit dem Ausgang der
Elfmeterszene auf dem Fußballplatz.

> "Der Schütze lief plötzlich an, der Tormann, der
> einen grellgelben Pullover anhatte, blieb völlig
> unbeweglich stehen und der Elfmeterschütze schoß ihm
> den Ball in die Hände." (ATbE 125)

Mit dem Ende der Erzählung schließt sich der Kreis. Gemäß
dem Motto des Anfangs: "Der Tormann sah zu, wie der Ball
über die Linie rollte..." ist am Ende der Erzählung der
Tormann der Gewinner. Mit dieser Schlußszene zeigt Handke
ein Modell für einen Ausweg aus Blochs Deutungskreislauf,
das dieser allerdings nicht für sich praktisch machen
kann.

5. "Der kurze Brief zum langen Abschied"

Neben dem Verfolgungsritual des Kriminalromans liegt das
Schema und die Fiktion eines Entwicklungsromans zugrun-
de.[3] Beiden Kapiteln ist ein Zitat aus Karl Philipp
Moritz' "Anton Reiser" vorangestellt. Ein Leitfaden ist
Gottfried Kellers "Grüner Heinrich" den der 30-jährige

---

[1] Ebd., S. 342

[2] A.a.O.

[3] Der Titel verweist auf Raymond Chandlers Kriminalroman
"The Long Good-Bye".

Ich-Erzähler auf weiten Strecken der Reise von der Ostküste zur Westküste des amerikanischen Kontinents liest.
Die geographische Veränderung zu Orten, an denen er noch
nicht war, geht einher mit der Fiktion des Entwicklungsromans, etwas werden zu wollen, was man noch nicht - oder
nicht mehr - ist. Der Änderung des topographischen Stand-
punktes folgt der Wechsel des Bewußtseins. Die Motti aus
Moritz' Roman sind ein Hinweis auf die Veränderung des
Ich-Erzählers im "kurzen Brief". Auch Reisers Befinden
ändert sich analog zur Veränderung des Ortes und dem Her-
austreten aus "seiner engen drückenden Lage"[1] - "die
weite Welt eröffnete sich wieder vor ihm."[2] Und: "..der
Gesichtskreis seiner Seele erweiterte sich dann mit dem
Gesichtskreis seiner Augen."[3]
Losgelöst von gesellschaftlichen Bezügen und Einbindungen
entwickelt der Erzähler im "Kurzen Brief" schon auf der
ersten Station der Reise, in Providence, "wo ich erst einmal schauen statt teilnehmen wollte" (KB 12), das Bewußtsein seines Schauens. Er ist fähig, die eigenen Wahrnehmungen zu reflektieren. Die Außenwelt ist nicht mehr - wie
für Josef Bloch - ein bloßer Reflex der Innenwelt. Die
Reflexionen des Erzählers beziehen sich auf die Vergangenheit und die Bedingungen der Wahrnehmung im Augenblick des
Geschehens. Er erkennt den Prozeß des Sehen-Lernens und
erinnert sich an die verengte Perspektive der Kindheit:

"...es gab so wenig zu sehen, daß wir uns manchmal
sogar auf das Foto am neuen Kalender freuten."(KB
175 f.)

Die bereits aus dem vorausgegangenen Werk bekannten
Schockzustände in der Angst waren für den Erzähler immer
gleichzeitig

---

[1] Moritz, S. 90

[2] A.a.O.

[3] Ebd., S. 160

"Erkenntnisvorgänge, und nur wenn ich Angst hatte,
achtete ich auch auf die Umgebung, ob sie mir etwa
ein Zeichen zum Besseren oder noch Schlechteren
gäbe,...." (KB 76)

Ergänzend dazu beschreibt Handke seinen privaten Weg von
der Angst zu einem "persönlichen Wohlgefühl" im Frühling
1971 als einen "Prozeß, den ich im 'Kurzen Brief zum
langen Abschied' beschreiben wollte, der aber trotzdem von
der Angst ausgegangen ist, die noch im Tormann geherrscht
hat, so daß das schon eine Fortsetzung war."[1]
Der Erzähler erkennt und reflektiert seine Angst; sie
überfällt ihn nicht mehr wie zuvor Josef Bloch. Die Beziehung zwischen Innen und Außen ist für ihn, an seinen
Reaktionen gemessen, transparenter geworden.

"Ich schaute immer wieder, ob der Schlamm nicht endlich trocken sei, und übertrug schließlich meine Un-
geduld auf die Gegend..." (KB 92)

Er erlebt ein reflexionsfreies Wahrnehmen und setzt "gegen
die Haltung diskursiven Denkens, die einer anschauendmedi-
tativen Erfahrungsweise."[2] In einer kontemplativen Anschauung erscheinen die Dinge und die Landschaft ohne
Verweisungscharakter als das, was sie sind. Eine ideale
Voraussetzung ist hier die "unabhängige Reise", auf der
der Erzähler Gelassenheit und Distanz gegenüber den Ambivalenzen des eigenen Ich erreicht.
Joseph Bloch war noch die Vorstellung, sich mit geschlossenen Augen nichts vorstellen zu können, unerträglich. Dagegen kann sich der Erzähler im "Kurzen Brief" für eine
positive Entwicklung offenhalten.

"Ich lag einige Zeit auf dem Bett, ohne mir etwas
vorstellen zu können. Einen Augenblick lang war das
schmerzhaft, dann fand ich es angenehm. Ich wurde
nicht schläfrig, aber gedankenlos." (KB 17)

---

[1] Durzak, S. 332

[2] Heintz, S. 121

Er bemerkt, wie er "allmählich erst anfängt, die Umgebung ohne Anstrengung aufzunehmen." (KB 24) Und er erinnert sich an die Zeit des Anfangs mit seiner Frau Judith, "mit der ich zum ersten Mal etwas zu erleben anfing, bekam ich einen Blick für die Umwelt, der nicht nur ein erster böser war. Ich hörte auf, Merkmale zu sammeln, und fing an, geduldig zu werden." (KB 66)

Die Folge ist eine annähernd intentionslose Wahrnehmung, in der die Vorgänge in Ruhe und Gelassenheit zu Ende betrachtet werden sollen. Gedankenassoziationen, Sprache, Wörter zur Benennung des Geschehens, die die Wahrnehmung ersetzen und den Wahrnehmungsvorgang gleichzeitig zu eliminieren scheinen, sollen zugunsten eines "reinen Schauens" zurückgedrängt werden. Er lernte "allmählich, statt nur hinzuschauen und es als 'Aha' zu erleben, Vorgänge auch zu Ende zu betrachten." (KB 116f.)

Diesen Erfahrungen aus der eigenen Biographie sind beispielhaft die Entwicklungen anderer gegenübergestellt. Zunächst dient die Lektüre von Kellers "Der grüne Heinrich" als Anleitung und Vergleich zu den eigenen Erfahrungen. Dort liest er,

"..wie der Grüne Heinrich nach der Natur zu zeichnen anfing und doch erst nur das Abgelegene und Geheimnisvolle darin suchte. Indem er zerrissene Weidestrünke und Felsgespenster dazu phantasierte, wollte er die Natur übertrumpfen, um sich selber als Beobachter interessanter zu machen. [.....] ...so war Heinrich doch genötigt, die Gegenstände einmal genau anzuschauen. Jetzt gaben eben die allereinfachsten Dinge, sogar die Ziegel auf dem Dach, mehr zu schaffen, als er je gedacht hatte. Mir fiel wieder ein, daß auch ich lange Zeit nur einen verschrobenen Sinn für die Umwelt gehabt hatte: Wenn ich etwas beschreiben sollte, wußte ich nie, wie es aussah, erinnerte mich höchstens an Absonderlichkeiten, und wenn es keine gab, erfand ich sie." (KB 64f.)

An Benedictine, der Tochter seiner Reisegefährtin Claire, beobachtet der Erzähler eine Anschauungsweise, die Chiffren der Landschaft und der technischen Zivilisation

unterschiedlos betrachtet. Das Kind sieht ohne Differenz
Natur und Geschichte/Kultur originär. Alles ist für das
Kind eine Gesamtheit von Vorgefundenem; das Gegebene ist
gleichermaßen das Natürliche. Der Blick auf eine Entwicklung in der Vergangenheit ist aus der Perspektive der
Kindheit weitgehend verstellt. Der Zugriff auf eine vergleichende Erinnerung weist durch ein nicht vorhandenes
Geschichtswissen noch nicht die Dominanz auf, wie sie dem
Erwachsenen eigen ist. Für das Kind gibt es keine Irritation durch geschichtlich entstandene Zeichen; es sieht sie
als etwas Originäres und muß sie daher nicht übersetzen.

> "Es war eigenartig, daß Benedictine die Natur fast
> nicht mehr wahrnahm, sondern die künstlichen Zeichen
> und Gegenstände der Zivilisation schon als Natur er-
> lebte.
> [....] so nahm sie es als naturgegeben, daß es Buch-
> staben und Zahlen gab und betrachtete sie als
> selbstverständliche Dinge, ohne sie erst als Zeichen
> entziffern zu müssen. Dabei merkte ich, daß auch mir
> langweilig wurde, wenn ich eine Zeitlang in der
> Landschaft nur Natur vor mir hatte und nichts darin
> zu lesen entdeckte." (KB 117)

Den Erzähler drängt es, Landschaft bewußt zu lesen wie ein
Buch. Aus dem Verlust einer unbesetzten und rein originären Anschauung der Außenwelt begreift er jedoch, daß er
die Zweitrangigkeit der Begriffe überwinden muß. Das Erfassen der Dinge in ihrer Bildhaftigkeit ist nur möglich,
wenn der nachfolgende Begriff so weit als möglich zurückgedrängt wird. In diesem Prozeß gelangt er so von den "Be-
griffs-Evidenzen" zu "Bild-Evidenzen".[1] Im Dialog mit
Claire beschreibt er die Möglichkeit des Erlebens von Ereignissen durch den Ausschluß von Begriffs- oder Sprach-
denken.

> "'Vielleicht kennst Du Menschen' sagte ich, alles,
> was sie sehen, auch das Erstaunlichste, sofort auf
> einen Begriff bringen wollen, es durch eine Formu-
> lierung bannen und damit aufhören, es zu erleben.

---

[1] Bartmann, in: Fellinger, S. 122

Sie haben für alles Worte!" (KB 150f.)

Den Gegenentwurf bildet ein Schauen "in einem paradiesischen Zustand, in dem man nur sehen wollte und in dem einem das Sehen schon ein Erkennen war." (KB 36) "Sehen" und "Erkennen" sind hier ohne weitere intellektuelle Akte des Subjekts gleichgesetzt.

In der Utopie dieses "paradiesischen Zustands" herrscht eine "durch keinerlei Reflexion aus dem Lot gebrachte natürliche Ordnung".[1] Es ist die Sehnsucht nach einem Zustand, "in dem [.....] Objekt und Subjekt vermittelt sind."[2] Der Entwurf des Erzählers zielt auf die "Umpolung der intellektuellen in eine ästhetische Existenz."[3] Auch in diesem Zusammenhang ist Kellers "Der grüne Heinrich" ein Vorbild.

> "'Auch der grüne Heinrich wollte nichts deuten', sagte Claire plötzlich. 'Er erlebte nur möglichst unbefangen und sah zu, wie das eine Erlebnis das andere auslegte und das nächste wiederum dies eine.'" (KB 97)

Das "ontologische Konzept" im "Kurzen Brief" "setzt arkadisches gegen geschichtliches Sein."[4] In einer "anderen Zeit" hat dieses "arkadische Sein" seinen Raum. Beim Würfeln in einer Bar blitzen ihre Konturen im Erzähler als Möglichkeit kurz auf.

> "Dieses kurze Aufleuchten der richtigen Zahl aber war so stark gewesen, daß ich es empfand, als ob die Zahl auch wirklich gekommen wäre, aber nicht jetzt, sondern ZU EINER ANDEREN ZEIT." (KB 25)

Jene "andere Zeit", in der das Subjekt sich quasi in den

---

[1]   Bartmann, in Fellinger, S. 133

[2]   Pfaff/vom Hofe, S. 79

[3]   Heintz, S. 121

[4]   Pfaff/von Hofe, S. 74

Dingen auflöst,[1] leuchtet in epiphanischen Augenblicken
auf. Im Vorgang des Sehens verschlingen sich im Bewußtsein
Mensch und Gegenstand ineinander. So bilden an einer anderen Stelle der Atemrhythmus des Erzählers und das gleich-
mäßige Schwanken einer Zypresse beim Blick aus dem Fenster
einen visuell-körperlichen Akkord.

> "Ich zog den Vorhang wieder weg und schaute hinaus,
> ohne eine Einzelheit wahrzunehmen. Ein gleichmäßiger
> Rhythmus vor dem Fenster schläferte mich ein und
> ließ mich doch aufmerksam werden. Auf einem kleinen
> Hügel stand in einiger Entfernung eine Zypresse.
> Ihre Zweige sahen in der Dämmerung noch fast kahl
> aus. Ich schwankte leicht hin und her, in einer Be-
> wegung, die dem eigenen Atem glich. Ich vergaß sie
> wieder, aber während ich dann auch mich selber ver-
> gaß und nur noch hinausstarrte, rückte die Zypresse
> sanft und schwankend mit jedem Atemzug näher und
> drang mir schließlich bis in die Brust hinein. Ich
> stand regungslos, die Ader im Kopf hörte auf zu
> schlagen, das Herz setzte aus. Ich atmete nicht
> mehr, die Haut starb ab, und mit einem willenlosen
> Wohlgefühl spürte ich, wie die Bewegung der Zypresse
> die Funktion des Atemzentrums übernahm, mich in sich
> mitschwanken ließ, sich von mir befreite, wie ich
> aufhörte ein Widerstand zu sein und endlich als
> Überzähliger aus ihrem sanften Spiel ausschied." (KB
> 94f.)

Der Blick scheint einzelne Dinge und Ausschnitte zu
fokussieren. Mit diesem Bewußtsein entsteht eine Lust am
Schauen, die ihn befähigt, aus dem Gesamtbild Einzelheiten
herauszulösen, ohne in die Irritation einer atomisierten
Außenwelt zu verfallen.
Der Erzähler visualisiert sein Bewußtsein; er transponiert
Wirklichkeit in umrahmte Bildausschnitte; "ein Stück Wirklichkeit wird im RAHMEN einer Sehweise zum Fragment, zum
Bild...",[2] wie es Manthey formuliert. In dieser Aus-
schnitthaftigkeit des Sehens kommen ihm häufig tatsäch-
liche Begrenzungen wie Türen und Fenster zu Hilfe. In den

---

[1] Bartmann, in: Fellinger S. 135 spricht in diesem
Zusammenhang von "ichloser Objektivität".

[2] Manthey, S. 306

Ausschnitten spielt sich ein isoliertes Geschehen ab, das
aber dennoch mit dem Gesamtgeschehen in einem Zusammenhang
steht.

> "Durch die schmale Tür, die noch mit einem Vorhang
> verhängt war, schaute ich auf die Straße. Der sicht-
> bare Ausschnitt war so klein, daß die Vorhänge in
> ihm umso deutlicher werden; die Leute schienen sich
> in ihm langsamer zu bewegen und dabei sich selber
> vorzuführen; es war, als ob sie nicht an der Tür
> vorbeigingen, sondern davor auf und ab promenier-
> ten." (KB 40)

Die Einzelbilder bilden in einer retrospektiven Gesamtschau im Nachbild ein inneres Koordinatensystem. Das Abbild ist im Subjekt aufbewahrt, archiviert und zeitversetzt in seiner Abbildhaftigkeit abrufbar. Dieser zeitver-
setzte Impuls verdeutlicht gleichzeitig die Differenz
zwischen Sehen und Wahrnehmen. Wahrnehmen ist eine inten-
sivierte Form des Sehens, eine Aneignung und Manifestation
des auch Gesehenen in der Persönlichkeit.

> "Eine Umgebung rührte mich an, an der ich tagsüber
> nur vorbeigegangen war. Reihen von Häusern und
> Straßen bildeten sich im nachhinein aus den Schwin-
> gungen, dem Stocken, den Verknotungen und den Ruk-
> ken, die sie in mir zurückgelassen hatten.
> [....]
> ...das Muster von New York breitete sich friedlich
> in mir aus, ohne mich zu bedrängen.
> [....]
> .....und erlebte, die zusammengedrängte immer noch
> nachdröhnende Stadt als ein sanftes Naturschau-
> spiel." (KB 46f.)

Die später beschriebene Einheit von Natur und Kultur durch
die Wahrnehmung des Kindes Benedictine scheint hier schon
im Erzähler selbst voraus; allerdings im Augenblick einer
Ausnahmesituation. Der beschriebene Rhythmus von geräusch-
und bildlichen "Schwingungen und Rhythmen" (KB 47) ist ein
"perzeptiver Reflex einer objektiven Gegebenheit."[1] Diese

---

[1]   Bartmann, in: Fellinger, S. 124

"objektive Gegebenheit" muß allerdings im Subjekt erst
durch den "perzeptiven Reflex" übersetzt werden, und dieser Vorgang richtet sich stets nach dem jeweiligen Zustand
des "Übersetzers". Im "Kurzen Brief" ist der Erfolg erneut
von den Zuständen des Erzählers abhängig. Sie werden erstmals in Handkes Werk mit einer sozialen Kommunikation in
Verbindung gebracht. So fällt dem Erzähler zunächst auf,
"daß ich mich noch immer nur in den Anblick von Gegenständen, nicht aber in andere Menschen versenken (...)"
konnte. (KB 164)
Die Kommunikation mit der Reisegefährtin Claire bildet
hier einen Anfang. Die Kommentierung des "Grünen Heinrich"
als Bezugspunkt ist eine Voraussicht der eigenen Entwicklung.

> "Im Zimmer las ich dann den Grünen Heinrich zuende.
> An einer kleinen Gipsfigur, die er nicht nachzeich-
> nen konnte, merkte er, daß er sich bis jetzt nie
> richtig mit Menschen beschäftigt hatte." (KB 171f.)

6. "Die Stunde der wahren Empfindung"

Gregor Keuschnig, der Held, vereinigt in seiner Person im
Verlauf des Geschehens die Bewußtseinszustände Josef
Blochs und des Ich-Erzählers im "Kurzen Brief". Er durch-
lebt eine Entwicklung und ein Pendeln zwischen Ich-Ver-
lust, dem Gefühl von Sinnlosigkeit, Entfremdung und Ekel
bis hin zu einem Neuanfang mit einem gelassenen Bezug zur
Außenwelt. Ausgehend von der zentralen Frage: "Wer sagt
denn, daß die Welt schon entdeckt ist?" (StwE 42) erteilt
er sich den Auftrag: "Ich muß alle Gefühle neu entdecken!"
(StwE 62) Die Grundlage bildet eine radikale "Tabula rasa,
von der aus Keuschnig eine zweite Sozialisation unternehmen will."[1] Das Motto -"Sind Gewalt und Sinnlosigkeit
nicht zuletzt ein und dasselbe? (M. Horkheimer)" findet im

---

[1]   Bartmann, S. 185

Anfang der Fabel bereits seine Erfüllung:

> "Wer hat schon einmal geträumt, ein Mörder geworden
> zu sein, und sein gewohntes Leben nur der Form nach
> weiterzuführen?" (StwE 7)

Gregor Keuschnig hatte einen "langen Traum, der damit anfing, daß er jemanden getötet hatte." (StwE 8). Mit diesem
Traum beginnt seine "Verwandlung"[1], die ihn von seiner
bisherigen Lebensform, von der Gesellschaft und Realität
separieren wird.

> "Auf einmal gehörte er nicht mehr dazu. (...) doch um
> nicht entdeckt zu werden, mußte er genau so weiterleben
> wie bisher und vor allem so bleiben wie er war."
> (StwE 8)

Hansen verweist auf den Latenzcharakter des Traumes, der
zum Drehpunkt zwischen der Vorgeschichte und dem Geschehen
nach dem Traum wird. "...die Geschichte nach dem Traum ist
in ihrer Struktur das Resultat einer Vorgeschichte, von
der sie sich löst, um eine andere Geschichte zu werden."[2]
Die Gleichung von "Gewalt und Sinnlosigkeit" deckt sich so
mit dem Trauminhalt. Danach lebt Keuschnig im Zustand
einer inneren Form- und Sinnlosigkeit.

> "Es gab keine Lebensform mehr für ihn: (StwE 12)

Und:

> "'Meine Lebenslinie ist abgebrochen', dachte Keu-
> schnig." (StwE 22)

Nach außen gerichtet führt er sein "Leben nur der Form

---

[1]   Mixner, S. 219, verweist auf die Analogie zum Beginn
       von Kafkas Erzählung "Die Verwandlung";
       darauf verweist auch Kreis, S. 167, und sieht als
       Unterschied Gregor Samsas Verstrickung in die Seele.
       "Gregor Keuschnig hingegen findet in der Stunde der
       wahren Empfindung den Ariadnefaden, der ihn aus dem
       Labyrinth der Seele herausführen kann."

[2]   Hansen, S. 213

nach" mit den erforderlichen und tradierten Ritualen weiter - jedoch ohne innere Sinnzuweisung. Er erlebt die möglichen Ambivalenzen des Bewußtseins, Ausnahmezustände des Empfindungslebens, die Möglichkeit des Scheiterns, getragen von Gefühlen wie Haß, Angst, Ekel und Wut. Die Plötzlichkeit seiner Krise entspricht der Voraussetzungslosigkeit des Romananfangs. Diese Krise löst in Keuschnig nahezu gezwungenermaßen einen gegenläufigen Prozeß aus, nämlich der äußeren Wirklichkeit einen Zusammenhang und Sinn beizumessen. Die Nähe zum Gelingen bestimmt auch Keuschnigs Verhältnis zur Außenwelt. Zunächst kam ihm die "Form des Zusammenhangs"[1] abhanden. Die Anordnung der äußeren Gegenstände erscheint ihm als "schreiende Unordnung" (StwE 14), die ihm nicht "fremd" aber nun "zuwider" ist. Im Gefühl des persönlichen Ausgeschlosseseins vom Ablauf des normierten Tagesgeschehens und mit seiner Absage an einen Sinn in der Wirklichkeit wird er vom bösen Blick beherrscht. Sein eigenes Befinden reflektiert er in die Persönlichkeit des Gegenüber. In der von ihm geglaubten äußeren Existenz "nur der Form nach," also nur zum Schein, finden die Projektionen seiner Wahrnehmung einen Platz. Dabei bestätigt ihn seine Überzeugung: "Doch, er war jetzt die Welt...." (StwE 43)
Auf der Straße beobachtet er das Treffen zwischen einer Frau und einem Mann. Sein "böser Blick" macht ihm die alltägliche Situation unerträglich.

> "Keuschnig ertrug das Schauspiel nicht länger und
> ging mit Urindrang weiter. Jetzt werden sie ihre
> äffigen Arme umeinander legen, sich in die jämmerli-
> chen Augen schauen und sich links und rechts auf die
> kläglichen Wangen küssen, dachte er. Und dann werden
> sie unbeirrbar ihrer sinnlosen Wege gehen.
> [....]
> Sogar die Säuglinge unter dem Sonnenschirm mit ihren
> karottenbreibraunen Wangen, kamen ihm gekünstelt
> vor. Auch sie tun nur so als ob, dachte er. In Wirk-
> lichkeit ekeln sie sich zum Platzen vor ihrem abge-
> schmackten Säuglingsdasein!" (StwE 39f.)

---

[1] Hansen, S. 214

Gewiß sind Keuschnigs Erfahrungen nicht nach der Schablone der existentialistischen Philosophie zu deuten. Dennoch weist die Struktur seines Erlebens Elemente von dem aus, was Sartres Held Roquentin in "La Nausée" widerfährt. Roquentin weist mit seiner Perspektive den anderen negativen Intentionen zu. Dahinter verbirgt sich "die Ich-Auflösung, d. h. der Verlust des Kontinuums der Identität, die Entfremdung gegenüber der umgebenden sozialen Welt und ihren Kategorien",[1] wie es Bohrer im Zusammenhang mit "La Nausée" und Leiris' Buch "Mannesalter" formuliert. Ein unmittelbarer Textvergleich mag diese Parallelität veranschaulichen.

> "Das Glockenzeichen des Kinos El Dorado schwingt durch die klare Luft... Mehr als Hundert Menschen standen längs der grünen Mauer Schlange. ...Gleich werden sie, wie jeden Sonntag enttäuscht sein: der Film wird eigen sein, ihr Nachbar wird Pfeife rauchen und zwischen seine Knie spucken, oder aber Lucien wird sich häßlich benehmen und gar nichts Nettes sagen, oder ausgerechnet heute, wenn man schon einmal ins Kino geht, werden die dummen Stiche im Brustkorb wieder anfangen. Gleich werden, wie jeden Sonntag, die unwichtigen kleinen Haßgefühle in den verdunkelten Raum wachsen."[2]

Auch Roquentin überfällt krisenhaft ein Ekel vor den Dingen und Menschen, vor der Existenz schlechthin und läßt ihn alles Existierende als überflüssig, "de trop", bezeichnen; "Bekanntes wird zum Unbekannten".[3] Hinter seiner Bewußtseinskombination von Ekel, Gleichgültigkeit und Existenzangst verbirgt sich neben seinem Nihilismus ein heimlicher Idealismus, der auf der Suche nach einem Absoluten ist, das außerhalb von Existenz und Bewußtsein liegen könnte. Die Wirklichkeit bietet für ihn keinen Ausweg. Handkes Entwurf führt zu einem anderen Ergebnis.

---

[1] Bohrer, in: König, S. 137

[2] Sartre, S. 57f.

[3] Bohrer, in: König, S. 143

Keuschnigs zweitägiger Entwicklungsgang durch Paris beschreibt den Weg zu einem Sinnzusammenhang in der Wirklichkeit. Der Nicht-Sinn ist dem Bewußtsein des Protagonisten zugeordnet. Seine Entfremdung von der Außenwelt produziert einen fremden Blick, mit dem er "auf einmal die
'auswendig gelernte' Wirklichkeit betrachtet."[1] Immer
wieder will er "nirgendwo hinschauen" und sucht dennoch
etwas, "an das er sich halten konnte." (StwE 28) Weil dies
mißlingt, "tat ihm vor Beklemmung das Herz weh bis zum
Gaumen hinauf."
(StwE 28)
Ein Konnex zwischen Innen und Außen, zwischen Subjekt und
Objekt, der weit entfernt von der Utopie einer Identität
liegt, ist zerrissen. Bislang wollten in Handkes Prosa die
Vorgänger Keuschnigs Worte und Sprache im Schauen überwinden, um zu einer visuellen Unmittelbarkeit zu gelangen.
In "Die Stunde der wahren Empfindung" hat Handke den
sprachkritischen Ansatz des vorausgegangenen Werks endgül-
tig aufgegeben. Gregor Keuschnig bedient sich an einer
Stelle sogar der Sprache, um eine Anschauung der Außenwelt
zu erreichen.

> "Er sagte sich alles wörtlich vor, was zu sehen war
> - damit er es überhaupt wahrnahm." (StwE 53)

Diese Augenblicke des Wirklichkeitsentzugs wechseln mit
"selbstlosen und doch ausgefüllten Momenten, wo man nichts
extra beobachtet, wo einem aber auch nichts entgeht,..."
(StwE 58) Diese schlingernde Bewegung heraus aus der
"Systemlosigkeit" zielt auf ein "inneres System" angesichts der voneinander isolierten und auseinanderfallenden
Wahrnehmungen, "um zu vertuschen, daß er kein System mehr
hatte." (StwE 65)
Die "Disorganisation der Realität"[2] findet einen Ausweg

---

[1]   Buselmeier, S. 64

[2]   Hansen, S. 217

im "Glück der konzentrierten Wahrnehmung."[1] Ihre vollkommenste Form ist wieder die Epiphanie, jener "klassische Moment der intentionslosen Erkenntnis am beliebigen Objekt."[2] Gerade die Intentionslosigkeit der meditativen Versenkung in die Objekte, deren Kontingenz, schafft in ihrer Plötzlichkeit einen Augenblick des Zusammenhangs der Erscheinungen. In diesem sinnverleihenden Akt der Wahrnehmung entsteht ein System, ein Formgefüge.

Keuschnig erlebt in einer ersten - quasi abgeschwächten und vorbereitenden Epiphanie - eine Gesamtschau der Einzeldinge.

> "Die Sonne ging unter, und im nächsten Moment begannen die Gegenstände wie von sich aus zu scheinen, während es im Luftraum zwischen ihnen gleichzeitig dämmrig wurde. Eine zeitlang leuchteten die Gegenstände so stark, als ob sie sich selber in Energie zerstrahlten. In dem flimmernden Zwielicht sah Keuschnig keine Einzelheiten mehr. Ein anderes System hatte sich herabgesenkt. Dann verschwand das Leuchten, aber die Gegenstände blieben gleich hell, strahlten nur nichts mehr aus, und das Dämmerlicht zwischen ihnen wurde wieder zu Tageslicht. - " (StwE 77)

Seine Blicke transportieren ein "Scheinen" in die Bäume, und ihr Strahlen verweist auf die außerordentliche Wahrnehmungsintensität. In diesem perzeptiven Akt verleiht er ihnen einen auratischen Charakter. Im Einklang mit dieser Form der Wahrnehmungsintensität definierte Joyce in "Stephen Hero" die Epiphanie als "eine jähe geistige Manifestation, entweder in der Vulgarität von Rede oder Geste, oder in einer denkwürdigen Phase des Geistes selber."[3] In diesem "zerbrechlichsten und flüchtigsten aller Momente"[4], wo sich "flüchtige Blicke" in das "Getaste eines

---

[1]   A.a.O.

[2]   Hansen, S. 216

[3]   Joyce, S. 224

[4]   Ebd., S. 224

geistigen Auges verwandeln"[1], verleiht auch hier die sinnliche Visualität den Gegenständen ein auratisches Strahlen. Das Strahlen der Dinge ist so ein Korrelat zur erleuchteten Erkenntnis des Individuums[2].

> "Die Seele des gewöhnlichsten Gegenstandes, dessen Struktur sich durch diese Blickeinstellung zeigt, scheint uns zu strahlen. Der Gegenstand vollbringt seine Epiphanie."[3]

Die "Stunde der wahren Empfindung" hat ihren Beginn und ihren eigentlichen Höhepunkt in Keuschnigs Erlebnis und Epiphanie mit und an den "drei Dingen". Zweckfrei und intentionslos erscheinen sie ihm wie "objets trouvés" - ganz bei und für sich. Es sind reale Objekte und Zitate aus der Wirklichkeit, und sie weisen ihn auf die Möglichkeit einer wiederzufindenden Ordnung hin.

> "Dann hatte er ein Erlebnis - und noch während er es aufnahm, wünschte er, daß er es nie vergessen würde. Im Sand zu seinen Füßen, erblickte er drei Dinge: ein Kastanienblatt; ein Stück von einem Taschenspiegel; eine Kinderzopfspange. Sie hatten schon die ganze Zeit so dagelegen, doch auf einmal rückten diese Gegenstände zusammen zu Wunderdingen. [....]Ich habe eine Zukunft! dachte er triumphierend." (StwE 81f.)

Keuschnig entdeckt hier die "Idee eines Geheimnisses" (StwE 82), und mit dem Benjamin-Zitat: - "Was die Namen als BEGRIFFE nicht vermögen, leisten sie als IDEEN." (StwE 82) - verweist Handke auf die Idealität eines solchen Bezugssystems: Ein positives Verhältnis von Subjekt und Welt bei der Anschauung der Außenwelt wird wesentlich vom Denken bestimmt. Um in dieser Hinsicht Klarheit zu erlangen, bricht er mit konventionellen Ordnungsprinzipien

---

[1] Ebd., S. 225

[2] Vgl. dazu auch II.1.10 dieser Arbeit.

[3] Ebd., S. 227

und lebt den Exzeß aus. Nahezu unvermittelte und bezie-
hungslose Sexualität[1] und der Ausbruch aus dem üblichen
Verhaltensmuster auf einer Party[2] wirken kathartisch. Er
durchbricht den Konsens vorhandener Normen und bewirkt
damit einen Neuanfang, der die Welt seinen Wahrnehmungen
öffnet. Den extremen Handlungen und der epiphanischen
Einheit an den "drei Dingen" folgt schließlich der Gipfel
der Negation. Keuschnig begibt sich an den Rand der
Existenz; er beschließt, "nicht mehr weiterzuleben" (StwE
146) oder - dem durchaus entsprechend - "sofort wahnsinnig
zu werden...." (StwE 147). Doch unmittelbar folgt darauf
ein "heftiges Bedauern [....] darüber, daß er nun sterben
sollte, und wich vorsichtig jedem Auto aus, um nicht
überfahren zu werden." (StwE 148)

Keuschnigs Gang durch Paris gehört auch in die Reihe von
literarisch verarbeiteten Großstadterfahrungen. Paris
spielt dabei in der europäischen Literatur eine besondere
Rolle. Handke stellt den Unterschied zu Rilkes "Malte
Laurids Brigge" auf den sprachlichen Aspekt ab: "daß Rilke
auf eine Sprache aus ist, die eben exklusiv ist, die sich
so schlingelt und kräuselt, daß sie als poetische Sprache
gleich erkennbar ist. Und das gerade ist es, was ich nicht
will...."[3] Doch Malte und Keuschnig erfahren beide die
visuellen Reize der Weltstadt Paris. Rilke läßt seinen
Helden unter den existentiellen Bedingungen von Angst und
Einsamkeit in der Großstadt zu neuen visuellen Erfahrungen
kommen. Malte teilt sie schon am Beginn seines Aufenthalts
mit:

> "Ich lerne sehen. Ich weiß nicht, woran es liegt, es
> geht alles tiefer in mich ein und bleibt nicht an

---

[1] Vgl. StwE 53ff.

[2] Vgl. StwE 100ff.

[3] Arnold, S. 41

der Stelle stehen, wo es sonst immer zu Ende war."[1]

Auch Rilke legt also die Bedingungen des Sehens in die Person Maltes. Seine Wahrnehmungen pendeln zwischen dem Schrecken über das Gesehene und der Freude über die Farben und Formen.

> "Einzelne Blumen in den langen Beeten standen auf und sagten: Rot, mit einer erschrockenen Stimme."[2]

Keuschnigs Entwicklung führt ihn dagegen zu einer unge-trübten Lust am Schauen. Nachdem er gewissermaßen alle Varianten durchgespielt hat, erlebt er die Welt unwider-ruflich als Ganzheit. Der Sinnlosigkeit des "Nichts" folgt nun die Illusion des "Alles". Er kann "mit seinem Blick alles umfassen" (StwE 149), und er "schaute nicht weg wie sonst immer." (StwE 151). Nach einer ursprünglich "miß-mutigen Wahrnehmung", kann er "nun nicht mehr aufhören!" (StwE 161).

> "Er sah die blitzenden Metallplättchen an den Fuß-gängerübergängen, die Baumkronen, die sich in sich selber bewegten, als wollten sie sich fortwährend in etwas anderes verwandeln, hörte einen Taubenschwarm im Gegenflug wie ein leises Gekicher, aus einem Kino nach Schüssen und Geschrei die Endgeräusche eines Films - sanfte Musik und darin die still freund-schaftlichen Stimmen eines Mannes und einer Frau - , roch das frisch gebeizte Schuhwerk aus einem offenen Schusterladen, sah die dicken Haarbüschel auf dem Boden des Friseurgeschäfts, den Schöpflöffel in der schmutzigen Brühe an einem Eisautomaten, eine Katze ohne Schwanz, die aus einem Hausflur sofort unter ein stehendes Auto lief und dort hockenblieb, hörte das Sausen der Wurstschneidemaschine aus einer Pferdefleischerei und aus allen Stockwerken eines fast fertiggestellten Neubaus die Mörtelbrocken krachen, sah die Patronin eines Restaurants, die mit einem Blumenstrauß in der Hand die Restauranttür aufschloß, um schon den Abend vorzubereiten, und sagte laut: 'Was es alles gibt!' Die ersten Wein-

---

[1] Rilke, Bd. VI, S. 710

[2] Ebd., S. 722

trauben des Jahres, darauf die ersten Wespen; in
einer Holzkiste die ersten Haselnüsse, noch in den
krausenartigen Fruchtblättern; auf den Gehsteigen
die Umrisse der ersten herabgefallenen und dann
wieder weggewehten Baumblätter...." (StwE 150f.)

Nachdem die Welt zunächst fremd und "geheimnisvoll"
geworden war, erfolgt nun eine dialektische Wende zur
"Öffnung" der Welt; sie "konnte zurückerobert werden."
(StwE 152) Auseinanderliegende Einzelheiten "vibrierten in
einer Zusammengehörigkeit...." (StwE 152)

"Wohin er auch blickte, gab es etwas zu sehen, wie
in den Träumen vom Geldfinden, wo es bei jedem
Bücken von neuem blinkt." (StwE 152)

Dem klaren Blick offenbaren sich die Gegenstände "jetzt
deutlich, wie ausgestellt, nicht mehr verklärt wie in der
Stunde zuvor." (StwE 159)
Gregor Keuschnig hat am Ende ein "neu gewonnenes Gleichgewicht" (StwE 166) erreicht. Er ist hier integrierter Be-
standteil der Außenwelt geworden und steht nun nicht mehr
als abgespaltener Beobachter neben dem Geschehen. Bis zur
Schlußszene war der Erzähler "quasi in Keuschnigs Kopf";[1]
in der Schlußszene tritt er auf deutliche Distanz. Mit dem
Ende von Keuschnigs Entwicklungsgang (hier decken sich
Metaphorik und Tatsächliches) betrachtet der Erzähler ihn
als Teil des Geschehens. Keuschnig ist damit in die
Anonymität des Jedermann entlassen und erfährt die von
Benjamin beschriebene Antithese der "Dialektik der
flanie". Er ist der "Unauffindbare, der Geborgene [...]
'Der Mann der Menge'."[2] An ihm fällt auf, was an allen
auffällt: Anzug, Krawatte, Schuhe... .

"An einem lauen Sommerabend überquerte ein Mann die
Place de L'Opera in Paris. Er hatte beide Hände
seitlich in die Hosentaschen seines sichtlich noch

---

[1] Buselmeier, S. 65

[2] Benjamin, Bd. V.I., S. 529

neuen Anzugs gesteckt und ging zielbewußt auf das
Café de la Paix zu. Der Anzug war hellblau; dazu
trug der Mann weiße Socken und gelbe Schuhe, und
eine locker gebundene Krawatte schwang im schnellen
Gehen hin und her....." (StwE 167)

Der Gang zum Café de la Paix ist ein Weg zu dem, was der
Name "de la Paix" verheißt: innerer Frieden, Ruhe und
Stille.

II. Zur Visualität und Form in "Langsame Heimkehr" und "Die Lehre der Sainte Victoire"

1. "Langsame Heimkehr"
1.1. Vorbemerkung

Mit "Langsame Heimkehr" kommt eine Entwicklung zu einer vorläufigen Ruhe, die im "Kurzen Brief" teilweise antizipiert wurde und in "Die Stunde der wahren Empfindung" eine erneute radikale Brechung erfährt. Der Held, Valentin Sorger, strebt nach einer "reflektiert-meditativen Klarheit"[1] zur Bestimmung seines Daseinsgefühls. Ein wichtiger Faktor ist dabei eine "zweckfreie Wahrnehmung" (GdW 5), die Handke bereits im Journal "Das Gewicht der Welt" aus den Jahren 1975 bis 1977 in das Zentrum seiner phänomenologischen Auffassung stellt. In dieser Form der Wahrnehmung, die in ihrem meditativen Charakter von Ruhe und Langsamkeit geprägt ist, gleicht Sorger die äußeren Räume der Landschaft und die inneren des Bewußtseins einander an.

Der Blick des Ich-Erzählers im "Kurzen Brief" war zuweilen von Befremdung bestimmt; er spürte, "vor der Natur wieder unangenehm mich selber." (KB 79) Sorgers Schauen hingegen ist von der Bereitschaft zum Vertrauen gegenüber den Erscheinungen der äußeren Welt geprägt. Doch auch dieser Blick ist ambivalent und "zerbrechlich", wie es Handke im Essay zu seiner Filmerzählung "Die linkshändige Frau" formuliert. Jedes klare und fest stehende Wahrnehmungsbild soll in der Schrift und im Bild festgehalten werden, und er bedauert es an dieser Stelle

> "um so mehr, daß ich in diesem Film einige Bilder nicht zeigen konnte. Wie das Verweilen auf der Fernsehantenne [....] diese Zigarette, die von einem eiligen Fahrgast auf den Bahnsteig geworfen wird.

---

[1] Hansen, S. 224, der dies allerdings erst ab "Die Lehre der Sainte Victoire" gelten läßt.

[....] und besonders das entspannte, befriedigte
Gesicht der Frau...."[1]

Eine der Intentionen von "Langsame Heimkehr" ist über die
Wahrnehmung Sorgers eine Annäherung von innerer und äußerer Form. Die subjektive Wahrnehmung soll mit der objektiven Form in Gleichklang gebracht werden. Naturgemäße Folge
dieser Versuche ist eine Harmonie von Ich und Welt. Rea-
lisationsform dieses Programms ist die Schrift der Erzählung. Der Begriff der Form erhält somit in "Langsame Heimkehr" ein besonderes Gewicht und steht kontrapunktisch zum
formlosen Lebensrahmen Josef Blochs oder auch Gregor
Keuschnigs. Handkes Formbegriff hat hier eine umfassende
Bedeutung: Sie umfaßt die äußere Form der Dinge, die
innere des Subjekts, Valentin Sorgers als Helden, und die
literarische der Schrift. Alle drei stehen in einem wech-
selseitigen Abhängigkeitsverhältnis und bedingen einander
gegenseitig.
Bereits in der Aufsatzsammlung "Ich bin ein Bewohner des
Elfenbeinturms" aus dem Jahre 1966 sind Bemerkungen zur
literarischen Form zu finden. Gegen die Auffassung Sartres
von einer "litterature engagée" formuliert Handke unter
dem Titel "Die Literatur ist romantisch":

"....das Engagement ist materiell bestimmt, die
Literatur hingegen formal: wird ihre Form geändert,
so ändert sich auch ihr Wesen." (BdE 44)

Mit "Langsame Heimkehr" wurde schließlich Form als literarisches Thema erweitert. Sie umfaßt nun auch Formen und
Räume der Innen- und Außenwelt. Der Entwurf einer möglichen Daseinsharmonie, ein "auf die Augenlider drückendes
Bedürfnis nach Heil", das in der Tat - wie Timpe anmerkt -
"mehr an einen weisen Medizinmann (erinnert) als nach
einem modernen Schriftsteller"[2], ist keine Kehre in

---

[1] Handke, in: Fellinger, S. 241

[2] Timpe, S. 316

Handkes Werk. Retrospektiv betrachtet ist sie das vor-
läufige Ergebnis einer Entwicklung, die aus dialektischem
Gesichtspunkt zwangsläufig auf Konstruktivität und "Zusammenhang" zusteuerte und mit "Langsame Heimkehr" eine neue
Phase im Kontinuum erreicht hat. Jede Darstellung von Entfremdung, der Spaltung von Individuum und Welt, impliziert
antithetisch den Wunsch nach Einheit. Sorgers Bewußtsein
ist weit weniger als das seiner Vorgänger vom Drang zur
Destruktion bestimmt. Für sein Daseinsgefühl ist "Rettung"
oder auch "Versöhnung" bestimmend, und programmatisch
sucht er Zugang zu den Formen der Welt. Sie sind als Formen seiner Wahrnehmung Medium und Grundlage gleichermaßen.
Der Beginn von "Langsame Heimkehr" erfaßt die Grundstimmung des Helden und skizziert sein Programm.

> "Sorger hatte schon einige ihm nah gekommene Men-
> schen überlebt und empfand keine Sehnsucht mehr,
> doch oft eine selbstlose Daseinslust und zuzeiten
> ein animalisch gewordenes, auf die Augenlider drük-
> kendes Bedürfnis nach Heil. Einerseits zu einer
> stillen Harmonie fähig, welche als eine heitere
> Macht sich auch auf andere übertrug, dann wieder zu
> leicht kränkbar von den übermächtigen Tatsachen,
> kannte er die Verlorenheit, wollte die Verantwortung
> und war durchdrungen von der Suche nach Formen,
> ihrer Unterscheidung und Bestimmung über die Land-
> schaft hinaus, wo ('Im Feld', 'Im Gelände') diese
> oft quälende, dann auch wieder belustigende, im
> Glücksfall triumphierende Tätigkeit sein Beruf war."
> (LH 9)

Zieht man zum Vergleich Rolf Dieter Brinkmanns "Rom,
Blicke" heran, eine Publikation, die ebenfalls 1979
erschien,[1] wird Handkes konträre Position deutlich.
Brinkmann betreibt eine absolute tabula rasa. Keine der
entwickelten und gängigen Alltags- oder Kulturformen läßt
er unangetastet. Ein unversöhnlicher "böser Blick" ist
durchgängig und beherrschend. Handke schreibt in den
Notizenfragmenten zur Laudatio anläßlich des posthum an
Brinkmann verliehenen Petrarca-Preises: "Ein Ich, das

---

[1] Brinkmanns Aufzeichnungen sind aus dem Jahr 1972.

querliegt zur Welt."[1] Gegen diese Position innerhalb der
zeitgenössischen Literatur ist Sorgers Verhältnis zur
Außenwelt gesetzt. Er ist bestrebt, den Blick zu öffnen
für eine Integration.

Die Schreibintentionen und die Grundlagen seiner Ästhetik
beschreibt Handke programmatisch in "Die Geschichte des
Bleistifts":

> "Raum, Zeit, Mitte, Form: auf diese vier war er aus;
> - und worin wurden Raum, Zeit, Mitte, Form eins? In
> der - fortlaufenden - Schrift (diese war die Mitte
> der Welt; ja, die Literatur ist das Reich der Mitte:
> das Reich der Gerechtigkeit)" (GdB 153)

1.2. Triadischer Aufbau: "Die Vorzeitformen" - "Das Raumverbot" - "Das Gesetz"

"Langsame Heimkehr" hat als Prosatext auffallende Parallelen zum Aufbau eines klassischen Dramas. Die Struktur
der einzelnen Kapitel entspricht dem Dreierschritt dia-
lektischer Grundsätze: These - Antithese - Synthese. Im
Aristotelischen Grundmodell des Dramas heißen die einzelnen Schritte: Exposition, Peripetie und Katastrophe. Nun
bezieht sich der Dreierschritt in "Langsame Heimkehr" auf
Sorgers Verhältnis zu den Formen und zur Welt. Die Exposition im ersten Kapitel führt den Leser in die Grundstimmung und Problematik des Helden ein. An diesem Teil
gelingt ihm auch der Zugang zu den "Vorzeitformen". Im
zweiten Kapitel schlägt seine Stimmung plötzlich um. Die
konsequente Folge ist im Titel schon angekündigt: "Das
Raumverbot". Im dritten Kapitel schließlich erfolgt die
entscheidende Wendung, mit der er "Das Gesetz" findet, das
sein Verhältnis zu den Weltformen regelt. Dieses Gesetz
offenbart sich Sorger im Augenblick des eigenen Ich.

---

[1] Handke in Petrarca-Preis, S. 123

1.3. "Die Vorzeitformen" als Grundlage

Im ersten Kapitel richtet sich Sorgers Augenmerk in seiner
Tätigkeit als Geologe zunächst auf die Landschaftsräume,
"die Makrostruktur geologischer Formationen"[1], wie sie
Smuda definiert. Die Formen der Landschaft bedeuten für
ihn Präsenz in der Gegenwart, stehen aber gleichzeitig für
einen Jahrtausende währenden Prozeß von erdgeschichtlicher
und geologischer Entstehung der Landschaftsformationen.
Sorgers Wissen um die Wirkungskräfte, die in der "Vorzeit"
die gleichen waren wie zur gegenwärtigen Zeit, vermitteln
ein Gefühl von Dauer und ewiger Gegenwart, "eine(r) Allgegenwärtigkeit." (LH 50) Landschaft, wie sie ihm erscheint,
mit ihren "burlesken und winzigen Abläufen" erhält einen
zeitlosen Charakter. Das Wirkungsprinzip der natura natu-
rans und das Produkt der natura naturata sind zu einer
Einheit verbunden.

> "... das Bewußtsein, gerade jetzt auf dem Gestade
> eines Flachufers zu stehen, während das meilenweit
> entfernte, durch die Inseln dazwischen kaum sicht-
> bare andere Ufer tatsächlich noch um einiges steiler
> war, und diese seltsame Asymmetrie der abdrängenden
> Kraft der Erddrehung zuschreiben zu können, war
> nicht unheimlich, gab vielmehr eine Idee von der
> überschaubaren Zivilisiertheit und Heimatlichkeit
> des irdischen Planeten, die seinen Geist spielerisch
> und seinen Körper sportlich machte.
> Dazu gehörte auch die Augenblicksvorstellung, daß
> gleichzeitig mit den über die Landschaft treibenden
> Pappelsamen auf dem Boden der Stromrinne gerade im
> Verborgenen die Schotterkugeln dahinglitten, sich
> rollend überschlugen und sogar langsame Bogensprünge
> vollführten, eingehüllt in Schlammwolken und wei-
> terbefördert von natürlichen Wasserwalzen..." (LH
> 12)

Mit dem Begriff der Form sind nahezu unterschiedlos die
Makro- und Mikrostrukturen der Umwelt bezeichnet. Sorger

> "hatte die Umwelt in jeder geringsten Form - einer

---

[1] Smuda, S. 227

Rille im Stein, einer wechselnden Färbung im
Schlamm, dem vor einer Pflanze angewehten Sand -
ernst zu nehmen, wie nur ein Kind ernstnehmen
kann...." (LH 15)

Raum, Landschaft und Natur bilden die äußeren Formen und
prägen Sorgers Auffassung von Umwelt. Die räumliche Ausdehnung ist gleichgesetzt mit der Ausdehnung der Erdoberfläche. Die wahrgenommenen Landschaftsformen füllen den
Raum und begrenzen ihn damit gleichermaßen. Gegen die
"schwindelerregende Raumflucht in den draußen weltfern
sich dehnenden Hohen Norden" (LH 24) und die räumliche
Weite und theoretische Grenzenlosigkeit entsteht auf diese
Weise ein ausgemessener und begrenzter Landschaftsraum.

Zu Beginn wird zunächst Valentin Sorgers innere Topogra-
phie beschrieben. Danach geht der Text unmittelbar zur
landschaftlichen Umgebung über. Es ist damit die rezeptive
Reihenfolge von Bewußtsein und Landschaftsform festgelegt.
Konstitutiv für die Außenlandschaft ist Sorgers "Sinn für
Erdformen." (LH 140)

1.4. Die Form des Zusammenhalts

Sorgers Tätigkeit im "hohen Norden des anderen Erdteils"
(LH 9) ist auf eine "denkbar genaueste Raumerfassung"[1]
gerichtet. Seine "Vorgehensweise" ist die "Maßarbeit", um
"mit den verfügbaren Methoden in der Landschaft zu lesen
und das Gelesene in einer strengen Ordnung weiterzugeben...." (LH 16). Der Beruf und sein privater Lebens-
entwurf wenden sich beide im wesentlichen den äußeren
geologischen Formen zu. Mit der Betrachtung der Landschaftsformen und dem Nachzeichnen ihrer Konturen bringt
er für sich die Welt in einen Zusammenhang und gibt damit
seinem Bewußtsein Form, Konsistenz und ein inneres Gefüge.

---

[1] Goldschmidt, S. 76

Er "muß jede Kleinigkeit der Umwelt wahrnehmen, um sich zusammenzuhalten."[1]

Goldschmidt beschreibt in einer treffenden Formel Sorgers Entwurf als eine Verbindung von Wahrnehmen und Fixieren: "Die Weltlinie nachziehen: Diese Methode des Sehens bestimmt den Lebensweg Sorgers."[2]

Auf diesem Wege werden die äußeren Räume zu inneren Räumen, inneren Landschaften und "zu seinem höchstpersönlichen Raum." (LH 11) An den Orten seines Aufenthalts eignet er sich "seinen Bereich" an und grenzt ihn vom Gesamtumfeld ab. Gleichzeitig funktioniert im ersten Kapitel noch sein Prinzip der

> "Bewohntheit [....] des ganzen Landstrichs, wo persönliches Abgesondertsein ohne die Gewohnheitszwänge durch Innenräume möglich war." (LH 50)

Die Landschaftsräume werden durch die konzentrierte Wahrnehmung zum Bestandteil des Subjekts. Im Dialog mit der Landschaft verwandelt er die getrennten Positionen in eine Art ideellen Konsens, der allerdings erst durch eine ständige Übung und Annäherung entstehen kann.

> "Sorger war beflügelt von der Vorstellung, daß diese Wildnis vor ihm durch die Monate der Beobachtung, in der (annähernden) Erfahrung ihrer Formen und deren Entstehung, zu seinem höchstpersönlichen Raum geworden war; indem ihm die verschiedenen an dem Landschaftsbild beteiligten Kräfte, ohne daß er sie in der Vorstellung erst herbeimühen mußte, schon im bloßen Wahrnehmungsvorgang, zugleich mit dem Erfassen des großen Wassers, dessen Strömens, dessen Wirbeln und Schnellen, gegenwärtig waren, wirkten sie, mochten sie in der Außenwelt einst auch zerstörerisch gewesen sein (und die Zerstörung immer noch fortsetzen), durch ihre Gesetze zu einer guten Innenkraft verwandelt, stärkend und beruhigend auf ihn." (LH 11f.)

---

[1] Graf, S. 286

[2] Goldschmidt, S. 78

Der literarischen Textebene kommt als notwendiger Bestandteil der umfassenden Form eine besondere Bedeutung zu. In
einem weiteren Schritt wird Sorgers Selbstform des Bewußtseins in die literarische Form des Textes übertragen. Der
Raum im Text ist "ein absoluter Raum der Poesie"[1] und das
Produkt aus einem biographischen und einem physikalischen
Raum. Mit dieser Überleitung von der Materialität zur
Idealität und Rückführung zu dem Material der Schrift verfolgt Handke ein episches Verfahren, das ausgerichtet ist
auf ein Zuwarten, "bis das Innere am Äußeren gestalthaft
wird", wie er es in "Die Geschichte des Bleistifts" (254)
umschreibt. Die Besonderheit dieses Verfahrens ist die
Offenlegung des phänomenologischen Prozesses in der Erzählung. Es ist die Übertragung von "visuelle(r) Wahrnehmung in eine narrative Räumlichkeit."[2] Sorgers Ich ist
dabei "Raummitte"[3], und um dieses Ich konstituieren sich
im Vorgang der Wahrnehmung die Landschaftsräume und
schließen die Person Sorgers gewissermaßen in sich ein.
Seine geologische Vermessungstätigkeit dient ihm dabei;
das geologische Wissen läßt ihn sogar die geologischen
Schichten seines Standorts vermuten. Sämtliche Sinnes-
organe sind darauf ausgerichtet, die Standortbestimmung
total zu gestalten. Die Differenz zwischen Individuum und
Welt soll durch eine möglichst exakte und umfassende Bestimmung der Umgebung, durch Wissen um Seiendes, so gering
wie möglich gehalten werden.

> "Seit einigen Jahren - seit er fast immer allein
> lebte - hatte er es nötig, genau zu fühlen, wo er in
> jedem Augenblick war: die Abstände gegenwärtig zu
> haben; sich der Neigungswinkel sicher zu sein; Mate-
> rial und Schichtung des Grunds, auf dem er sich je-
> weils befand, zumindest in einige Tiefe hinunterzu-
> ahnen; durch Messen und Begrenzen sich überhaupt

---

[1] Schneider, S. 17

[2] Hansen, S. 223

[3] Goldschmidt, S. 75

erst Räume herzustellen, als 'bloße Formen auf dem Papier' mit deren Hilfe er aber, jedenfalls auf eine kleine Dauer, auch sich selber zusammenfügte und unverwundbar machte." (LH 13)

Wenn der Erzähler feststellt, daß Sorger "Tagsüber in der Regel" ein Einswerden "mit sich und der Landschaft" (LH 40) erlebt, so ist damit die Gefährdung und der Verlust einer Einheit mitbezeichnet. Es ist ein Bestreben gegen die "große(n) Formlosigkeit" (LH 16). Eine mögliche Balance zwischen dem "Moment der naiven Raumvertrautheit" (LH 14) und einer "stumpfsinnige(n) Befremdung" (LH 14) ist ein Antrieb für Sorgers Wahrnehmungsanstrengung. Der erste, oberflächliche Blick suggeriert eine nicht vorhandene Übersicht des Ganzen. Die Schwierigkeiten und die Abtrennung von der Landschaft treten auf, wenn der Betrachter den Anspruch von Genauigkeit und augenblicklicher Ordnung hat. Erst dann wird die Gegensätzlichkeit vom Dort des Gegenstandes und dem Hier des Betrachters bewußt und offensichtlich.

"In jeder neuen Umgebung mochte diese sich dem ersten Blick als einförmig übersichtlich oder durch Gegensätzlichkeit pittoresk, jedenfalls fassbar eröffnen, folgt doch gleich nach diesem Moment der naiven Raumvertrautheit die endgültig als Gleichgewichtsstörung erlebte stumpfsinnige Befremdung. Wieder einmal vor bloßen zu den bekannten Kulissen zu stehen, noch verstärkt durch das Schuldgefühl, auch hier 'nicht am Platz zu sein': deshalb war es mit der Zeit Sorgers Leidenschaft geworden, draußen bleibend und die erste Lehre aushaltend, diese so schnell verspielten Räume durch Betrachtung und Aufzeichnung für sich zurückzugewinnen;..... im Glücksfall aber, in der seligen Erschöpfung, fügten sich alle seine Räume, der einzelne neu eroberte mit den früheren zu einer Himmel- und Erde umspannenden Kuppel zusammen, als ein nicht mehr privates, sondern auch den andern sich öffnendes Heiligtum." (LH 14f.)

Mit Sorgers Bestimmung der Landschaftsräume steht und fällt sein Daseinsgefühl in der Welt. Sie sind ein

"Selbst-Objekt"[1] und somit subjektiv und objektiv zugleich. Dettmering beschreibt diese doppelte Funktion und
die gleichzeitig bestehende zweifache Intention. Es ist
der Wunsch, "beim Objekt zu bleiben und es zugleich mit
sich zu nehmen, beziehungsweise es zu einem Bild des Objekts zu bringen, das zugleich nah und fern, konkret und
metaphorisch ist."[2] In Sorgers Landschaftsbildern treten
die einzelnen Landschaftsteile im Falle des Gelingens
"immer in Gruppierungen, in Massen und in strukturierter
Organisation auf."[3] Er nimmt aus einer unendlichen Zahl
von Formpartikeln eine Selektion vor und bringt diese
Elemente in ein ausbalanciertes Gefüge, das gleichzeitig
Abbild seiner Verfassung ist. Sorger tritt mit seiner
Arbeit zeichnend in einen Dialog mit den Dingen, bis das
Gezeichnete seinerseits "begann seinen Blick zu erwidern."
(LH 111) Person und Landschaft bilden zwei Gegenüber, die
sich gegenseitig zu bedingen scheinen. Mit der sinnlichen
Wahrnehmung der Landschaft ist Sorgers Verhältnis zur Welt
ästhetisch im Sinne einer "aisthesis." In der ästhetischen
Rezeption erteilt er sich selbst "eine Lektion des In-der-
Welt-Seins"[4], und dabei hat er es "nötig, genau zu
fühlen, wo er in jedem Augenblick war...." (LH 12)
Dort soll alles wahrgenommen, im Idealfall alles zur Form
des Bewußtseins werden. Für dieses Formerleben gilt
Handkes Diktum in "Die Geschichte des Bleistifts", mit dem
das notwendige Oszillieren zwischen Innen und Außen umschrieben wird:

> "Zum Schreiben muß ich erst selber eine Form sein:
> das heißt, eine Form muß sich der Form nähern" (GdB
> 269)

---

[1]   Dettmering, S. 197

[2]   A.a.O.

[3]   Smuda, S. 47

[4]   Ebd., S. 50, Anmerkung 18

Ausgehend von der inneren Form als Form eines Selbstbe-
wußtseins bildet sich Sorgers "höchstpersönliche Landschaft" im Vorgang der Wahrnehmung. Grundlage für einen
erfolgreichen Zusammenhalt der Formen ist einzig das Subjekt mit dem "Bewußtsein seiner selbst als Gefühl einer
Form." (LH 64) Sorger rückt ganz in das Zentrum der Erscheinungen, ohne daß hier eine rein egozentrische Auffassung von Welt verfolgt wird. Die Perspektive mit dem
Subjekt im Brennpunkt ist auf Objektivität aus und im
Schwerpunkt nach außen gerichtet. Sie ist einer reinen
Introspektion diametral entgegengesetzt, denn der Blick
richtet sich konzentriert hinweg von der eigenen Person
und reflektiert danach zurück. Alles äußere erscheint so
in einer logischen natürlichen Ordnung, deren Teil Sorger
ist.

> "Zu seinen Füßen war der getrocknete Uferschlamm
> weithin als ein Netzwerk von fast regelmäßigen Viel-
> ecken (mit meist sechs Kanten) auseinandergerissen.
> In der Betrachtung der Risse begannen diese allmäh-
> lich auf ihn zurückzuwirken, zerstückten ihn aber
> nicht, wie den Boden, sondern schlossen all seine
> Zellen, (jetzt erst nachfühlbare Leere), zu einem
> harmonischen Ganzen zusammen...." (LH 68)

Mit dem Blick aus dem fliegenden Flugzeug transportiert
Sorger in seiner Anschauung anthropomorphe Züge in die
Natur. Ihr Anblick erscheint ihm vielfältig und ständig in
Veränderung befindlich wie das Verhalten einer Person. Es
ist keine größere Nähe zur Welt möglich, als diejenige, in
der sich der Mensch in ihr wie in einem Spiegel betrachten
kann.

> "Obwohl Sorger die Gegend schon oft aus der Höhe be-
> obachtet hatte, nahm sie erst jetzt, da er sie ver-
> lassen sollte, eine besondere Gestalt an. Er er-
> blickte die im großen so formlose Ebene als einen
> vielgliedrigen Körper mit einem unverwechselbaren,
> einmaligen, ihm sich jetzt zuneigenden Gesicht.
> Dieses Gesicht erschien reich, unheimlich und über-
> raschend: reich nicht bloß in der Vielfalt der For-
> men, sondern auch in deren Eindruck von Unerschöpf-
> lichkeit; unheimlich in der Beinah-Namenlosigkeit

der unzählbaren, immer seltsam an eine Menschenwelt
erinnernden (oder sie vorwegnehmenden) und wie nach
Namen schreienden Einzelformen; - und das Überra-
schende in dem Gesicht war bei jedem Blick wieder
die Ausbreitung des darin sich wälzenden Stroms:
..." (LH 71)

Die Summe aller Ereignisse und Erfahrungen ist in der
Erzählung zusammengefaßt. In ihr sind Mensch und Landschaft miteinander verbunden und als Teile der Natur
repräsentiert. Dennoch ist der Landschaft zumindest im
ersten Kapitel gegenüber Sorger eine größere Bedeutung
beigemessen. Sie ist unverändert und dauerhaft anwesend,
und Sorger versucht, mit seinen Blicken ihrer Gestalt
habhaft zu werden. Diese Form einer Rangordnung ist in
"Die Geschichte des Bleistifts" beschrieben.

"In Widersprüchen erzählen; das wäre die ideale
natürliche Erzählung von einem Menschenleben; aber
als Vor-Bild für die Erzählung dienten doch die
Formen der Berge, der Bäume, der Flüsse" (GdB 340)

Die zuvor gewonnene innere Form dient in diesem Prozeß als
eine Hohl- oder Leerform, in die die Erzählung hineinge-
fügt wird. Goldschmidt deutet auf dieses Pendeln zwischen
Ich und Raum hin. "....denn der Raum ist nichts anderes
als Selbstform des Ich, Guß der eigenen Konsistenz in ihre
Form."[1]

1.5. Stiftersche Motive - Texträume

Landschafts- und Raumdarstellungen sind Bestandteil einer
österreichischen und alpenländischen Literaturtradition.
Das hat seinen Grund gewiß in der geographischen Lage.
Hügel- und Gebirgslandschaften sind geradezu Initiatoren
für einen Autor, landschaftliche Räumlichkeit literarisch
festzuschreiben. Dagegen spricht nicht, daß "Langsame

---

[1] Goldschmidt, S. 81

Heimkehr" im wesentlichen in Alaska spielt.

Einer der bedeutendsten Landschaftsdarsteller ist zweifelsohne Stifter. Raum- und Landschaftsbeschreibungen gehören zu den Bausteinen seines Werks. Aus Hinweisen Handkes[1] geht hervor, daß sein Schreiben stark von Stifter beeinflußt ist.[2] Doch bestehen im Hinblick auf die Bedeutung der Landschaft für die Erzählung und die Romanfiguren wesentliche Unterschiede zwischen beiden Autoren.

In Stifters Romanen und Erzählungen ist der Landschaftsraum als "'konstitutiv' für den Text zu verstehen."[3] Die erzählte Handlung ist in den Raum hineingeschrieben, darin "eingebettet" und umfaßt ihn gleichzeitig. In ihm als vorgegebener äußerer Konstante können sich die Handlungen der Personen in den Zeitabläufen entfalten. Der Roman "Witiko" und die Erzählung "Der Hochwald" beginnen mit einer ausführlichen Beschreibung des landschaftlichen Szenariums. Als Textbeispiel soll der Anfang von "Der Hochwald" ausreichen.

> "An der Mitternachtseite des Ländchens Österreich zieht ein Wald an die dreißig Meilen lang seinen Dämmerstreifen westwärts, beginnend an den Quellen des Flusses Thaia und fortstrebend bis zu jenem Grenzknoten, wo das böhmische Land mit Österreich und Bayern zusammenstößt. Dort, wie oft die Nadeln bei Kristallbildungen, schoß ein Gewimmel mächtiger Joche und Rücken gegeneinander und schob einen derben Gebirgsstock empor, der nun von drei Landen weithin sein Waldesblau zeigt und ihnen allerseits wogiges Hügelland und strömende Bäche absendet. Er beugt, wie seinesgleichen öfter, den Lauf der Bergeslinie ab, und sie geht dann mitternachtswärts viele Tagesreisen weiter."[4]

---

[1] Vgl. dazu Handkes Äußerung über Stifters Einfluß auf "Langsame Heimkehr" in: Handke/Gamper, S. 20.

[2] Zur traditionellen Linie vgl. Gabriel, S. 140 ff.

[3] Enklaar, S. 10

[4] Stifter, Bd. 1, S. 59

Mit der Benennung von Ländern und Städten ist auf mensch-
liche Kultur hingewiesen, doch erscheinen "am Anfang keine
Menschen, aber da ist der Mensch, der ihn wahrnimmt."[1] Am
Ende der menschlichen Geschichte treten die Personen wie
von einer Theaterbühne ab, und es verbleiben "Raum und
Landschaft in ihrer Konkretheit."[2]
Ganz entgegengesetzt dazu ist der Raum in "Langsame Heimkehr" behandelt. Die Räume sind für den Leser und Valentin
Sorger nicht als selbstverständliche Textkonstante vorausgesetzt und in die Erzählung eingeführt. Erst Sorger ist
ihr Konstrukteur, und zuvor müssen sie von ihm erfahren
werden. In der Kurzweiligkeit seiner Aufmerksamkeit und
mit den Ambivalenzen seines Bewußtseins sind die Raumformen "episodisch". (LH 10) Mit seinem "Sinn für die Erdformen" (LH 140) entstehen sie erst: durch "Messen und
Begrenzen" (LH 13) und "Festhalten" der "Naturerscheinung"
(LH 27). Erdformen als eine Art historischer Konstante muß
Sorger als "Vorzeitformen" erst für sich wiederentdecken.
Die Überlieferung der "ursprünglichen Erdgestalt" im
Indianerdorf ist ein gegenwärtiges Beispiel und Relikt
einer kultur- und geschichtsfreien Natur. Dabei zeigen
sich Sorger kleine und große Formen, die gleichrangige
Teile der Vielfältigkeit der Landschaft sind.

> "Das Gebiet war nie gerodet worden, und so hatte es
> darin nie etwas wie Fluren, oder überhaupt Zivilisa-
> tions-Landschaftsformen gegeben; außer an den Aufla-
> gestellen für die Behausungen war das natürliche
> Relief der Erdoberfläche fast nirgends verändert:
> selbst die breiteren Wege folgten jeder der vielen
> Unebenheiten des nur aus der Luft flach erscheinen-
> den Bodens (eine 'Flur' war demnach, mit dem Landes-
> streifen, einzig durch die Aufschüttung entstandene
> so kurze wie breite Schotterstraße, die als gesperr-
> tes Gebiet zu einem Armeestützpunkt in die Moorland-
> schaft ging). Und da die meisten Hütten über Sockeln
> errichtet waren, hatte sich sogar auf den bebauten
> Gründen, in den kleinen Mulden, Gräben und Buckeln
> unter den Behausungen, die ursprüngliche Erdgestalt

---

[1] Enklaar, S. 20

[2] Ebd., S. 204

erhalten." (LH 43f.)

Mit der Figur Sorgers und dem Ort der Handlung im ersten
Kapitel befindet sich "Langsame Heimkehr" in unmittelbarer
Nähe zu Stifters "Nachsommer". Die Handlung in "Die Vorzeitformen" ist in ein Gebiet verlegt, das von historischen Eingriffen weitgehend unberührt ist. Handke notiert
dazu:

> "Sorgers Geschichte soll ganz abseits von der öf-
> fentlichen Geschichte vor sich gehen (....)." (GdB
> 85)

Die Benennungen mit "Hoher Norden" und "Acht-Meilen-Dorf"
(LH 75) sind ohne zivilisatorische Inhalte.
Das "Rosenhaus" ist im "Nachsommer" der eigentliche Ort
der Handlung und hat die gleiche Struktur.
Der Lebensrahmen Heinrich Drendorfs und der Sorgers tragen
ähnliche Grundzüge. Beide sind Geologen; Drendorf war
allerdings zunächst zu einem "Wissenschaftler im allgemeinen"[1] bestimmt. Die Geologie ist für ihn die Summe
seiner bisherigen Ausbildung. Das geologische Wissen
schafft auch eine Grundlage für seine Perspektive auf die
Existenz. Die Erdformen repräsentieren für ihn gewissermaßen den essentiellen Kern des Daseins. Raumbetrachtungen
haben wie für Sorger eine individuelle Bedeutung.

> "Die Betrachtung der unter mir liegenden Erde, der
> ich oft mehrere Stunden widmete, erhob mein Herz zu
> höherer Bewegung, und es erschien mir als ein würdi-
> ges Bestreben, ja als ein Bestreben, zu dem alle
> meine bisherigen Bemühungen nur Vorarbeiten gewesen
> waren, dem Entstehen dieser Erdoberfläche nachzuspü-
> ren, und durch Sammlung vieler kleiner Tatsachen an
> den verschiedenen Stellen sich in das große und er-
> habene Ganze auszubreiten, das sich unsern Blicken
> darstellt, wenn wir von Hochpunkt zu Hochpunkt auf
> unserer Erde reisen, und sie endlich alle erfüllt
> haben, und keine Bildung dem Auge mehr zu unter-
> suchen bleibt als die Weite und die Wölbung des

---

[1] Stifter, Bd. 3, S. 14

Meeres."[1]

Beide sind mit ihren Tätigkeiten gleichermaßen nicht auf
gesellschaftliche Effektivität angewiesen. Ohne gesellschaftliche Kontrollen können sie frei von ökonomischen
Zwecken arbeiten. Die Zwecke sind ausschließlich von der
Logik der Gegebenheiten der Natur vorbestimmt. Sorgers
Arbeitsergebnisse sind in der Erzählung weder bestimmt
noch unmittelbar für die Gesellschaft nachzuweisen.

> "Und die anderen? Sorger hatte in seinem Beruf noch
> keine Arbeit verrichtet, mit welcher er jemandem
> ausdrücklich nützlich gewesen wäre oder vielleicht
> sogar irgendeiner Gemeinschaft gedient hätte: weder
> hatte er bei einer Ölbohrung mitgewirkt, noch auch
> nur als Verantwortlicher die Untergrundfestigkeit
> eines Baustellenprojekts geprüft." (LH 16)

In seiner "selbstlosen Daseinslust" kann er sich "ohne
zielgerichtete Tätigkeit einem Raum und der Zeit überlassen."[2] Seine Konzentration auf den Raum ist frei von
Irritationen durch die Vielfalt von zwischenmenschlichen
Interaktionen. Nichts Störendes soll sich zwischen ihn und
seine Landschaftsbetrachtungen schieben. Hillebrand weist
auf diesen Zusammenhang in literarischen Landschaftskon-
zepten hin.

> "Intensives Raumerleben und gesellschaftliches Enga-
> gement scheinen sich nämlich innerhalb der Literatur
> nicht vertragen zu wollen."[3]

Drendorfs Raumerfahrung erweitert sich kontinuierlich im
Verlauf seiner Ausbildung. Die Räume, die er nach und nach
durchschreitet, werden immer weiter, und mit dieser äußeren Erfahrung weitet sich gleichzeitig sein Bewußtsein.

---

[1] Ebd., S. 35

[2] Meyer, S. 254

[3] Hillebrand, S. 12

Wie sich ausweitende Schallwellen breiten sich die von
Heinrich erfahrenen Räume um die kleinsten Einheiten, den
Sternenhof und das Rosenhaus, aus. Wie mit Sorgers Person
als "Raummitte" so sind auch im "Nachsommer" die Räume und
Landschaften "immer um eine Mitte, eben den betrachtenden
Menschen herum ausgebreitet."[1] Zu dieser Raumerfassung
Handkes bemerkt Goldschmidt:

> "Das Ich ist (...) Raummitte: Ich bin immer mitten
> im Raum, den ich erlebe, um mich herum baut sich die
> Welt auf...."[2]

Gleichzeitig ist der Leib des Betrachters im Vorgang der
Raum- und Landschaftswahrnehmung "Orientierungs-Zen-
trum."[3]
Heinrich Drendorf orientiert sich so bei der Besteigung
des Echern beim Ausblick in die Weite.

> "Auf jeder Stelle, die eine größere Umsicht gewähr-
> te, hielten wir etwas an, und suchten uns die Ge-
> stalt der Umgebung zu vergegenwärtigen und uns des
> Raumes, auf dem wir standen, zu vergewissern."[4]

Er verläßt sich dabei auf sein inneres Ortungssystem und
zieht dennoch "zum Überfluß auch noch die Magnetnadel zu
Rate."[5] Sorger seinerseits "war überzeugt von seiner Wissenschaft, weil sie ihm half, zu fühlen, wo er jeweils
war....." (LH 12)
Neben dem Individuum als Raummitte ist im "Nachsommer" das
Rosenhaus, "die ruhende Mitte seiner immer weiter aus-
greifenden Fahrten"[6], ein örtliches Zentrum. Immer ist

---

[1] Seidler, 228

[2] Goldschmidt, S. 75

[3] Smuda, S. 47f.

[4] Stifter, Bd. 3, S. 536

[5] A.a.O.

[6] Seidler, S. 232

das Haus für Drendorf ein Platz der Rückkehr zu geordneten
und harmonischen Beziehungen, die seine innere Mitte
festigen. Auch der Begriff der Mitte hat damit eine objektive und eine subjektive Bedeutung. Sie richtet sich nach
außen zur "Raummitte" hin, der die augenblickliche psychologische Mitte der Person gegenübersteht. Sorger dagegen
kann auf eine äußere fixierte Mitte nicht zurückgreifen.
Für ihn liegt sie einzig in seinem Bewußtsein und in
seinem Verhältnis zur Welt, das an den wechselnden Orten
neu hergestellt werden muß. Die Herkunft und Vergangenheit
in Europa hat für Sorger kein wesentliches Gewicht. In der
Erzählung erfährt der Leser nur in gröbsten Zügen etwas
über seine familiären Bindungen. Die Rückkehr erfolgt
nicht zu vertrauten Orten, mit denen er durch die Vergangenheit stark verwurzelt wäre. Seine Heimkehr ist auf die
Zukunft gerichtet an einem Ort, der in gewisser Weise noch
utopisch ist und deshalb auch in diesem Falle von Sorger
erst für sich gewonnen werden muß. Die Vorstellung von
Heimat ist damit noch nicht genau umrissen und kommt der
Definition Ernst Blochs sehr nahe. Sie zeigt sich in einem
Ort, der ein klares, offenes und auch freies Bewußtsein
möglich macht. Diese Heimat ist insofern ein idealer
Platz, "worin noch niemand war...."[1]

Heinrich Drendorf erlebt den Höhepunkt seiner Raumerleb-
nisse an einem fremden Ort. Nach der Besteigung des Echern
betrachtet er vom Gipfel aus den Sonnenaufgang. Dem sze-
nischen Ausschnitt einer Bühne gleich enthüllen sich dem
Betrachter mit der aufgehenden Sonne die einzelnen Teile
der Landschaftskulisse. Mit dem Hellerwerden verstofflicht
sich alles Betrachtete. Unstofflicher Nebel wird in der
Romanbeschreibung zum stofflichen Element.

> "Während wir standen und sprachen, fing sich an
> einer Stelle der Nebel im Osten zu lichten an, die
> Schneefelder verfärbten sich zu einer schöneren und

---

[1] Bloch, Bd. 3, S. 1628

anmutigeren Farbe, als das Bleigrau war, mit dem sie
bisher bedeckt gewesen waren, und in der lichten
Stelle des Nebels begann ein Punkt zu glühen, der
immer größer wurde, und endlich in der Größe eines
Tellers schweben blieb, zwar trübrot, aber so innig
glimmend wie der feurigste Rubin. Die Sonne war es,
die die niederen Berge überwunden hatte und den
Nebel durchbrannte. Immer rötlicher wurde der
Schnee, immer deutlicher, fast grünlich seine Schatten, die hohen Felsen zu unserer Rechten, die im
Westen standen, spürten auch die sich nähernde
Leuchte und röteten sich. Sonst aber war nichts zu
sehen als der ungeheure dunkle, ganz heitere Himmel
über uns, und in der einfachen großen Fläche, die
die Natur hierher gelegt hatte, standen nun zwei
Menschen, die da winzig genug sein mußten. Der Nebel
fing endlich an seiner äußersten Grenze zu leuchten
an wie geschmolzenes Metall, der Himmel lichtete
sich, und die Sonne quoll wie blitzendes Erz aus
ihrer Umhüllung empor. Die Lichter schossen plötzlich über den Schnee zu unseren Füßen und fingen
sich an den Felsen. Der freudige Tag war da."[1]

Vor den "zwei Menschen" entfalten sich in ihrer Blickse-
quenz die Landschaftsformen. Der Brennpunkt des Aus-
schnitts liegt im Betrachter.
Auch in "Langsame Heimkehr" wird das Bild der aufgehenden
Sonne zum Symbol für die wechselseitige Bedingung und
Durchdringung von Raum und Zeit.

"Die Sonne ging auf, sehr weit weg im Tiefland,
langsam und leicht schräg, und verdunkelte die Landschaft mit tiefen Schlagschatten: eine Dunkelheit,
eher Düsternis, welche den ganzen Tag hindurch mit
den kaum schrumpfenden, auch kaum vorrückenden
Schattengräben zwischen Bäumen und Sträuchern ste-
henblieb; - und auf der Stelle, von dem Augenblick
an, da Sorger sich in das Spiel einmischte, verwan-
delte sich die Zeit, wie auf einer offenen Bühne, in
einen dämmrig-sonnigen Raum, ohne besonderes Vor-
kommnis, ohne Tag- und Nachtwechsel, und ohne Eigen-
gefühl: wo er weder Tätiger war noch Müßiggänger,
weder Eingreifer noch Zeuge." (LH 49)

Die zeitlich meßbare Fortbewegung der aufgehenden Sonne
illuminiert die Landschaft und bringt sie und den Raum

---

[1] Stifter, Bd. 3, S. 539

erst hervor. Sorger ist dabei ein Medium, denn erst als "er sich in das Spiel einmischte", also Räumlichkeit und Zeit wahrnehmend bewußt macht, existieren sie als solche im Text. Die Textbeispiele aus "Der Nachsommer" und "Langsame Heimkehr" erzeugen bei der Rezeption ein stehendes Raum-Innen-Bild, bei dem textuelle Begrifflichkeit und dazugehörendes Landschaftsbild in Kongruenz gebracht sind. Das Denken im Vorgang des Lesens verwandelt sich unmittelbar in Wahrnehmung und bestätigt erneut Rudolf Arnheims Entwurf eines "anschaulichen Denkens." Er geht dabei vom Spannungsverhältnis von Wahrnehmen und Denken aus, denn "die Wahrnehmung wird gering geachtet, weil sie angeblich kein Denken verlangt."[1] Außerdem stellt er fest, daß "ohne Anschauungsvermögen keinerlei produktives Denken auf irgendeinem Gebiet möglich ist."[2] Es ist zweifellos Handkes Bestreben, dieses "Anschauungsvermögen" durch den Text und die Sprache zu vermitteln.

Mit Stifter als Vorgänger schafft Handke in "Langsame Heimkehr" quasi textuelle und lesbare Räume. Lessings Diktum im "Laokoon" - "Es bleibt dabei: Die Zeitfolge ist das Gebiet des Dichters so wie der Raum das Gebiet des Malers."[3] - erfährt auf diese Weise eine erneute Korrektur. Seine strikte Trennung von Malerei als "Raumkunst" mit "Figuren und Farben in dem Raum" und Poesie als "Zeitkunst" von "artikulierten Tönen in der Zeit" kann in dieser Form nicht aufrechterhalten werden. Die Malerei ist nicht - wie Lessing feststellt - "in ihren koexistierenden Kompositionen nur auf einen einzigen Augenblick der Handlung"[4] beschränkt, und das Auge "übersieht" keinesfalls

---

[1]   Arnheim, S. 15

[2]   A.a.O.

[3]   Lessing, S. 129

[4]   Ebd., S. 115

"mit einmal"[1] den Inhalt eines Gemäldes oder die Form
einer Skulptur. Das zeitliche Nacheinander der Worte und
Sätze der erzählten Handlung hat seine Entsprechung im
allmählichen Erfassen eines Bildinhalts. Viereinhalb
Jahrhunderte vor Lessing demonstrierte Giotto in seinen
Kirchenfresken in Assisi, Padua oder auch Florenz die Möglichkeit eines zeitlichen Nacheinander im einzelnen Bild-
ausschnitt. Rowley veranschaulicht in seiner Schrift "The
Principles of Chinese Painting" das zeitliche Element im
chinesischen Rollenbild. In dieser Malerei ist der Betrachter durch das allmähliche Abwickeln der Bildrolle
gezwungen, nach und nach einzelne Motive eines Land-
schaftsgemäldes wahrzunehmen. Rowley schreibt zur Dualität
von Zeit und Raum in der Tuschmalerei:

> "CHINESE painting is an art of time as well as of
> space. This was implied in the arrangement of the
> group by movement from motif to motif through inter-
> vals; in the extended relationship of groups, move-
> ment in time became the most memorable characteri-
> stic of Chinese design.
> (...)
> A scroll painting must be experienced in time like
> music or literature."[2]

Doch was sich beim Rollenbild bewußt vollzieht, geschieht
auch in der Wahrnehmung eines jeden anderen Gemäldes eher
in einem unbewußten Prozeß. Nach dem ersten Blick, der
sich auf das gesamte Bild richtet, muß der Betrachter im
zeitlichen Nacheinander durch das Bild wandern, wenn er es
in den Einzelheiten kennenlernen will.
Raum und Perspektive - auch hier war Giotto einer der
Wegbereiter[3] - sind in Malerei und Dichtung gleichermaßen
illusionär. Es soll nicht behauptet werden, daß in "Langsame Heimkehr" sichtbare Räume entstehen. Die Gestaltung

---

[1] Ebd., S. 123

[2] Rowley, S. 61

[3] Vgl. dazu Bellosi, S. 199 ff.; Panofsky, S. 116

des Raumes geht allerdings über die bloße Bedeutung als
"Textkonstituente" hinaus. Die Verbindung zwischen Sehen
und der Übertragung in die Texträumlichkeit ist weitaus
unmittelbarer.
Die Fabel in "Langsame Heimkehr" entwickelt sich im
üblichen zeitlichen Nacheinander. Innerhalb dieser
Linearität entstehen gleichzeitig Sorgers "Räume". In
einem synchronen Verlauf ist das zeitliche Nacheinander
vom räumlichen Nebeneinander begleitet und überlagert.
Sorger will das "Raumereignis festhalten" (LH 27), und mit
der Fixierung des räumlichen Augenblicks soll ihm eine
unveränderbare Dauer gegeben werden. Zu diesem Phänomen
des Anhaltens einer sukzessiven Zeitfolge durch die
Fixierung von Raumformen schreibt Handke:

> "Ich will gar nicht zeichnen können - es ist nur die
> Lust, ein paar Sachen nachzuziehen, damit sie nicht
> vergehen." (GdW 124)

Durch die Festschreibung der äußeren Räume erfolgt eine
Unterbrechung des zeitlichen Nacheinander. Mit der Landschaft ist gleichzeitig der Vorgang der Wahrnehmung beschrieben[1] und damit nicht ausschließlich ein Nacheinander von Handlungen.
Auf diese Weise ermöglicht die Rezeption des Textes im
Leser ein "schöpferisches Denken (....) in Formen von
anschaulichen Bildvorstellungen."[2] Die Anschaulichkeit
der Sprache folgt der Bildhaftigkeit der Wahrnehmung von
"Gedankenbildern".[3] Der Umweg über das Medium der Schrift
ist gering. Wie Rudolf Arnheim feststellt, erfolgen auch
bei der unmittelbaren Wahrnehmung des Auges Defizite in
der bildhaften Umsetzung.

---

[1] Vgl. dazu LH 107f.

[2] Arnheim, S. 99

[3] A.a.O.

"Dies optische Abbild ist nun aber nicht das physische Gegenstück von dem, was die Gesichtswahrnehmung zum Erkennen beiträgt. Das seelische Bild der Außenwelt unterscheidet sich in wesentlicher Hinsicht von der Projektion auf der Retina."[1]

1.6. Ästhetische Landschaftserfahrung

Die Auffassung von Landschaft und Raum als "Selbstform des Ich" verdeutlicht erneut die ästhetische Auffassungsform von Natur. Ausgehend von Petrarcas Erfahrungen bei der Besteigung des Mont Ventoux ist nach Ritters Definition "Natur als Landschaft [...] Frucht und Erzeugnis des theoretischen Geistes"[2]. Als reflektierte Wahrnehmungsform der Natur ist Landschaft immer eine Ansicht von einem bestimmten Standpunkt des Beobachters aus. Es gibt keine Landschaft "als solche". Sie wird es erst, wenn sich der Mensch den Dingen der Natur "ohne praktischen Zweck in 'freier' genießender Anschauung zuwendet, um als er selbst in der Natur zu sein. Mit seinem Hinausgehen verändert die Natur ihr Gesicht."[3] Ritters These ist gewiß angreifbar, denn nach seiner Vorstellung bedeutet "ohne praktischen Zweck", eine rein genießende Position in der Landschaft einzunehmen mit Qualifikationen wie "schön", "wohltuend", "majestätisch" oder auch "bedrohlich" im Ergebnis. Gegenfigur zu diesem Typ von Betrachter wäre dann etwa ein Bauer, dem Ritter ein rein praktisches Verhältnis zur Natur ohne genießende und damit ohne ästhetische Augenblicke zumißt. So wenig diese Qualifikationen in den Grundlagen verifizierbar sind (denn der Landmann, der arbeitend zuweilen die Schönheiten der ihn umgebenden Landschaft genießt, ist sehr gut vorstellbar), so sind sie doch in theoretischer Hinsicht und auf Kunstwerke ange-

---

[1] Ebd., S. 35

[2] Ritter, S. 13

[3] Ebd., S. 18

wandt von erkenntnisstiftendem Wert.

Sorgers Verhältnis zur Natur verkörpert beide Beziehungsformen: es ist sowohl zweckfrei als auch theoretisch und ästhetisch geprägt. Die Landschaft ist für seine geologische Tätigkeit ein Gegenstand seiner Berufszwecke; gleichzeitig "dient" sie ihm ohne rationale Zwecke. Sie hilft ihm, sein Inneres zusammenzufügen. Im Gegensatz zu Sorger leben die Indianer in der Landschaft anscheinend in einer reinen Zweckgemeinschaft. Sie besiedeln das Gebiet auf unabsehbare Zeit, lassen "ihre großen hölzernen Fischräder antreiben [...] welche als Fangturbinen auch über Nacht die Lachse einsammelten" (LH 25) und sehen so in der Natur einen existenznotwendigen Raum. Es gibt im Text keinen Hinweis darauf, daß sich die Indianer dem Gebiet in ästhetisch-genießender Absicht zuwenden. Für sie ist ihr Lebensraum per Definition noch "Natur". Trotz Sorgers verschiedenartigem und differenziertem Verhältnis zur Landschaft, hat seine ästhetische Erfahrung im Schwerpunkt diese selbst ohne weiterreichende ästhetische Ansprüche zum Ausgangspunkt. Das "Naturschöne" an sich spielt, so intensiv seine Reflexionen auch sind, keine Rolle. Er hat das von Adorno beschriebene "Mehr" als das Schöne "an der Natur, was als mehr erscheint, denn was es buchstäblich an Ort und Stelle ist",[1] nicht im Sinn. Handke bezweckt also nicht "die Fortschreibung theoretischer Reflexion", sondern "das Festhalten an der ästhetischen Wahrheit der natürlichen Form".[2] Seine "ästhetische Wahrheit" konzentriert sich ganz auf den Vorgang der Erfassung der objektiven Formgegebenheiten.

Hansen weist im Zusammenhang mit "Langsame Heimkehr" und "Die Lehre der Sainte Victoire" auf ein "petrarcisches Landschaftsgefühl hin, das die Nähe vom Körperlichen zum Unkörperlichen ausdrückt".[3] Petrarcas Brief an Francesco

---

[1] Adorno, Gesammelte Schriften, Bd. 7, S. 111

[2] Hansen, S. 207

[3] Hansen, S. 199

Dionigi von Borgo San Sepolcro über die Besteigung des Mont Ventoux am 26. April 1336 dokumentiert seine Position "an der Schwelle zur neuzeitlichen ästhetischen Erfahrung der Landschaft."[1] Die mittelalterliche Abwendung von Irdischem ist letztlich ein Zwang bei der visuellen Erfahrung der Landschaft, der das Äußere ausklammert und den Blick auf die Seele richtet. Schon beim Aufstieg schwingt er sich "vom Körperlichen zum Unkörperlichen hinüber"[2] und sieht ihn als Metapher des Weges zum "seligen Leben". Zunächst läßt er auf dem Gipfel zweimal, orientiert an geographischen Fixpunkten, den Blick in die Weite der Landschaft schweifen.[3] Danach wirkt die sich vor ihm weitende Landschaft nach innen. Sie ist "Reflexionsraum des Ich"[4] mit einem negativen Ergebnis. In der neuen Perspektive auf die Welt finden seine Blicke auf Dauer keinen Halt und sind bedroht, sich im Raum zu verlieren. Augustinisch geprägt und mit dessen "Confessiones" im Gepäck gerät Petrarca in "Zorn" über die Bewunderung des Irdischen und beschließt, "genug vom Berge gesehen zu haben, und wandte das innere Auge auf mich selbst."[5] Das zunächst lustvolle Schauen, womit er "eins ums andere bestaunte, und jetzt Irdisches genoß"[6], schlägt um in philosophisch-theologische Reflexionen, die es schließlich eliminieren.

---

[1] Stierle, S. 11

[2] Petrarca, S. 83

[3] Blumenberg, in: "Die Lesbarkeit der Welt", S. 91f., und Manthey, S. 328 unterstellen Petrarca "Angst" oder auch Hemmung und Zurückhaltung beim Blick auf die Landschaft. Aus seinem Brief geht jedoch eindeutig hervor, daß er gelassen, mit Staunen und Genuß zunächst den "freien Rundblick" folgte. Erst danach beginnt seine reuevolle Reflexion auf das Innere der Seele.

[4] Stierle, S. 40

[5] Petrarca, S. 87

[6] A.a.O.

Die Nähe zum Unkörperlichen und zur Vergeistigung in
Sorgers Verhältnis zur Landschaft ist immer vorhanden,
doch wird sein Blick durch die Reflexionen gefördert. Die
Verbindung von Landschaft und ihrer Idealisierung in einer
Innenform ist dort von positivem Charakter. Das Verhältnis
zur Natur ist eher profaner Art; der Blick auf Irdisches
ist die unabdingbare Voraussetzung für weltliches "Heil".
Was sich bei Petrarca nur für einige Augenblicke anbahnte,
hat sich bei Sorger zu tiefem Vertrauen und Affinität zur
Außenwelt entwickelt. Wo Petrarca sein Schauen abbricht,
öffnet sich Sorger für die Verbindung von Geist und
Materie in dem Bewußtsein, daß innere Balance nur im
Wechselspiel mit der äußeren möglich ist. Die Entfremdung,
gegen die Sorger arbeitet, ist nicht sozialer Art, sondern
eine elementarste "Weltentfremdung".[1] Die aus den Augen
verlorene und sich entziehende Welt soll in ihren Formen
wieder-holt werden, um Fremdheit in Weltbekanntschaft zu
verwandeln. Der Weite der Landschaft setzt er immer wieder
die abgrenzenden Formen der Wahrnehmung entgegen. Die
Ferne des Horizonts bedeutet nicht mehr Grenzenlosigkeit,
sondern die begrenzende Linie eines Übergangs.

> "....diese Wasserfläche mit den eingelagerten Sand-
> bänken ruhte nicht mehr in sich, sondern ging ohne
> unterscheidbare Grenzlinie in den die ganze Hori-
> zontferne einnehmenden und wie ein Sinnbild für den
> Polarkreis stehenden lichten Himmelsstreifen
> über...." (LH 27)

In der geplanten Abhandlung "Über Räume" will er das
Verhältnis zu Raum und Landschaft beschreiben. Zunächst
beabsichtigt er, das Phänomen subjektiver Räume im unbegrenzten Raum zu behandeln.

> "Es beschäftigte ihn ja schon seit langem, daß
> offenbar das Bewußtsein selber mit der Zeit in jeder
> Landschaft sich seine eigenen kleinen Räume erzeug-

---

[1] Neubaur, S. 348

te, auch da, wo es bis zum Horizont hin keine Abgrenzungsmöglichkeit zu geben schien. Es war, als stünden aus einer für den Neuankömmling noch endlosen Fläche für den länger darin Ansässigen vielfältige und streng voneinander getrennte Räume hervor. Aber sogar in einer auf den ersten Blick auffällig zergliederten Hügel- oder Berggegend stellte sich ein Mensch (so Sorgers Erfahrung) auf die Dauer ganz andere Räume vor als die sich aus den monumentalen und offensichtlichen Formstücken ergebenden. Das war auch sein Ausgangspunkt; daß sich, einmal, dem Bewußtsein in jedem beliebigen Landstrich, wenn es nur Zeit hatte, sich mit ihm zu verbinden, eigentümliche Räume auftaten...." (LH 107f.)

Entsprechend der Subjektivität der Räume erhebt auch seine Abhandlung nicht einen allgemeingültigen und wissenschaftlichen Charakter. Er sieht sich nicht als "Wissenschaftler", sondern allenfalls als "(manchmal)...gewissenhafter Landschaftsdarsteller." (LH 110)

Nach der Erfahrung des "Raumentzugs" im zweiten Kapitel und der Epiphanie im "Coffee-Shop" (LH 165) "wurde ihm (...) deutlich, wie sehr sich seine Vorstellungen von der geplanten Abhandlung geändert hatten." (LH 189) Noch klarer wird ihm bewußt, wie sehr die Erfahrung von Landschaft und Raum mit seiner Person als "Konstrukteur" steht und fällt, so daß sich die "Raum-Formen" lediglich "episodisch bildeten" (LH 189). Das Episodische des Raums impliziert den Faktor einer zeitlichen Begrenzung. Die Dauer der Episode hängt von Sorgers innerer Kontinuität ab, der "sozusagen 'ihr Augenblick' wurde, der sie zu Zeit-Erscheinungen machte." (LH 189) Im begrenzten Kontinuum des Raumes ist mit der Dauer ihrer Wahrnehmung durch Sorger der Zeitfaktor immanent. Körperliches und Unkörperliches liegen - wie bei Petrarca - nah beieinander. Seine Raumkreationen bestimmen seinen Platz in der Welt.

1.7. Zeichnung, Bewegung und Langsamkeit als Erfahrungsformen

1.7.1. Die Bedeutung der Zeichnung

Sorgers "Erfassung der Erdgestalt, nicht fanatisch betrieben, sondern so inständig, daß er sich dabei allmählich als Eigengestalt mitfühlte" (LH 15), zeigt die intensive Nähe des Betrachters zur äußeren Form. Verstärkt wird dieses Bewußtsein, selbst ein Element der Perspektive zu sein, durch die körperlich-aktive Aneignung der Landschaft im Vorgang des Zeichnens. Es macht den Blick auf die Dinge genauer und intensiver und materialisiert auf dem Papier die Relation zwischen Subjekt und Objekt.

> "Er zog das Zeichnen, auch in der Arbeit, dem Fotographieren vor, weil ihm dabei erst die Landschaft in all ihren Formen begreiflich wurde; und er war jedes Mal überrascht, wieviele Formen sich da zeigten, sogar in einer auf den ersten Blick ganz eintönigen Ödnis." (LH 45f.)

Sorgers Zeichnen ist gewiß auch das Ergebnis von Handkes Rezeption dreier Schriftsteller, für die das eigene Malen und Zeichnen eine große Bedeutung hatte. Goethe, Keller und Stifter planten gleichermaßen zunächst Maler zu werden, und die bildnerische Ausbildung hatte einen gewichtigen Einfluß auf den poetischen Realismus ihrer Literatur. Heinrich Lees Erfahrungen in Kellers "Grünem Heinrich" mit seinen Versuchen im abbildenden Zeichnen vollzieht der Erzähler im "Kurzen Brief" nach. Für ihn sind Heinrichs Erfahrungen eine Art Spiegelbild zum eigenen Verhältnis zur Außenwelt. In Stifters "Nachsommer" "verfiel" Heinrich Drendorf "eines Tages auf das Zeichnen."[1] Wie unter der Anleitung von Goethes Aufsatz "Einfache Nachahmung der Natur, Manier, Stil" beginnt er mit einfachen, kleinen Dingen der Natur - "mit Pflanzen, mit Blättern, mit

---

[1] Stifter, Bd. 3, S. 33

Stielen, mit Zweigen."[1] Von den einfachen Formeinheiten,
die er im Zeichnen "doch viel genauer betrachten mußte",[2]
gelangt er zu den größeren Formen. Dem geweiteten Bewußtsein erscheinen die Strukturen der kleinen Formen als
Wiederholung der geometrischen Großformen der Landschaft.
Das Große und das Kleine haben die gleiche Grundform, und
in dieser Anschauung gibt es keine Unterscheidung zwischen
groß und klein oder bedeutend und unbedeutend.
Sorger wiederholt mit seinem Zeichnen diese Erfahrungen
eines genaueren Betrachtens. Die Zeichnung leitet einerseits die visuelle Wahrnehmung an und gibt andererseits
ein nachvollziehbares Protokoll für das Gesehene. Mit ihr
zeichnet Sorger simultan die Landschaft auch in sein
inneres Gesichtsfeld ein.
Im nahezu synchronen Prozeß von Schauen und den Linien,
die der Zeichenstift auf das Papier bringt, verschmelzen
die Formen der Außenwelt im Abbild und in Sorgers Bewußtsein. Sein Zeichnen hat folglich positiven Abbildcharakter
und zielt gleichzeitig "auf die Erfahrung des Raumes",[3]
wobei die positive Abbildung eine notwendige Voraussetzung
für die Erfahrung des Raumes ist.
Im "Erdbebenpark [....] in der Universitätsstadt an der
Westküste" zeichnet er ein "Landschaftsprofil" (LH 100)
und ist als Zeichner "etwas auf der Spur" (LH 112). Ange-
leitet durch die Zeichenstriche verbindet die Phantasie in
einer Assoziationskette Gegenwartsformen und Gesehenes der
Vergangenheit.

> "Aufgeregt merkte er, wie sich der formlose Lehmhau-
> fen verwandelte und zu einer Fratze wurde; und er
> wußte dann, daß er sie schon gesehen hatte: im Haus
> der Indianerin, als hölzerne Tanzmaske, welche 'das
> Erdbeben' darstellen sollte." (LH 112)

---

[1] Goethe, Bd. 13, S. 69

[2] A.a.O.

[3] Bartmann, S. 229, der allerdings den Abbildcharakter
     von Sorgers Zeichnen verneint.

Ausgehend vom augenblicklichen Gesicht der Landschaft
phantasiert er in "ruckhaft" erscheinenden Einzelbildern
zurück bis zum historischen Ereignis des Erdbebens.

> "Sorger fand die Maske jedoch nicht unmittelbar in
> der Natur wieder, sondern erst in seiner davon ent-
> stehenden Zeichnung; und eigentlich geschah darin
> auch kein Wiederfinden jener besonderen Maske -
> vielmehr war es ein ruckhaftes Innewerden von Masken
> überhaupt; und dieser Ruck leitete zugleich weiter
> zur Vorstellung einer Folge von Tanzschritten: in
> einem einzigen Moment erlebte Sorger das Erdbeben
> und den menschlichen Erdbeben-Tanz." (LH 112)

Das Gefüge in der Zeichnung wirkt auf die Person im Augenblick und retrospektiv zusammenfügend auf die historischen
Einzelereignisse. Auch an dieser Stelle verdeutlicht Handke die übergeordnete Ordnungsfunktion des individuellen
Denkens. Geschichte und Erscheinungen der Welt sind einfach "da"; die Beimessung von Ordnung oder Unordnung, Sinn
oder Nichtsinn ist eine Sache des Denkens.

> "'Der Zusammenhang ist möglich', schrieb er unter
> die Zeichnung. Jeder einzelne Augenblick meines
> Lebens geht mit jedem anderen zusammen - ohne Hilfs-
> glieder. Es existiert eine unmittelbare Verbindung;
> ich muß sie nur freiphantasieren." (LH 112f.)

Auch beim Zeichnen ist Sorger geprägt von den Prinzipien
seiner Wissenschaft, die eine "ordnungsgemäße Beschreibung
des Arbeitsgebietes" (LH 80) verlangt. In beiden Diszipli-
nen ist ein Hauptprinzip, aus der Fülle der Erscheinungen
eine Ordnung zu erzeugen. Durch Selektion und "Zusammen-
schau" (LH 80) entsteht ein Gesamtbild, in dem die ver-
bundenen Landschaftsdetails "ihrerseits wieder als Einheit
im Sinne einer Gestalt gesehen werden."[1] Aus den vorgebe-
nen Einzelheiten wählt der Betrachter aus und bewirkt die
Synthese. Die Natur als Ganzheit erscheint dann als or-
ganisierte und kohärente Einheit strukturiert. Zu dieser

---

[1] Smuda, S. 55

Art von Landschaftsauffassung bemerkt Smuda:

> "Was wir beim Betrachten der Natur als Landschaft
> sehen, ist deshalb nicht nur, was wir sehen, sondern
> was wir in ihr sehen und was wir in ihr sehen kön-
> nen, zeigt uns ihr Ausdruck."[1]

Ein Teil dieses Ausdrucks ist die Auswahl und Kombination
der Landschaftsteile in der Zeichnung. Die Zeichenhaftigkeit der Welt wird hier in die "Lesbarkeit der Welt" um-
gewandelt, in der ausgewählte Zeichen die Bildformen sind.
Die Bildausschnitte sind aus der Gesamtform Landschaft als
eigenständige Landschaftsteile herausgelöst. Der Blick
darauf rückt den Ausschnitt in das Zentrum des sich scharf
abgrenzenden Bereichs. Die umliegenden Teile werden zu
unscharfen Rändern und treten zurück. Der visuell geborgene Ort wird zu einer autonomen Welt in der Welt.

> "Dieser Ort war nicht von vornherein auffällig als
> Stelle oder Fleck; er bildete sich erst heraus mit
> der andauernden Mühe des Zeichnens, und wurde da-
> durch beschreibbar.
> Es handelte sich um den Mittelgrund eines recht
> gewöhnlichen Landschaftsausschnittes, von Sorger
> ausgewählt wegen der Erdbebenbruchlinie im Vorder-
> grund und eines Loßterrassenfragments weit hinten.
> Dieses Mittelstück, das keine einzige besondere
> Oberflächenform aufwies, nicht einmal eine kleine
> Sumpfmulde, und daß er nur in einer Art Füllzwang
> mitskizzierte, wurde mit der Zeit absichtslos ein
> ganz eigener Landschaftsteil." (LH 52)

Beim Zeichnen ist das Detail bedeutsam, und im wechselnden
Blick auf die Landschaft und das Abbild in der Zeichnung
bildet seine Phantasie einen locus amoenus des 20. Jahrhunderts, "wo diese verheißungsvolle Weltgeschichte, in
der nichts Gewaltsames oder auch nur Jähes mehr vorkam,
sich übersichtlich vor seinen Augen abspielte." (LH 52)
Immer, wenn Sorger sich auf einzelne Landschaftsteile mit
dem Blick auf eine ideale Landschaft konzentriert, ver-

---

[1] Ebd., S. 57

bindet er damit Kultur und Natur. Es ist für ihn ein
"idealer Ort, zivilisiert und zugleich elementar." (LH 44)
Für die Fixierung der Landschaftsgestalt ist seine Verfassung in einer Kombination von Gelassenheit und Konzentration notwendig. Verliert dieses Verhältnis die Balance,
so entzieht sich die ursprünglich in sich ruhende Landschaft mit der Unruhe, die Sorger in sie trägt.
Auf der Fahrt mit dem Jeep zur Indianerin sieht er zunächst absichtslos - fast automatisch geleitet - ein ein-
heitliches Landschaftsbild. Als er sich dieses "Raumereignis" zeichnend aneignen will, kommt es ihm abhanden. Aufgeregt will er daraufhin die einzelnen Sequenzen aus dem
Erscheinungsbild herausphantasieren, doch in der Unruhe
reißt die mentale Verbindung zwischen ihm und der Außenwelt ab.

> "Sorger hatte gestoppt und wollte dieses Raumereig-
> nis festhalten. Aber es gab schon keinen Raum mehr,
> nur noch, ohne Vorder- und Hintergrund, bei endlich
> sich verlierender Perspektive, eine mächtig und
> sanft sich erhebende Offenheit vor ihm, nicht leer,
> sondern glühend stofflich, und der aufgeregte Sor-
> ger, zu Häupten und im Rücken umso heftiger den
> stockdunklen Nachthimmel, und zu seinen Seiten und
> Füßen die tiefschwarze Erde empfindend, versuchte
> die Naturerscheinung und die in ihr geschehende
> Selbstvergessenheit am Gehen zu hindern, indem er
> die widersprüchlichen Einzelheiten geradezu wild aus
> dem Bild herausdachte - bis sich doch wieder Per-
> spektive und Fluchtpunkte und ein klägliches Allein-
> sein einstellten." (LH 27)

1.7.2. Die Bewegung im Raum

Zur Raumerfahrung durch die Zeichnung kommt Sorgers Landschaftserfahrung durch die Bewegung im Raum. Seine geologische Arbeit findet zum größten Teil draußen, in der
"Wildnis" des "hohen Nordens" statt. Diese beständige Nähe
zur Landschaft entspricht seinen Neigungen:

> "Es war kalt, aber er fror nicht; jede Art Wetter

belebte ihn, wenn er nur draußen in der Luft sein
konnte und sich ihr aus eigener Kraft ganz aussetz-
te." (LH 45)

Er lebt zusammen mit Lauffer im "Giebelholzhaus", aber die
wichtigen und für ihn entscheidenden Bezugspunkte findet
er in der Bewegung im Freien. Sorger ist durchaus ein
theoretischer Typus, aber über seinen intellektuellen
Reflexionen steht der Kontakt mit der Natur durch die
Bewegung zu den unterschiedlichen Orten. Der Spaziergang
im Freien und die Fortbewegung durch Reisen waren stets
fördernd für geistige und künstlerische Kreativität.
Métraux[1] ruft Rousseaus Wiederentdeckung des Botanisie-
rens im Alter als "Therapie gegen die Unnatürlichkeit der
Kopfarbeit" in Erinnerung. Rousseau schreibt in "Les
Réveries du promeneur solitaire": "Denken war mir stets
eine mühsame und reizlose Beschäftigung."[2] Er findet "Geschmack an der Ergötzung der Augen"[3] und beginnt, "das
Schauspiel der Natur (.....) einzeln zu zergliedern."[4]
Nähe zur Natur bedeutet für Rousseau Nähe zu sich selbst
und Naturentfremdung gleichzeitig Selbstentfremdung. Seine
Erfahrung von Natur umfaßt die Vielfalt der perzeptiven
Möglichkeiten wie "Berühren, Tasten, Riechen, Greifen"[5],
so daß eine Unmittelbarkeit zwischen dem eigenen Körper
und den Dingen besteht. Auf diese Art von Nähe ist Sorger
in seiner Landschaftserfahrung nicht angewiesen. Die
visuelle Wahrnehmung der geologischen Formationen ist das
wesentliche, und seine andauernde Fortbewegung bewirkt
eine beständige Erneuerung des Landschaftsausschnitts. Er
erfährt - im wahrsten Wortsinn - die Räume und die
Erdoberfläche. Von den kurzen Gängen um das Haus, den

---

[1] Métraux, S. 218

[2] Rousseau, S. 717

[3] Ebd., S. 718

[4] Ebd., S. 717

[5] Métraux, S. 220

Fahrten zur Indianerin, dann über die Kontinente von der "Universitätsstadt an der Westküste des Kontinents" (LH 89), der "Weltstadt" an der Ostküste bis zum Nachtflug nach Europa erforscht er körperlich durch die fortschreitende Reisebewegung die Welt und den Raum.[1] Erst in der Bewegung - gehend, fahrend, fliegend - werden die Räume in ihrer Weite und Abfolge bewußt. In der Betrachtung erscheinen Raum und Landschaft vom Standpunkt des Schauenden aus in der Ferne. Sie entstehen erst mit dem reflektierenden Blick und sind dann ein Gegenüber des Betrachters. Durch die Bewegung hingegen wird mit jedem Schritt der Raum in seiner Ausdehnung real, und der sich Fortbewegende ist immer ein Teil des ausgedehnten Raumes. Der Raum erschließt sich mit jedem Schritt neu. Die Perspektive ändert sich ständig und mit ihr die räumliche Gegebenheit. Die Änderung des Standortes durch das Reisen ändert auch die Person. Sie wird beweglich, flexibel und angesichts des offenen Landschaftshorizonts selbst im Inneren geweitet. Es gibt in der Reisebewegung keinen Stillstand, der sich zu einer Schwere auswirken könnte. Jeder Moment ist ein Wechsel, der Standpunkt ist immer ein neuer, selbst wenn er - wie für Sorger, der im Flugzeug zur "Stadt (....) am Ostfluß des Felsengebirges" (LH 151) unterwegs ist - im umschlossenen Raum nicht immer sichtbar ist.

> "Ein tiefes Dröhnen, und Todesferne im Flugzeug. Es war auch im Inneren ein Flug. Wie leicht fiel es zu sprechen, wie leicht war überhaupt das Leben. Eine Augenblicksidee: 'Mit mir fängt etwas Neues an.' Die Westküstenstadt entfernte sich schnell unten auf der Landzunge." (LH 151)

Mit der zeitlich meßbaren Fortbewegung ("Sorger flog mit der Zeit") und mit der Überquerung des amerikanischen Kontinents ist die untrennbare Verschlingung von Raum und Zeit am realen Vorgang exemplifiziert. Der Raum entsteht

---

[1] Vgl. dazu Goldschmidt, S. 75

erst durch den Faktor Zeit. Die Fortbewegung ist eine umfassende Erfahrung von Raum, Zeit und Person. Sie zieht sich wie ein roter Faden durch Handkes Werk. In "Die Hornissen", "Der Hausierer" und im "Tormann" bewegen sich die Protagonisten andauernd vom einen Ort zum anderen. Im "Kurzen Brief" durchquert der Ich-Erzähler den amerikanischen Kontinent von Ost nach West. Seine Reise beginnt in Providence, geht über New York, St. Louis, Salt Lake City und Portland bis nach Bel Air in Kalifornien. In "Die Stunde der wahren Empfindung" ist die Fortbewegung auf Paris konzentriert. Gregor Keuschnigs zweitägiger Gang durch Paris ist mit den Namen der Stationen genau festgehalten: Porte d'Anteuil, Rue Fabert, Carré Marigny, Montmartre, Place Armand - Carrel und Buttes - Chaumont, Rue de Bellville und am Ende das Café de la Paix am Place de l'Opera. Die im "Kurzen Brief" begonnene Entfernung von Europa wird in "Langsame Heimkehr" zur Rückkehr in west-östlicher Richtung. Auf der letzten Etappe seiner Reise, "im nächtlichen Flugzeug nach Europa" (LH 199), geht Sorger förmlich in der Unüberschaubarkeit der zurückgelegten Distanz auf. Es gibt dort keine wahrnehmend erfaßbaren Landschaftsformen, an die er sich halten könnte. Nach den Einheitserlebnissen im ersten Kapitel wird er, schwebend im Raum, zur "Niemandsperson".

> "Du wußtest nicht mehr, wer du warst. Wo war dein Traum von Größe? Du warst Niemand. Im ersten Morgengrauen sahst du den angekohlten Tragflügel. Eure übernächtigten Gesichter waren wie verschmiert von Marmelade. Die Stewardessen zogen schon die Stadtschuhe an. Die leere Filmleinwand, eben noch vom Sonnenaufgang schimmernd, verdunkelte sich. Dröhnend brach das Flugzeug durch die Wolken." (LH 200)

Der Erzähler hat am Ende an dieser Stelle eine Art Vertrauensverhältnis zu Sorger. Er redet ihn mit "Du" an. Die Distanz zwischen beiden ist fast aufgehoben. Handke äußert sich dazu:

> "....also am Schluß waren wir halt beide eins. Es

war auch ein ungeheuerliches Ereignis für mich, nach
langen Skrupeln da meinen Helden oder meine Haupt-
person am Schluß mit Du anreden zu können. Diese
Perspektive, daß man dann überwechselt zum Ich, vom
Er zum Ich..."[1]

In der Phantasie kann sich Sorger an die Gesteinsformen
erinnern und sich auch aus der Ferne ihrer bedienen.
"Gesicht", Person und Steine bilden auch am Ende eine
konstruktive Verbindung.

"Entschwebendes Gesicht!
Die Steine zu meinen Füßen bringen dich näher: Mich
in sie vertiefend, beschwere ich uns mit ihnen." (LH
200)

1.7.3. Intensität durch Langsamkeit

Sorgers Bewegung im Raum vollzieht sich langsam; der Titel
"Langsame Heimkehr" deutet bereits auf diese Modalität der
Bewegung hin. Das Außergewöhnliche daran ist, daß Sorgers
Bewegungen vom Sprachrhythmus begleitet werden, der gleichermaßen getragen und langsam ist. Handke selbst bezeichnet seine Schreibweise in "Langsame Heimkehr" als "etwas
vorerzählen"[2]. Das bedeutet nicht die "Nacherzählung
einer Erzählung"[3], sondern das Finden der eigentlichen
Handlungsdetails im Fortgang des Schreibens. Es ist eine
langsam tastende Suche nach Worten und Sätzen, ein an-
dauerndes "work in progress" innerhalb eines einzelnen
Werkes, das seinen Niederschlag im sprachlichen Duktus
findet. Sieht man dies im Zusammenhang mit Sorgers Fortbewegung, so ist eine Kongruenz von Form und Rhythmus
entstanden. Auf die Eigenschaft eines geduldigen, langsamen Abwartens der einzelnen Elemente einer Handlungs-

---

[1] Gamper, S. 38

[2] Gamper, S. 27

[3] A.a.O.

abfolge weist Handke in einer Notiz vom 1. April 1976 hin, die sich auf die Lektüre von Goethes "Wahlverwandtschaften" bezieht.

> "Es ist wie beim 'Nachsommer'; die Geduld zum Lesen wird nicht vorausgesetzt, sondern mit dem Lesen erzeugt." (GdW 101)

Im "Nachsommer" fließt der Sprachrhythmus ohne Expression und Pathos getragen und langsam. Die langen Dialoge erfolgen nach antikem Vorbild in Rede und Gegenrede; der Sprecher wird niemals durch ungeduldige Zwischenfragen unterbrochen.
Im Einklang mit Handkes Bemerkung über die "Wahlverwandtschaften" stellt Caroline Neubaur fest:

> "'Langsame Heimkehr' gehört zu den einfachen Texten, die Schwierigkeiten machen: ein eher schmales Buch, verlangt es doch Atem und Geduld, die es zugleich vermittelt."[1]

Es ist in diesem Zusammenhang unerheblich, ob Sorger zu Fuß, mit dem Jeep oder mit dem Flugzeug die Strecken zurücklegt. Selbst im rasenden Jet bestimmt die Sprache die Geschwindigkeit der Bewegung, die eine innere und äußere Bewegung Sorgers innerhalb der schnellen Flugbewegung ist. Neben der körperlichen Bewegung wirkt die Langsamkeit auch auf die Art und Weise von Sorgers Wahrnehmung. Die ohnehin langsame Perzeption der Landschaft[2] erfährt durch die Folge der detaillierten Beschreibung noch eine Streckung. Handke praktiziert hier ein "dehnendes Erzählen"[3], wobei die Augenblicke der Wahrnehmung durch die Wiedergabe der Details zeitlich verlängert werden. Die genaue langsame Beschreibung der Einzelheiten macht die Beziehung zum Detail zusätzlich intensiver. Erst mit der Ruhe und Ge-

---

[1] Neubaur, S. 345

[2] Vgl. dazu LH 10f.

[3] Lämmert, S. 84f.

lassenheit, die der Langsamkeit immanent sind, entsteht
Intensität und Festigkeit. Zu dieser Form des Schauens
bemerkt Caroline Neubaur:

"....der Blick tanzt hin und her, von Wahrnehmung zu
Wahrnehmung, aber erst die Ruhe des Stils schaut
zusammen."[1]

Mit der Ruhe eines langsamen Schauens ist Sorger sogar
fähig in New York, der pulsierenden "Stadt der Städte" mit
ihrem schnellen Lebensatem, aus dem anscheinend vorhande-
nen Verkehrschaos und dem Auf und Ab der Passanten, ein
klares Bild mit sinnvollen Einzelelementen als "liebreiche
Ordnung" zu erkennen. Die beständige Ordnungspraxis an den
"Vorzeitformen" in Alaska trägt nun in der Verinnerlichung
ihre Früchte und ist so auch auf den kulturellen Gegenpol
zur fast unberührten Landschaft, die Weltstadt, anwendbar.

"In solch zivilbevölkertem, heiter bewegtem Bereich,
wo es von den Marmorstufen des Innenraum-Vorder-
grunds bis zu dem Meeresarm hinten am Horizont keine
Entfernung mehr war, rollten und kurvten die Autos,
standen und gingen die Passanten und wetzten und
sputeten die Läufer dicht auf in alle Richtungen,
als eine nach und nach sich in den Abend bewegende
liebreiche Ordnung, der Sorger, ergriffen von der
Einsicht, allein mit seinem durch die eigene Vorgeschichte so vertieften, zur gemessenen Raumdurch-
dringung fähigen und jetzt im glückenden Blick an
der Friedensschönheit dieser Gegenwart und dem
dunklen Paradies dieses Abends mitzuwirken, sich
sehnsüchtig anschließen wollte.
'O langsame Welt!'" (LH 197f.)

In Stifters "Nachsommer" ist äußere und innere Langsamkeit
von vornherein gegeben. Sorger hingegen muß sie durch Ruhe
und Gelassenheit erst gewinnen und bewahren. Die örtliche
Voraussetzung dafür bietet die Umgebung des "hohen Nordens". Dort richtet er sich zunächst ein und gleicht all-

---

[1] Neubaur, S. 349

mählich "sein Selbst dem Pulsschlag der Landschaft"[1] an.
Noch in der Erzählung "Nachmittag eines Schriftstellers"
greift Handke auf dieses Prinzip zurück, das auch als ein
Gegenmodell zur allgemeinen Schnelligkeit der Zeit gelten
kann. Dort heißt es fast beschwörend:

"Warum hatte man nie einen Gott der Langsamkeit
erfunden?" (NeSchr 89)

Der Ordnung und Langsamkeit ist in "Langsame Heimkehr",
und ebenso in "Die Lehre der Sainte Victoire", das ambi-
valente Bewußtsein Sorgers und des Ich-Erzählers mit
seinen negativen Folgen entgegengesetzt.

"Die Form ist ein Proteus..."

Balzac

1.8. Dialektik des Bewußtseins

Bis zum gegenwärtigen Stand von Handkes Werk erfahren die
Protagonisten fortwährend mit extremen Polarisierungen die
Ambivalenzen des Bewußtseins. Wie in Kapitel I. dargelegt,
unterliegen Josef Bloch und Gregor Keuschnig in besonderer
Weise Stimmungen, die unmittelbar auf das Verhältnis von
Innen und Außen wirken. Auch in "Langsame Heimkehr" und
"Die Lehre der Sainte Victoire" gibt es eine enge Kausali-
tät zwischen dem Bewußtsein Valentin Sorgers, des Ich-Erzählers, und der Wahrnehmung der äußeren Formen. Die "Dialektik des Draußen und des Drinnen"[2] verläuft in einer
fortwährenden Spiralbewegung. Die wahrgenommenen Außen-

---

[1] Meyer, S. 260

[2] Bachelard, S. 242

räume finden ihre Entsprechung in der "ästhetischen Geo-
metrie des Lebens".[1] Der Wechsel des Augenblicks produziert ständig eine neue Anschauung; die Welt wird zum
variablen Kontinuum von Formen, Farben und Ereignissen. Da
die Erfahrungen der Person mit ihnen und mit sich selbst
nie abgeschlossen sind, unterliegen die Erscheinungsformen
des Daseins keiner Begrenzung. Handke versucht in "Langsame Heimkehr" und der "Lehre der Sainte Victoire", im Text
jedweder Form Dauer zu verschaffen. Doch die Form als Bewußtseinszustand verläuft in einer Bahn, in der sie zeitweise eingeholt wird und in der Entfremdung wieder schwindet. Die Gründe dafür liegen in einer inneren Disharmonie
der Helden. "Und ich bin unruhig", (LH 35) beurteilt Sorger introspektiv die eigene Grundstimmung. Die erwünschte
Dauer wird nie anders verstanden denn als eine Manifestation des Augenblicks. Noch im "Gedicht an die Dauer" aus
dem Jahr 1986 ist der Zustand der Dauer auch als eine
zeitlich eng begrenzte Sequenz äußerster Verdichtung von
Realität beschrieben; sie kommt und geht. "Die Dauer
drängt zum Gedicht" (GaD 9) - zur Komprimierung von Augenblicken und Einzelbildern. Sie ist ein jähes, momentanes
"Ereignis des Innewerdens...", der "ersten Blicke" (GaD,
27) als Vereinigung der "Rucke der Dauer". (GaD, 55) Zur
Bestätigung der eigenen Auffassung hat Handke dem Gedicht
ein Zitat Henri Bergsons nachgestellt.

> "Kein Bild wird die Intuition der Dauer ersetzen,
> doch viele verschiedene Bilder, entnommen den Ord-
> nungen sehr unterschiedlicher Dinge, könnten, in
> ihrer Bewegung zusammenwirkend, das Bewußtsein genau
> an jene Stelle lenken, wo eine bestimmte Intuition
> faßbar wird." (GaD)

Das Zitat zeigt Bergsons Auffassung von unterschiedlichen
Lebenssituationen in Form von "Bildern", die von der subjektiv geprägten Intuition in einem Augenblick konzentriert und miteinander verschmolzen werden. Dauer ist

---

[1] Ebd., S. 5

damit ein intuitiver und bewußtseinsabhängiger Zustand des Lebens, dem Bergson äußere Faktoren wie Zählbarkeit und Meßbarkeit abspricht. Als Zeitfaktor ist sie nach innen verlagert und somit eine reine Erlebenszeit. In ihr nimmt der einzelne "momentane Bildaufnahmen"[1] wahr. Das innere Bild ist dann eine Einheit für sich, es ist an sich zeitlos und unterliegt nicht der Aufspaltung in Vergangenheit, Gegenwart oder Zukunft. Die Dauer ist eine Form an sich und als solche absolut anzusehen. Ziehen wir nochmals Bergsons Ausführungen zur Dauer heran:

> "La durée toute pure est la forme que prend la succession de nos états de conscience quand notre moi se laisse vivre, quand il s'abstient d'établir une séparation entre l'état présent et les états antérieurs."[2]

Handke folgt im wesentlichen diesem Entwurf der Dauer, die allenfalls in kleinsten Einheiten als eine kurz aufscheinende Harmonie zur Realität wird. Die Konzentration und Bewußtseinsarbeit hat dieses Ideal konstant im Blick. Seinen Helden Sorger läßt Handke in diesem Sinne sich selbst kommentieren:

> "Ist es vermessen, daß ich die Harmonie, die Synthese und die Heiterkeit will? Sind Vollkommenheit und Vollendung meine Zwangsidee?" (LH 140f.)

Und:

> "Er erwartete keine Erleuchtungen mehr, sondern Gleichmaß und Dauer." (LH 69)

Würden "Langsame Heimkehr" und die "Lehre" von unbegrenzten Harmoniezuständen handeln, so wären beide Publikationen nicht der Untersuchung wert. Das Überzeugende an Handkes literarischem Entwurf und der Darstellung in der Fabel ist die ständige Bewegung im Daseinsgefühl, Harmonie oder Ganzheit kommen und gehen. Sie erfordert ein ständi-

---

[1]   Bergson, Materie, S. 207

[2]   Bergson, Essai sur les données...., S. 76

ges Daraufhinarbeiten, Aufmerksamkeit und Gelassenheit.
Ambivalenz und Brüche sind nicht rein negative Einflüsse,
sondern notwendige Bedingung, um von ihnen ausgehend eine
Änderung zu bewirken. Ohne Disharmonie ist Harmonie nicht
möglich.

Bis "Langsame Heimkehr" brach die Veränderung im Verhältnis zur Außenwelt über die Protagonisten herein. Ihnen
blieb dann lediglich die Diagnose oder der Kommentar zum
Geschehen. Valentin Sorger hingegen ist mit einem gestei-
gerten und ausgeprägten Selbstbewußtsein ausgestattet.
Selbstanalytisch und auch auf die Situation bezogen erlebt
er sich reflektierend. Dabei herrscht in "Langsame Heimkehr" eine eigentümliche Spaltung von Erzähler und Valentin Sorger. Der Erzähler ist mehr als auktorial, er rückt
in annähernder Kongruenz in die Nähe zu Sorgers individuellem Erleben. Der erzählende Text in Er-Form und Sorgers
wörtliche Kommentare entstammen derselben Perspektive. Der
Erzähler weiß in allen Details um Sorgers "höchstpersönlichen Raum" (LH 11) und um sein "eins werden mit sich und
der Landschaft" (LH 40) bei der täglichen Arbeit. Auf
diese Weise ist der Leser über das äußere Geschehen um
Sorger und die psychischen Abläufe aus beiden Perspektiven
umfassend ins Bild gesetzt.

Die Initialereignisse, die seine Position in der Welt
bestimmen, kommen aus ihm selbst sowie aus der Außenwelt.
Den ersten Angriff eines Mannes "wie ohne Alter" (LH 85)
mit einer "Reifenkette" sieht Sorger gegen sich als Person
aber auch mit unmittelbarer Wirkung gegen seine Idee einer
Welt aus zusammenhängenden geordneten Formen gerichtet.

> "Als er ('wirklich!') mit der Kette ausholte, hatte
> keiner von den beiden mehr ein Gesicht, die ganze
> Welt verzog sich in diesem Augenblick und wurde
> tragikomisch gesichtslos." (LH 85)

Sorger wertet den Angriff schließlich gegen die für ihn
entscheidenden Existenzbedingungen, reagiert und kommt
sofort aus dem Gleichgewicht, was unter dem Begriff

"Formlosigkeit" zusammengefaßt ist.

> "So hatte ihn auch der Angriff nicht betroffen
> sondern eher gekränkt; es war keine Tätlichkeit
> gewesen, sondern eine Mißachtung seiner Person und
> seiner Sachen - als habe die Stimme laut gehöhnt:
> 'Du und deine Fotos. Du und deine Zeichnungen. Du
> und deine 'Abhandlung''. Jetzt erst schlug Sorger
> zurück mit der Faust in die Luft. Es gab keinen
> hohen Norden mehr,..... .
> [....]
> Als das Wesen die Kette zum Schlag hob, war Sorger
> momentan tot gewesen. Jetzt lebte er wieder, doch
> die Formlosigkeit ließ nicht nach: in dem Unmaß
> jeden Augenblicks pulste schon wieder der nächste
> Formlosigkeitspunkt -wie in einem bösartigen Schmerz
> erschien er sich punkthaft und grenzenlos: als Punkt
> elend schwer und als Unmaß elend gewichtslos." (LH
> 86/78)

Im nachfolgenden zweiten Kapitel mit dem Titel "Das Raumverbot" findet das entscheidende Ereignis von Disharmonie
und amorpher Form statt. Im Bewußtsein der Ereignisse kann
Sorger retrospektiv das Geschehen mitteilen:

> "Heute hat mich, mit einem Schlag, eine Kraft ver-
> lassen und ich habe meinen besonderen Sinn für die
> Erdformen verloren. Von einem Moment zum anderen
> waren meine Räume nicht mehr benennbar, auch nicht
> mehr benennenswert." (LH 140)

In seiner Bewußtseinsarbeit gegen die "übermächtigen Tatsachen" (LH 9) erfährt er zuvor zwei Gipfelpunkte: einen
ideellen des Wünschens, ein Beispiel für die Unbegrenzt-
heit der Phantasie, und mit dem "Paßsattel", dem "'höchsten Punkt'" (LH 123), der die Stadt an der Westküste in
"zwei Bereiche" (LH 122) teilt, einen topographischen.
Zunächst ist Sorger zeichnend im "Erdbebenpunkt" "etwas
auf der Spur" (LH 112). Nach der Verwandlung des Lehmhau-
fens in eine "hölzerne Totenmaske" (LH 112) erlebt er
einige Augenblicke, in denen sich Phantasie und Realität
anscheinend überlagern.

> "So erschienen bei Sonnenuntergang zwei Frauen,

denen Licht auf die Hüften fiel, in einem der Durch-
gänge zwischen den Hügeln, derart prachtvoll und
übermütig, daß der Zeichner, selber beschwingt,
ihnen unwillkürlich zurief: 'Seid ihr Filmstars?';
worauf sie zurückfragten: 'Bist du ein Offizier?'
und sofort die paar Schritte auf dem täuschend weit
unten liegenden 'Talgrund' herauf auf die Kuppe
kamen.
Sorger wußte: wenn er sich jetzt diese Frauen mit
allem Ernst wünschte, würden sie die seinen. Und so
war hier alles möglich: schon die erste Berührung,
ganz nebenbei, im Dastehen, ging durch Tuch und
Leder und sie hafteten zu dritt sogleich aneinander;
er dabei nicht "der Verführer", sondern bloß für sie
bereit, die auf einen wie ihn gewartet hatten. Weit-
erzeichnend versuchte Sorger noch, sich gegen seine
jähe Macht zu wehren, aber die beiden unterbrachen
ihn: 'Laß es dir doch gefallen'.....
[....]
....nachdem die 'Erscheinungen' ihn verlassen hatten, saß er im Dunkeln und schaute auf das gegen-
überliegende Haus. 'Nein, ihr wart wirklich', beteu-
erte er, trank den übriggebliebenen Wein aus den
drei Gläsern und wünschte sich einen Regen, der dann
auch schon zwischen den Kiefern niedersprühte." (LH
113/114)

Das Auftreten und Verschwinden der Frauen bleibt enigmatisch. Ihre Bezeichnung im Text als "die Erscheinungen"
weist auf eine mögliche Doppeldeutigkeit hin. Es kann die
Plötzlichkeit ihres "Erscheinens", ihres Auftretens bezeichnen, aber auch ihre Existenz für Sorger als bloße
Idee im Augenblick. Eine Auflösung des Rätsels ist müßig,
da sie zumindest als Beispiel für die wirklichkeits-sugge-
rierende Kraft der Phantasie und der Literatur gelten können. Es ist insofern belanglos, ob die Szene durch Sorgers
Phantasie als Scheinrealität kreiert wurde, oder ob er
reale Gegebenheiten der Phantasie gemäß weiterentwickelt
und umformt. Entscheidend ist auch hier die Möglichkeit
des Zusammenhangs der einzelnen Augenblicke des Lebens und
deren "unmittelbare Verbindung" (LH 112), die Sorger "nur
freiphantasieren" muß. Dem Höhepunkt durch das phantasti-
sche Auftreten der zwei Frauen folgt ein körperlich-topo-
graphischer. Sorger ist auf dem Weg zum "Paßsattel". Auf
diesem "höchsten Punkt" angekommen, "zeigte sich Sorger
die Paßregion wie ein wichtiger Ort, an dem es zu einer

'Entscheidung' kommen würde." (LH 123). Diese angedeutete "Entscheidung" leitet eine Art Dramaturgie ein, deren Peripetie noch bevorsteht. Der Gang der Handlung spitzt sich auf den "Raumentzug" hin zu. Nach dem Erreichen des Gipfels kann die Entscheidung nun nach unten, als Abstieg, gerichtet sein. Der Aufstieg zum Paß erhält somit in der Erzählung eine doppelte Bedeutung. Metaphorisch betrachtet deutet er auf Sorgers Psyche hin. Nach der Erhebung zum Gipfel eines allgemeinen "Zusammenhangs" bleibt nun ausschließlich der Absturz. Nach der Entfremdung von der technisierten und industriellen Welt einer modernen Gesellschaft wirkt nun auch die Entfernung von persönlichen und gemeinschaftlichen Beziehungen auf Sorgers "Zusammenhang" in negativer Weise. Die real mit den "üblichen niedrigen Häusern" bebaute Paßregion sieht er plötzlich "unwirklich...unbesiedelt und sogar ohne Vegetation...." (LH 123) Und in einem weiteren Gedankenschritt wirkt die Fremdheit gegen das eigene Ich-Gefühl.

"....und so unwirklich wurde ihm gegen Ende seines Aufenthalts auch die eigene Person. Mit niemandem redend, hörte er zuletzt auf, mit sich selber zu sprechen. .....fast erleichtert hatte er geglaubt, ohne Sprache auszukommen, kam sich dabei sogar vollkommen vor. Dann wurde ihm die innere Stummheit bedrohlich - als sei er ein tauber Gegenstand, für immer verklungen, und er wünschte sich die Leidenschaft des Sprechens zurück." (LH 123f.)

Er erkennt die Lebensnotwendigkeit des Sprechens als kommunikativen Akt, aber eine Änderung seiner Situation und seines Verhaltens erfolgt an dieser Stelle noch nicht. Die "Entscheidung" im dialektischen Umschlag zögert sich noch hinaus. Hybris und die Kehrseite der Unheilsahnung existieren noch unentschieden nebeneinander.

"Fern von der Schöpfung, unnahbar vor Hochmut, überall ohne Abschied verschwindend, erwartete er 'die Bestrafung'; und zugleich ging ihm die Hymne des Sängers nicht aus dem Kopf: 'Der Tag meiner Größe steht bevor.'" (LH 125)

Erneut sucht Sorger "seinen Bereich" auf: "das war draußen, zur Bucht hin, die Grasfläche zwischen dem Aluminiumschuppen und seinem Labor, von dem aus sogar eine 'eigene Tür' (wie bei manchen Zugabteilen) ins Freie führte." (LH 127) Er erreicht von dort aus "seine Paßhöhe", und wie ein letztes Aufbäumen "weitete sich die Stadt, die gerade noch fast verschwunden gewesen war, zu einem großräumigen abendlichen Flimmern." (LH 129) Auf dem "Paß" betrachtet er von der Bank einer Bushaltestelle aus als ausgeschlossener Beobachter die Insassen der vorbeifahrenden Autos und Pendlerbusse. Ausgeschlossen durch die Glasscheibe der Karrosserie sind für Sorger

> "'die Insassen hinter den tiefdunkel getönten Scheiben nur zu ahnen....; wobei freilich immer wieder einzelne von ihnen oder kleine Gruppen in einem über ihnen eingeschalteten Punktlicht sichtbar wurden, keine Schattenrisse, sondern klar herausgebildete Menschengestalten, die gerade durch die sie umgebende Finsternis eine besondere Deutlichkeit hatten....
> [.....]
> Diese Gesichter hoch über der Straße in den Bussen rasch vorbeigewegt, frei von allen persönlichen Merkmalen waren an eine vergessene Friedenszeit gemahnende Tiefenbilder von 'Sitzenden', Betrachtenden 'Lesenden', 'Ruhenden', welche den Augenzeugen draußen, indem sie aus der Entfernung sofort ganz nahe kamen, mit einem Schock des Wiederfindens belebten." (LH 130)

In einem "grellerleuchteten Stadtbus" sieht er dann die "Nachbarsfrau". Er winkt ihr, doch sie erkennt ihn nicht. Jeder weitere Versuch einer persönlichen Kommunikation scheitert, und ihm kommt dann Geld als das Mittel in den Sinn, mit dem man gewöhnlich einen zwischenmenschlichen Austausch - wenn auch in erster Linie nur auf ökonomischer Basis - initiieren kann: "Ich habe doch Geld."[1] (LH 132) Da selbst dieses Mittel scheitert, kommt er zu seinem persönlichen Tiefpunkt.

---

[1] Vgl. auch LH 195. Dort erlebt sich Sorger in der "Gemeinschaft des Geldes".

> "Der Absturz war jäh; die Leere ganz unvermutet.
> Statt "Niemand weiß wo ich bin" hieß es nun: 'Für
> mich gibt es niemanden mehr. Jeder hat einen ande-
> ren.' ......
> 'Kein Chaos!' war das einzige, was er noch sagen
> konnte: dann sauste er wie in einer Sprachlosig-
> keitskanzel aus dem Raum hinaus, der sich verzerrte
> und dann ganz weg war. 'Raumverbot!' (LH 132)

Der innere horror vacui reflektiert unmittelbar auf den
äußeren Raum, und die zuvor im Sein ruhenden und "an eine
vergessene Friedenszeit gemahnende Tiefenbilder" erhalten
nun negative Wertungen.

> "Das Meer wurde unheimlich, aber auch die Siedlung
> im Kiefernwald; trostlos die ganze Stadt, aber auch
> jeder Anschein von Natur." (LH 132)

Die Mitteilung des "Raumentzugs" konnotiert den Entzug von
Sorgers Orientierungssystem in der Welt. Das plötzlich
auftretende Vakuum macht ihn auch als Persönlichkeit
nichtexistent und ortlos. Mit der Auflösung der Koordi-
naten seines Bewußtseins hat er den Boden- oder Weltkon-
takt verloren. Sein "Lebensplan" wird zur leeren Theorie,
der zu wenig weltliche Orientierung zugrunde liegt. Sein
Schicksal entscheidet sich mit seiner tatsächlichen Beziehung nicht nur zu den anorganischen topographischen
Formen, sondern gleichfalls mit seinem Verhältnis zu
lebendigen und gesellschaftlichen Formen. Das im dritten
Teil angekündigte "Gesetz", die formelle Festschreibung
des Lebensrahmens, kann er freilich nur wie Kafkas Held
Josef K. in sich finden. Zunächst jedoch gilt für Sorger
der Zustand einer persönlichen tabula rasa, in der er
nichts außerhalb seiner Person Liegendes zur Hilfe rufen
kann.

> "Zerstört war der Lebensplan: Es gab keinen 'Be-
> reich' mehr, nirgends; nicht einmal die Orientierung
> an der Bodenschichtung unter den Fußsohlen.
> [....]
> 'Deine Räume gibt es nicht. Es ist aus mit dir'."
> (LH 133)

Unmittelbar danach eröffnet sich in in einer dialektischen
Gegenbewegung die Möglichkeit eines Neuanfangs. Das Nach-
barehepaar in der "Westküstenstadt" wird zum Orientie-
rungspunkt für den Wiederanschluß an menschliche und
gesellschaftliche Beziehungen.

> "In der Vorstellung, daß er allein nicht nach Hause
> gefunden hätte, legte er die Hand in die Ellenbogen-
> beuge des Mannes: wem war je ein Mensch so stofflich
> geworden? - 'Göttlicher anderer'." (LH 135)

In der "familiären Zutraulichkeit" (LH 136) erkennt er
nach seinem Dialog mit der Landschaft den eigenständigen
Wert der Verbindung zur Nachbarsfamilie. Mit ihnen am
Tisch sitzend gehörte er "zu diesem Haus, wo die Dinge
schön waren und die Menschen unschuldig." (LH 135) Das
Gespräch mit seinen Gastgebern "würde ihn..... wieder an
die Menschenwelt anstücken helfen." (LH 136) Nicht die
anfänglich praktizierte private Kommunikation mit der
schweigenden Natur ist letzte und einzige Erkenntnis zur
Daseinsbestimmung, sondern humane Kommunikation ist in der
Krise ein geeignetes Mittel gegen den drohenden Selbstver-
lust. Mit ihr beginnt Sorger behutsam eine andere Art der
Form zu schaffen.

> "Mit jedem Wort, das Sorger an diesem Abend (mühse-
> lig) äußerte ('langsam formen!' dachte er), warb er
> zugleich um Aufnahme in das Haus, unter dessen
> Menschen - in sein 'Land' ('nur wenn ich die Form
> schaffe, bin ich mit den anderen'); und er, der die
> großen Räume verloren hatte, vertiefte sich gelehrig
> in die kleinsten." (LH 137)

Durch die Mitteilung des "Raumverbots" (LH 140) macht er
einen ersten Schritt zur Befreiung von Sprachlosigkeit und
Leere. Mit der Verbalisierung der Ereignisse bricht er die
Hermetik des eigenen Denkens und die Akzentuierung der
Unstofflichkeit und Idealität seiner Innenräume auf. Er
erkennt sie als "nichts", nicht greifbar und damit latent
im Schwinden befindlich.

"Was ich je für mich gedacht habe, ist nichts: ich
bin nur, was mir gelungen ist, euch zu sagen." (LH
140)

Parallel zur Verneinung des egozentrischen Denkens unterliegt auch Sorgers Wunsch, ein "Niemand" zu sein, einer
Korrektur. Der Rückzug auf eine "Niemandpersönlichkeit"
ist zunächst eine Schutzhaltung gegen Angriffe. (Auch
Odysseus' List gegen Polyphem schützte ihn davor). Der
"Niemand," ist vor den möglichen Attacken seiner Zeit
weitgehend sicher, weil er keine Angriffsfläche bietet.
"Niemand", zu sein heißt aber auch, allein sein, ohne Nähe
von Mitmenschen. Nichts stellt sich fordernd oder mit
persönlichen Ansprüchen zwischen den "Niemand" und die
Formen der Welt. Sorger glaubt als ein "Niemand" in den
reinsten und unmittelbarsten Dialog mit den Formen der
Außenwelt treten zu können. Doch in dieser Haltung bedroht
ihn zwangsläufig Isolation, und er gibt sein Vorhaben auf.
Er konzentriert seine Beziehungsfähigkeit auf einzelne,
wähnt sich in der "Mitte der Menge" und bewahrt sich
gerade damit die ausreichende Anonymität.

"... und wollte doch immer weiter in der Fremde bleiben, mit ein paar Leuten um mich, die nicht zu nahe
wären [....]
Ich will auch kein Außenseiter sein. Ich sehe mich in
der Mitte der Menge gehen und glaube, gerecht zu sein."
(LH 140)

1.8.1. Die Entdeckung der Offenheit in der "Lehre"[1]

Auch in "Die Lehre der Sainte Victoire" unterliegen die
festen Formen der Außenwelt besonders durch das Fehlen von
menschlicher Nähe immer wieder Brechungen.

"Manchmal, zu viel allein, verlor ich den Humor, und
die Farben blichen aus: Fahlheit und Unförmigkeit

---

[1]   "Die Lehre der Sainte Victoire"

(immer wieder beim Abwärtsgehen). (LSV 63)

Handkes Auffassung des Begriffes Humor ist hier romanti-
scher Prägung. Er ist eine Modalität der Wahrnehmung in
dem Sinne, daß mit dieser Grundstimmung die Einbildungs-
kraft des Wahrnehmenden positiv gefördert wird. Eine
Subjektivität, die sich am Realen bildet, hebt die Be-
grenztheit der Erscheinungen weitgehend auf und gelangt zu
einer gewissen Totalität. Die Möglichkeiten der wahrnehmenden Weltaneignung sind im humorvollen Zustand nie er-
schöpft. Mit seinem Verlust verzerrt sich die Außenwelt
und scheint sich dem Ich-Erzähler zu entziehen. Die folgende Szene ist dann schon wieder in diesem Sinne humor-
voll geprägt; die Wirklichkeit erfährt durch seine Phantasie eine subjektive Brechung. Sie gleitet ins Dämoni-
sche, und von diesem Punkt aus schafft der kommunikative
Blickkontakt die rettende Beziehung.

> "Eines Nachts kam ein Mann quer über die Straße auf
> mich zu und sagte: 'Ich töte dich.' Ich schaute auf
> seine Hände, die leer waren. 'Nein, nicht mit dem
> Messer.' Es gelang mir, seinen Blick zu finden, und
> wir gingen einen kurzen Weg als falsche Kumpane."
> (LSV 63)

Der meditative Versuch des Erzählers, zu einer Annäherung
von Ich und Welt zu finden, erfährt einen weiteren, den
tiefsten "ontologischen Riß", durch das Auftreten eines
Hundes im Kapitel "Der Sprung des Wolfs". Er gelangt vom
"nunc stans", in dem er "in den Farben und Formen zu
Hause" gewesen war zum "Ende der Farben und Formen in der
Landschaft." (LSV 55) "Ein großer Hund - eine Doggenart -,
in dem ich sofort meinen Feind wiedererkannte" (LSV 56),
befindet sich auf einem zubetonierten Kasernengelände
hinter einem Stacheldraht.[1] Der Hund kläfft unvermittelt

---

[1]   Im Interview mit André Müller ("Die Zeit" vom 3. März
     1989) erwähnt Handke, daß er mit dem Hund den Kritiker
     Marcel Reich-Ranicki dargestellt hat. Diese Tatsache
     ist dem Text selbst nicht zu entnehmen. Dennoch ändert

dahinter hervor.

> ".....die Soldaten schienen gerade ausgerückt. Den-
> noch hörte ich dann ein metallisches Klirren, wie
> von einem Laufenden mit gezogener Waffe. Ein Grollen
> kam dazu, eher ein fernes Raunen im Luftraum, und
> fast zugleich empfand ich hautnah ein Gebrüll: den
> bösesten aller Laute, Todes- und Kriegsgeschrei
> zugleich, ohne Ansatz das Herz anspringend, das sich
> in der Phantasie kurz als Katze buckelte." (LSV 55)

Erneut löst die Irritation des Geschehens negative Phantasiebilder aus. Die gegenwärtige Aggression des Hundes
schafft die Bezüge zum latenten Aggressionscharakter mili-
tärischer Einrichtungen.[1] Der Hund, als Teil der Fauna,
wird zum Paradigma für menschliche Aggression und erhält
anthropomorphe Züge, "ist Gier und Unlust in Person" (LSV
59), "seit langem wahnsinnig" (LSV 60) und der Erzähler
sah, "daß ich gehaßt wurde." (LSV 57)

Mit dem versuchten Angriff des Hundes entzieht sich die
Landschaft um Puyloubier, am südöstlichen Fuß der Sainte
Victoire, dem Bewußtsein des Erzählers. Er sieht sie zer-
stört von der sinnlosen Präsenz einer Kaserne inmitten
einer friedlichen, von Weinbergen und Gebirgszügen domi-
nierten Umgebung. Der Hund ist in erster Linie der Aus-
löser für diese "Phantasiebilder".

> "Als der böse Lärm wieder einsetzte, verschwand die
> Landschaft in einem einzigen Strudel aus Bomben-
> trichtern und Granatlöchern." (LSV 56)

Eine zweite Irritation ist im Kapitel "Das kalte Feld"
beschrieben. Die reale Gegenwelt zu den Reflexionen des
Erzählers an der Sainte Victoire und zur Kunst Cézannes

---

sie nichts an der Bedeutung, die der Szene mit dem Hund
im Kontext der "Lehre" zukommt.

[1] Soldaten oder militärische Einrichtungen sind in der
"Lehre" an fünf unterschiedlichen Stellen präsent; vgl.
13, 55, 66, 85, 111

befindet sich nicht am Berg in Südfrankreich. Jedoch ist der Ort ein Initiator für die Erinnerung.

> "Die Kreise um die Sainte Victorie wurden immer weiter; es ergab sich so." (LSV 87)

In diesem Kapitel geht Handke mit der Bundesrepublik ins Gericht, indem er sie skizziert. Die umrißhafte, flüchtige Skizze zeigt das Bild eines Zerfalls, den Gegenpol zu einer möglichen Ganzheit. Der Erzähler wählt Negativbilder aus und besetzt sie mit Unwert-Urteilen. Er beschreibt eine "immer bösere und wie versteinerte Bundesrepublik" (LSV 89), in der "an den Sonntagen in der Leere die Kaufhausfahnen flatterten." (LSV 90) Hier sieht der Erzähler eine in "Zweckformen funktionierende, bis auf die letzten Dinge beschriftete und zugleich völlig sprach- und stimmlose Welt" (LSV 91), während selbst die "Baumwipfel und auch die Wolken darüber bloß zuckende Bewegungen vollführten." Die Aggression, die sich sonst von außen gegen ihn wandte, kommt nun aus dem Erzähler selbst. Die Ödnis der Stadt, ohne belebte Farben und ein sinnvolles Formgefüge läßt ihn selbst destruktiv werden.

> "Damals verstand ich die Gewalt. Diese in 'Zweckformen' funktionierende [....] Welt hatte nicht recht. Vielleicht war es woanders ähnlich, doch hier traf es mich nackt, und ich wollte jemand Beliebigen niederschlagen. Ich empfand Haß auf das Land.....
> [.....]
> In dieser Zeit verabscheute ich sogar die deutschen Erdformen: die Täler, Flüsse und Gebirge; ja, der Widerwille ging tief bis in den Untergrund." (LSV 91f.)

In "Die Geschichte des Bleistifts" weist Handke an mehreren Stellen auf den untrennbaren Zusammenhang von physisch-psychischer Verfassung, der Erscheinungsform und dem Zugang zu den Formen der Außenwelt hin.[1]

---

[1] Vgl. dazu auch GdB, 49, 85, 148, 165, 169, 213, 269

"Erschöpfung: ich kenne keine Farben mehr" (GdB 191)

Oder:

"Nur als abgeschlossene Form kann ich mich offen zeigen" (GdB 235)

Die subjektive Antithese zum negativen Formentzug bilden "Phantasie", "Geistesgegenwart" und der Bewußtseinszustand der "Offenheit". Sie bewirken einen unbeeinträchtigten Zugang zur Welt und einen stabilen Zusammenhang zwischen dem Betrachter und den Dingen. Die Welt öffnet sich, der Gesichtskreis weitet sich mit der Weitung des Bewußtseins.

> "Die Welt war ein festes tragendes Erdreich. Die Zeit steht ewig und täglich. Das O f f e n e kann, immer wieder, auch ich sein. Ich kann die Verschlossenheit wegwollen. Ich soll beständig so ruhig in der Welt draußen (in den Farben und Formen) sein. Die Schuld trifft mich dann, wenn ich in Gefahr, mich zu verschließen, nicht die auf Lebenszeit mögliche Geistesgegenwart will." (LSV 23f.)

Diese Stelle zeigt programmatisch die Bedeutung der Offenheit, die "eine ästhetische Voraussetzung zum ästhetischen und positiven Weltzugang bildet."[1] Es obliegt der "Geistesgegenwart" des Subjekts, sie zu nutzen. Mit diesem Diktum in der "Lehre" verfolgt Handke eine Linie der literarisch-philosophischen Offenheit-Thematik, die mit Hölderlins "Komm! ins Offene, Freund" und mit Heideggers Begriffsvariationen des Offenen in seinem Aufsatz "Der Ursprung des Kunstwerks" zwei ihrer Höhepunkte erreicht hat. Das Werk beider hat Handke - zumindest in Teilen - rezipiert, wie den Notizen in "Die Geschichte des Bleistifts" und der "Lehre" zu entnehmen ist.[2] In Heideggers "Kunstwerk-Aufsatz" sind "Welt", "Erde", "das Offene" und "Kunstwerk" die zentralen Termini. In seiner eigentümlichen Diktion definiert er:

---

[1]   Vgl. auch GdB 308

[2]   Vgl. dazu auch Kolleritsch, S. 111 ff., Laemmle, S. 425f.

"Die Erde ist das wesenhaft Sich-Verschließende.
Die Erde her-stellen heißt: sie ins Offene bringen
als das sich Verschließende."[1]

"Die Welt ist die sich öffnende Offenheit...."[2]
"Das Werk hält das Offene der Welt offen."[3]

Eine Verbindung zwischen beiden schafft dann das Kunstwerk, "das Werk", wie es Heidegger nennt. Durch das Werk
und im Werk ereignet sich die "Offenheit". "Das Kunstwerk
eröffnet auf seine Weise das Sein des Seienden. Im Werk
geschieht diese Eröffnung, d. h. das Entbergen, d. h. die
Wahrheit des Seienden."[4] Das Kunstwerk ist in diesem
Sinne nicht Gegenstand und nicht Welt. Es ist eine in sich
geschlossene Welt in der Welt. "Das Kunstwerk eröffnet
seine eigene Welt."[5] Gemeint ist hier allerdings das
"große(n) Kunstwerk, in dem seine Welt 'aufgeht'".[6] Im
"Werk" an sich sind originär die entgegengesetzten Pole
"Erde" und "Welt" enthalten. Erde ist Stoff, Träger und
Form des Kunstwerks gleichermaßen.

"Indem das Werk eine Welt aufstellt, stellt es die
Erde her. Das Herstellen ist hier im strengen Sinne
des Wortes zu denken. Das Werk rückt und hält die
Erde selbst in das Offene einer Welt."[7]

Die Ähnlichkeit der Terminologie in der "Lehre" ist augenfällig:

---

[1] Heidegger, S. 44

[2] Ebd., S. 45; bereits Heraklit spricht das Phänomen des
     "Verbergens" an. Anstelle von Erde nennt er die Natur.
     "Natur, so Heraklit, pflegt sich versteckt zu halten ",
     Vorsokratiker, S. 253

[3] Heidegger, S. 41

[4] Ebd., S. 34

[5] Gadamer, in Heidegger, S. 105

[6] Ebd., S. 106

[7] Heidegger, S. 43

"Die Welt war ein festes tragendes Erdreich.
[....]
Das Offene kann, immer wieder, auch ich sein."

Auch an dieser Stelle besteht eine Verbindung zwischen
"Welt" und "Erde". "Welt" ist ein ideeller Begriff, der
vom Subjekt bestimmt wird. "Erde" hingegen ist materiell
geprägt, ist Fundament oder auch Gefäß für die "Welt". Die
Erde ist "fest", "tragend", greifbar, also sich nicht ver-
schließend. Heidegger unterscheidet in ihrem Wesen "Erde"
als die "Sich-Verschließende" und "Welt" als die "sich
öffnende Offenheit". In der "Lehre" jedoch kommt es zu
einer Überlagerung von Idealität und Materialität. Handke
interpretiert Heideggers sprachlichen Gebrauch des Wortes
"Welt" mit seiner Auffassung von Offenheit, dem Gegensatz
zu einem verschlossenen, verdunkelten Bewußtsein.

> "Daß man das Wort 'Welt' wieder an einer Stelle ein-
> fügen oder anfügen [....] eine Stelle für es finden
> könnte, wo es aus dem Schatten wieder heraustritt
> ans Licht. Das hat ja Heidegger ungeheuer ver-
> sucht."[1]

Gegen Heideggers antiindividuelle, den Menschen an dieser
Stelle ausschließende Philosophie[2], setzt Handke das Er-
zähler-Ich. Das Offene ereignet sich nicht im abstrakten
Begriff "Welt", sondern im individuellen Ich, das mit
diesem Bewußtsein auf Welt und Erde blickt. Damit ereignet
sich die Offenheit im Erzähler und ist im "Kunstwerk", der
"Lehre", im literarischen Text dokumentiert.

---

[1] Gamper, S. 206

[2] Zur Stellung des Menschen innerhalb der Philosophie
     Heideggers, vgl. a. Goldschmidt, in König, Hrsg., S.
     429ff.

1.9. Zeit- und Raumbewußtsein

Die beschriebene Offenheit ist ein Aspekt der Zeitstruktur in "Langsame Heimkehr" und der "Lehre". Es ist eine Variante und Folge des in der "Lehre" explizit genannten "Nunc stans..... Augenblick der Ewigkeit" (LSV 10f.) oder des Augenblicks eines "stehenden Jetzt". Das übliche Nacheinander der Zeitabfolge ist im Text unterbrochen. Die Wahrnehmung der Außenwelt und die Umsetzung in die Form der Literatur werden auf einen "alle Zeit umfassenden Moment der Wahrnehmung"[1] konzentriert. In dieser Zeitspanne erscheinen die wahrgenommenen Dinge in der Beschreibung in einem einheitlichen und geschlossenen Bild. Das Subjekt steht selbst als zeitloser und gleichrangiger Betrachter zwischen den Dingen. Handke skizziert in "Die Geschichte des Bleistifts" die Verbindung von "nunc stans" und einer "offenen" Wahrnehmung:

> "'Zeitstand' (nunc stans) heißt, daß nicht nur ich
> zur Ruhe gekommen bin, sondern daß auch die Welt mir
> zur Feststellung offensteht. Es ist mehr als die
> Ruhe, es ist die Sachlichkeit (s.o.)" (GdB, 298)

In "Langsame Heimkehr" bilden sich in Sorgers Bewußtseitsräumen subjektive Zeitfolgen. Handke korrigiert die Idee einer linearen Zeit zugunsten einer zyklischen Zeitfolge mit punktuellen Einschüben von "stehenden Jetzten". Sorger konzentriert in seiner Anschauung die Modalitäten der Zeit immer wieder auf den jeweiligen Augenblick. Sein Pathos: "Und meine Zeit ist Jetzt" (LH 141) hat somit einen zweifachen Sinn. Es setzt die unumgehbare Existenz in der Gegenwart absolut und geht von der Spanne einer Lebenszeit hinüber zum "Jetzt" des Augenblicks. Er ist ein Gegenwartspartikel, der immer Repräsentant ist für die individuelle Abfolge des Lebens. Raum und Zeit wirken in ihm untrennbar verbunden zusammen, wobei der Schwerpunkt

---

[1] Hansen, S. 207

seiner Anschauung zeitweise auf dem Raum, an anderer
Stelle auf dem Zeitphänomen liegt. Raumerleben ist immer
verbunden mit dem Erleben der Zeit.

> "....im Glücksfall aber, in der seligen Erschöpfung,
> fügten sich alle seine Räume, der einzelne, neu-
> eroberte mit den früheren, zu einer Himmel und Erde
> umspannenden Kuppel zusammen...." (LH 15)

Zu Beginn denkt Sorger über naturwissenschaftliche Raum -
und Zeittheorien im allgemeinen nach und gelangt zu der
Vorstellung einer eher subjektiv, auf den Augenblick
bezogenen Anschauung von Raum und Zeit. Naturwissenschaftliche Erkenntnisse erscheinen ihm gleichermaßen
beliebig wie die geisteswissenschaftlichen.

> "Sorger dagegen konnten die Sprachformen seiner
> Wissenschaft, bei allem Überzeugtsein, immer von
> neuem als ein fröhlicher Schwindel erscheinen, ihre
> Riten der Landschaftserfassung, ihre Beschreibungs-
> und Benennungsübereinkünfte, ihre Vorstellung der
> Zeit und der Räume kamen ihm fragwürdig vor.
> [.....]
> Er ahnte die Möglichkeit eines ganz verschiedenen
> Darstellungsschemas der Zeitverläufe in den Land-
> schaftsformen und sah sich verschmitzt und schmun-
> zelnd wie seit jeher die Umdenker (das war ihm auf
> all ihren Photographien aufgefallen) der Welt seinen
> eigenen Schwindel unterschieben." (LH 18)

In dem von ihm erlebten "Zeitraum" existieren gemeinsam in
einer Gleichzeitigkeit verschiedene Zeitformen; in ihm ist
"ständige Gegenwart, ständige Allerwelt, ständige Bewohn-
theit." (LH 50) Er allein bestimmt diese Faktoren; er legt
den Verlauf der Zeitkurve fest und im Bewußtsein seiner
Eigenbewegung beschreitet er den Weg von der Zeit zur
Raumerfahrung.

> "- und auf der Stelle, von dem Augenblick an, da
> Sorger sich in das Spiel einmischte, verwandelte
> sich die Zeit, wie auf einer offenen Bühne in einen
> dämmrig-sonnigen Raum, ohne besonderes Vorkommnis,
> ohne Tag- und Nachtwechsel, und ohne Eigenge-
> fühl...." (LH 49)

Die Erkenntnis jeder Art von Zeiterfahrung vollzieht sich
hier im Subjekt. Sorger läßt so, von äußeren Umständen und
der eigenen Reflexion bestimmt, die Zeit teilweise fließen
und teilweise zum Stillstand kommen. In dieser stehenden
Zeit sind die Zeitmodalitäten zu einer geschlossenen einheitlichen Form kontaminiert. Sorgers Erkenntnis und
"Erleuchtung" im Coffee-Shop ist der Gipfelpunkt seines
"Neubegreifen(s) der Zeit". (LH 164)

> "Die 'Göttin Zeit' nahm den unversehens, mitsamt den
> Blechaschenbechern und Zuckergläsern (die zu Prunk-
> gefäßen wurden), saalartig glitzernden Coffee-Shop
> aber nicht aus dem Datum des Tages heraus, sondern
> verband ihn umgekehrt mit den vergangenen Tagen, bis
> der Raum (statt fremd nur immer heimeliger werdend)
> in sich alle zu einer Menschenmöglichkeit weiterhel-
> fenden Erfindungen, Entdeckungen, Töne, Bilder und
> Formen der Jahrhunderte trug.
> Ein gemeinsamer Atem erfasste die Anwesenden. Das
> Licht wurde Stoff, und die Gegenwart wurde Geschich-
> te; und Sorger, erst in qualvoller Konvulsion (es
> gab für diesen Moment ja keine Sprache), dann in
> Ruhe und Sachlichkeit, schrieb auf, um das Gesehene,
> bevor es sich wieder verflüchtigte, rechtskräftig zu
> machen: Was ich hier erlebe, darf nicht vergehen.
> Das ist ein gesetzgebender Augenblick.: mich los-
> sprechend von meiner Schuld, der selbstverantworte-
> ten und auch der nachgefühlten, verpflichtet er
> mich, den einzelnen und immer Teilnahmsfähigen, zu
> einer so stetig wie möglich geübten Einmischung. Es
> ist zugleich mein geschichtlicher Augenblick: ich
> lerne (ja, ich kann noch lernen), daß die Geschichte
> nicht bloß eine Aufeinanderfolge von Übeln ist, die
> einer wie ich nur ohnmächtig schmähen kann - sondern
> auch, seit jeher, eine von jedermann (auch von mir)
> fortsetzbare, friedensstiftende F o r m." (LH 168)

Parallel zum abgeschlossenen stehenden Bild im Coffee-Shop
verlaufen außerhalb auf der Straße die fließenden Bewegungen des Großstadttreibens. Dort fließt mit der Bewegung
die Zeit in kontinuierlicher Linearität. Es ist ein
literarisches Bild für die Möglichkeit eines stehenden
Augenblicks innerhalb des Zeitkontinuums. Sorger nimmt vom
Coffee-Ship aus eine "andere Zeit" wahr, die von seiner
Erkenntnis des stehenden Augenblicks im selben Raum überlagert wird.

"...hier vollzog Sorger, mit dem Blick auf die sonnendurchschienenen Busse draußen, in denen die auf
Längsbänken sitzenden, nur von hinten sichtbaren
Passagiere als verschiedenfarbig glänzende Haartrachten vorbeikutschiert wurde, seine zweite, zu-
kunftsgewissere Rückkehr in die westliche Welt. Damit begann der Raum, in dem er gerade war, wichtig
zu werden." (LH 166)

Gegen den fortschreitenden Prozeß einer Geschichte als ein
Nacheinander von Ereignissen setzt Handke an dieser Stelle
die individuelle Historie. Sie beginnt dort, wo das
Bewußtsein nach ihrem Sinn fragt und sie in ihrer Form er-
schließt. Geschichte als Prozeß einer Gesamtheit von
Ereignissen wird nicht danach befragt, ob sie einen Sinn
in sich trage oder etwa einen Zweck auf ein bestimmtes
Ziel hin verfolge. Sorger erkennt für sich,

"daß die Geschichte nicht bloß eine Aufeinanderfolge
von Übeln ist (....) - sondern auch, seit jeher,
eine von jedermann (auch von mir) fortsetzbare,
friedensstiftende F o r m." (LH 168)

Geschichte ist damit in Sorgers Anschauung ein Rahmen,
eine "F o r m" für menschliches Handeln mit der Möglichkeit einer friedlichen Gestaltung.
Voraussetzung dafür ist im umfassenden Sinne eine stabile
innere Form des einzelnen im Verhältnis zu den Erscheinungen der Welt. Ihr Gegenteil, die "Formlosigkeit", bewirkte
"nur immer neue Schuld." (LH 169). Das Gesetz für ein
Handeln Sorgers, seine formelle Festschreibung, liegt in
der Erfassung des Augenblicks - einem Moment der Erleuchtung, der privaten Aufklärung mit der Folgerung, daß
dieses Gesetz des Handelns und Denkens aus der momentanen
Erkenntnis des Subjekts gewonnen werden kann. Es ist dem
der Person immanent.

"Ich glaube diesem Augenblick: indem ich ihn auf-
schreibe soll er mein Gesetz sein." (LH 169)

Diese Szene im Coffee-Shop ist durchdrungen von "Glitzern"

und "Licht", das von den Gegenständen ausgeht, aber immer präsent ist, so daß es in seiner Intensität und Besonderheit erst durch Sorgers Wahrnehmung in dieser Weise zur Geltung kommt. Die Dinge sind somit ein Symbol für seine innere Verfassung.

Jeziorkowski beschreibt diese Verbindung von äußerem Strahlen und intellektueller Erleuchtung:

> "Die Essenz dieses Moments ist die Erfahrung, daß Aufklärung Licht bedeutet, Helligkeit, Klarwerden von bisher dunklem, die Erfahrung einer wunderbaren Durchsicht und Transparenz, das Sichentschleiern eines Prospekts der Klarheit, der beständigen Transparenz bis in große Tiefen. Aufklärung - das macht uns Sorger vor - ist sowohl eine sehr direkt sinnlich subjektive Erfahrung, und zugleich eine ins Totale und Objektive reichende 'gesetzgebende', die die Zeit und den Raum neu vermißt."[1]

Sorgers Auffassung von Geschichtlichkeit konzentriert sich auf das "Jetzt", vereint alle Phänomene der Zeitlichkeit, ist damit unendlich, ohne eigentliche Zeit, und partizipiert fortwährend an den wechselnden Lebensbedingungen. Kollektive und individuelle Geschichte transportiert er in das "Jetzt" der Gedanken des Augenblicks und gleichzeitig erfolgt auf diese Weise eine sinnliche Beimessung des Geschehens auf der Zeitlinie. Zeit und Geschichte bestimmt er zur inneren Form. Dieses Bewußtsein gipfelt schließlich in seinem Form-Pathos und einer Apotheose der Form. In der Szene im Coffee-Shop liegt der Schwerpunkt auf seinem Zeitbewußtsein, aber darin bildet sich wiederum auch seine Auffassung von Raum. Mit dem Erleben einer individuellen Zeit entstehen erneut die Räume und sind in die Zeit eingebunden. Jeziorkowski stellt im Zusammenhang mit dieser Szene die drei Kantischen Fragen[2] und erwähnt die "Tatsache", daß Sorger die Dinge im Coffee-Shop " - im Sprachgebrauch der Kantischen 'Kritik der Urteilskraft' - ohne

---

[1] Jeziorkowski, S. 4

[2] Jeziorkowski, S. 8

Zweck wahrnimmt."[1] Die Lehre Kants in der "Kritik der
reinen Vernunft" im Kapitel über die transzendentale
Ästhetik mit den Ausführungen über Raum und Zeit ist
darüber hinaus eine geistesgeschichtliche Grundlage dieser
Szene und der Zeitauffassung in "Langsame Heimkehr".
Sorger entspricht in seinem Erleben ganz dem Modell Kants.
Raum und Zeit sind danach "reine Form der sinnlichen
Anschauung".[2] Beide sind nach Kant keine Erfahrungsbe-
griffe, die von einer "äußeren Erfahrung abgezogen"[3]
wurden. Sie sind "a priori"[4] und damit vor aller Erfahrung des Subjekts. Die Erfahrung der Zeit "ist nichts
anderes, als die Form des inneren Sinnes, d. i. des
Anschauens unserer Selbst und unseres inneren Zustan-
des."[5] In der zentralen, "gesetzgebenden" Szene des
dritten Kapitels begreift Sorger die Zeit als eine Form
von Geschichte in einer nahezu radikalen Realisierung der
Kantischen Philosophie. Die Zeit ist danach ein rein
innerer subjektiver Faktor und "die formale Bedingung a
priori aller Erscheinungen überhaupt."[6] Der Raum ist
dagegen ein Produkt der äußeren Wahrnehmung. Er ist als
"eine reine Form aller äußeren Anschauung (....) als
Bedingung a priori bloß auf die äußeren Erscheinungen
eingeschränkt."[7] Kant betont ausdrücklich die Sinnlichkeit und damit auch die Subjektivität und Individualität
der Zeiterfahrung, wenn er ausführt:

> "Die Zeit ist also lediglich eine subjektive Bedin-
> gung unserer (menschlichen) Anschauung.

---

[1] Ebd., S. 11

[2] Kant, S. 79

[3] Ebd., S. 72, S. 78

[4] Ebd., S. 73, 78

[5] Ebd., S. 80

[6] Ebd., S. 81

[7] A.a.O.

[....] Und da unsere Anschauung jederzeit sinnlich ist, so kann uns in der Erfahrung niemals ein Gegenstand gegeben werden, der nicht unter die Bindung der Zeit gehörte."[1]

Trotz der Akzentuierung einer sinnlichen Zeitauffassung ist sie nicht in reiner Idealität zu sehen. Sie ist durchaus "etwas Wirkliches, nämlich die wirkliche Form der inneren Anschauung."[2]

Sorgers anfängliche Ahnung einer Darstellung der "Zeitverläufe", die vom üblichen Wissenschaftsschema abweicht, bestätigt sich mit seiner Erfahrung im Coffee-Shop. Sein Zeitbewußtsein ist rein sinnlicher Art. In der Epiphanie des Augenblicks erscheint ihm die "Göttin Zeit", die nichts anderes ist als die Fähigkeit eine eigene, persönliche Zeitform zu bilden. "Die Zeit selbst verändert sich nicht, sondern etwas, das in der Zeit ist",[3] sagt Kant. Dieses "etwas, das in der Zeit ist", ist in "Langsame Heimkehr" der Held Sorger. Mit seiner Veränderung der üblichen Zeitformen kann er den Raum des Coffee-Shops in seiner augenblicklichen Zeiterfahrung mit den "Vergangenen Tagen" verbinden. Vergangenheit, Gegenwart und Zukunft erhalten in seiner inneren Anschauung eine gemeinsame und einheitliche Form im Augenblick. Kantisch gedacht gehört auch die Verbindung der vergangenen und gegenwärtigen Räume durch den sinnlichen Erfahrungscharakter des Prozesses zur Bedingung der Zeit, deren Kreateur Sorger ist. Mit seiner unbeschränkten sinnlichen Macht über die Zeit kann er ihre Modalitäten miteinander verbinden, sie fließen lassen oder als "nunc stans" erkennen. Sorgers ekstatischer Zeiterfahrung folgt, da diese Bedingung als wesentliche Grundlage für den Augenblick gesichert ist, in einem weiteren dialektischen Schritt der Wiedergewinn der

---

[1]   Ebd., S. 82

[2]   Ebd., S. 83

[3]   Kant, S. 86

im zweiten Kapitel "verlorenen" Räume.

> "In dem Coffee Shop war es auch, daß Sorger beim
> Gewahrwerden der zerkratzten Tischplatte beiläufig
> zum Bewußtsein 'seiner' Erdformen zurückfand; wäh-
> rend er hier in dem niedrigen, ebenerdigen, dunklen
> Raum saß, wie eingemauert von der allseits aufragen-
> den Weltstadt, dämmert ein Schimmer des zugefrorenen
> Stroms aus der Winternacht; fuhren die Pendlerbusse
> über die neuerstandene Paßhöhe der Westküstenstadt
> ins östliche Morgenlicht wie über eine kontinentale
> Wasserscheide, und hinter ihnen überschlugen sich,
> deutlich werdend im aufsteigenden Nebel, die Wellen
> des Ozeans. Nicht nur die Schrammen der Tischplatte,
> auch der Boden des Coffee Shop ahmte die Oberflä-
> chengestalt der Erde nach. Er fiel zur Kasse unver-
> sehens in eine kleine Mulde ab, und Sorger hatte
> beim Hingegehen einen Schreckensmoment lang keinen
> Grund mehr unter den Füßen. Es war, als seien die
> Bodenplatten des Lokals einfach auf die Erde, wie
> sie war, ohne Einebnung, aufgelegt worden; und mit
> dieser Unregelmäßigkeit des Innenraums wurde die
> Stadt, aus der Tiefe herauf, auch als ein mächtiger
> Naturkörper lebendig; ins Freie weitergehend, wo die
> bucklige Avenue den Coffee-Shop-Boden beiläufig
> fortsetzte, nahm Sorger in einem Atemzug gleichsam
> die ganze felsige Halbinsel in sich auf. Sich auf
> den Granitplatten des Gehsteigs zu bewegen, bestärk-
> te die Raumeroberung und machte sie dauerhaft. Er
> erfuhr dabei den Untergrund der Stadt, die gerade
> noch wie von einem wesenlosen Pflaster in die Luft
> geragt hatte und die Häuser erschienen so der Land-
> schaft nicht mehr bloß aufgesetzt, sondern mit ihr
> verbunden; als sei die Felseninsel tatsächlich 'die
> Heimat der Wolkenkratzer'." (LH 170f.)

Die Textstelle verdeutlicht mehrere Aspekte. Die zuvor
erlebte zeitliche Verschmelzung von Gegenwärtigem und
Vergangenem wirkt nun auch auf die räumlichen Formvor-
stellungen. Die Raum - und Erdformen erscheinen absolut,
allgegenwärtig und losgelöst von einer konkreten meßbaren
physikalischen Größe.
"Beiläufig" leiten die Rillen der zerkratzten Tischplatte
Sorgers Phantasie und Bewußtsein zu "seinen Erdformen",
die in der Vergangenheit liegen, aber nun Präsenz im
Augenblick erlangen. Die Gestalt einer recht beliebigen
Oberfläche ist ein umfassendes Symbol und deutet auf eine
unbegrenzte Anzahl von anderen Formen hin. Im Augenblick

seiner Erleuchtung genügen Sorger die Kulturformen des
weiterverarbeiteten Gesteins der Tischplatte, um in eine
Nähe zur Welt durch den Dialog mit den Formen zu treten.
Danach ist ihm selbst der Boden des Coffee-Shops ein
Repräsentant für die "Oberflächengestalt der Erde". Jedes
Kulturelement wird flüchtig; die Bodenplatten im Lokal
wirken wie ohne Festigkeit "auf die Erde [....] aufgelegt." Der Kontakt Sorgers zur Oberfläche des Erd-Planeten
ist für ihn in einem Höchstmaß unmittelbar und damit
selbst ein weiteres Zeichen für seine Daseinsnähe. In
dieser Assoziationskette verwandelt sich dann gar Kultur
zurück in Natur. Die "Stadt der Städte" (LH 161), "New
York"[1] (LH 193), wird "als ein mächtiger Naturkörper
lebendig" (LH 171). Sie erlebt eine negative Metamorphose.
Kultur als Natur aus zweiter Hand bildet mit der idealen
Natur eine utopische Einheit, die sich in Sorgers Phantasie realisiert. In der kollektiven Geschichte, der "frie-
densstiftenden Form", wird beides zur Geltung gebracht.
Zurückgekehrt in sein Zimmer tritt Sorgers Erinnerungs-
vermögen noch stärker hervor, und sein retrospektives
Zeiterleben rafft die Vergangenheit noch stärker auf den
Augenblick.

> "Die Falten im Leintuch gaben ein Bild von der
> Weltkarte und Sorger erlebte in einem Atemzug die
> Zeit von seiner Geburt weit weg in Europa bis jetzt
> zu dieser Gegenwart als sanfte, stete Aufwärtsbewe-
> gung; und er spürte dabei, wie er von sich selber
> stark wurde." (LH 189)

Die unmittelbar erlebte neue Erfahrung von Raum und Zeit
läßt ihn seine geänderte Auffassung von beiden reflektieren. Er blickt zurück auf beide Kategorien, in denen er
sich selbst erfahren hat, und kann nun in seiner Anschauung beide als voneinander abhängige Bedingungen betrachten.

---

[1] Es ist der einzige, allgemein bekannte Ort, der in
"Langsame Heimkehr" mit dem eigentlichen Namen benannt
ist.

"Er zog die Vorhänge und Jalousien wieder auf [...]
und schaute die Aufzeichnungen der letzten Jahre
durch. Es wurde ihm dabei deutlich, wie sehr sich
seine Vorstellungen von der geplanten Abhandlung
geändert hatten; in das Interesse an den langzeiti-
gen Naturräumen hatte sich eine Betroffenheit durch
Raum-Formen eingemischt, die gleichwo (nicht allein
in der Natur) sich bloß episodisch bildeten, indem
'ich, Sorger' sozusagen 'ihr Augenblick' wurde, der
sie zugleich zu Zeit-Erscheinungen machte." (LH 189)

Das Zitat löst schließlich auf, was von Beginn an die
poetische Absicht in "Langsame Heimkehr" war: Es ist die
Erhebung des Subjekts zum Konstrukteur von Welt. Nicht nur
die "Raum-Formen", sondern schlicht "alles" entsteht erst,
indem Sorger "ihr Augenblick" wird. Erst mit seiner Wahrnehmung aktualisiert sich die Zeit und ist innerhalb des
Kontinuums in der Gegenwart präsent. Diese philosophische
Tendenz in "Langsame Heimkehr" war von Handke durchaus
beabsichtigt. Er schreibt dazu:

"Sorgers Geschichte: Alles Dramatische spielt sich
allein im Werden und Verschwinden des Raums, im
Feindlich- und Freundlichsein der Zeit ab. Deswegen
ist es eine rein philosophische Erzählung" (GdB 244)

Die Fabel zielt auf die Möglichkeit der Einheit von Mensch
und Welt und liegt mit den Hinweisen im Text in einer
literarischen Tradition, die eine Verbindung von Erdent-
stehung/Geologie und dem Mensch auf dieser Erde verfolgt.
Ohne jegliche Benennung ist Goethe in diesem Zusammenhang
im Text integriert. Die Gesteinsform "Granit" fällt Sorger
immer wieder besonders auf. Entfernt vom konkreten Ort
nimmt er das New-York-Erlebnis vorweg, indem er sich im
"Hohen Norden" in der Erinnerung vergegenwärtigt, daß es
ihm für seine Vorstellung von "Natur" genügt,

"zum Beispiel in beliebigen Großstädten der kaum
wahrnehmbaren, auch asphaltüberzogenen Buckel oder
Mulden innezuwerden, sachter Senkungen oder Hebungen
im Straßenpflaster, der durch die Jahrhunderte ein-
getretenen Kirchenböden und Steintreppen; oder in
einem zunächst fremden Hochhaus sich von ganz oben

senkrecht durch alle Stockwerke bis in den Unter-
grund hinabzuphantasieren und in solcher Art tagzu-
träumen "etwa den Granitsockel dort nachzuvollzie-
hen....." (LH 13)

Vor der Epiphanie im Coffee-Shop "rieb der Überlebende
unwillkürlich die Hände an den Granitrillen über das
Neubegreifen der Zeit....." (LH 165)

Nach dem Ereignis vermitteln ihm die "Granitplatten des
Gehsteigs" (LH 171) eine Dauer der "Raumeroberung".
Goethe, auf den sich Handke immer wieder beruft, erklärt
in seinem als Handschrift überlieferten Aufsatz "Über den
Granit" das Gestein zum Symbol für die geschichtliche Entstehung der Erde und die Entwicklung des Menschen. Seine
geologischen Beobachtungen bestätigen

> "die alte Erfahrung, daß das Höchste und das Tiefste
> Granit sei, daß diese Steinart, (....), die Grundfe-
> ste unserer Erde sei, worauf sich alle übrigen
> mannigfaltigen Gebirge hinauf gebildet."[1]

Auf dem Granitgestein stehen heißt in seiner Vorstellung,
einen unmittelbaren Kontakt mit dem Zentrum der Erde zu
haben. Auf einem Berggipfel aus Granit sitzend macht er
sich bewußt:

> "Hier ruhst du unmittelbar auf einem Grunde, der bis
> zu den tiefsten Orten der Erde hinreicht, keine
> neuere Schicht, keine angehäuften zusammengeschwemm-
> ten Trümmer haben sich zwischen dich und den festen
> Boden der Urwelt gelegt....."[2]

Wenn der Granit "auch nicht den ganzen Kern der Erde aus-
macht" so ist er "doch wenigstens die tiefste Schale"[3],
und für Goethe nach "abschweifenden Betrachtungen" über

---

[1] Goethe, Bd. 17, S. 479

[2] Ebd., S. 480

[3] Ebd., S. 483

die "ersten festesten Anfänge unseres Daseins" eine
"Grundfeste" in der wechselhaften Erdentwicklung, die den
Ursprung in der Gegenwart repräsentiert. Die Geschichte
des Granits und seine unveränderte Erscheinungsform ist
für Goethe gleichzeitig eine Lebensmetapher. Ihr Sinn
drückt aus, daß eine unmittelbare Nähe zum Dasein der
Existenz des Menschen immanent ist. Diese Metaphorik ist
auf Sorgers Aufmerksamkeit dem Granit gegenüber übertrag-
bar. Als Geologe ist ihm die erdgeschichtliche Bedeutung
des Gesteins selbstverständlich geläufig. Es ist daher
kein Zufall, daß seine Aufmerksamkeit immer wieder auf den
Granit fällt. Das Gestein verstärkt nach dem Formverlust
und der offensichtlichen Entzweiung von Sorger und den
Daseinsbedingungen das Bewußtsein, auf dem Erdboden fest
zu stehen und durch Berührung Kontakt mit dem Ursprung zu
halten. Eine gedachte Zeit, die in der Natur noch nicht
durch Kultur abgelöst war, ist somit noch gegenwärtig;
einer ihrer Stellvertreter ist für den Geologen Sorger der
Granit. Sein "Neubegreifen der Zeit" ist eine geschichts-
hermeneutische Erkenntnis, die für Gadamer in Anlehnung an
Hegel in diesem Sinne "nicht in der Restitution des Vergangenen, sondern in der denkenden Vermittlung mit dem
Gegenwärtigen besteht."[1] Aus dieser Grundüberzeugung kann
Sorger die Formen der Zeit und der Geschichte als "friedensstiftende Form" im Augenblick auffassen. Ein Vermittler für die Erkenntnis dieser Einheit ist der Granit mit
seiner geologischen Geschichte. Im Augenblick von Sorgers
Erleuchtung ist er ein integrierter Teil der Zeit und der
Gesamtform der Geschichte. Die Raumformen, ein Bestandteil
der Zeitlichkeit, sind zwangsläufig miteinbezogen, so daß
Sorger auch zu ihnen "zurückfindet".

---

[1]   Gadamer, S. 161

1.10. Plötzlichkeit und Epiphanie

Der Augenblick einer Formeneinheit, "wo Ekel und Tren-
nungsschmerz zwischen ihm und der Welt aufgehoben wären"
(LH 190), hat trotz einer nachvollziehbaren dialektischen
Entwicklung den Charakter von Plötzlichkeit. Sie weist in
ihrer Art zwei alternierende Erscheinungsformen auf: die
Einheit des Ganzen und die Zersplitterung, den dämonischen
Schrecken[1] in der Formlosigkeit und das Glück der Epiphanie in der engen Korrespondenz zwischen Subjekt und Objekt. Im Hinblick auf ein dialektisches Bewußtsein Sorgers
und seine Zeitreflexionen soll an dieser Stelle aus-
schließlich auf die positive Seite der Plötzlichkeit, die
Epiphanie, eingegangen werden.[2] Als konstruktives Gegengewicht zu einer Plötzlichkeit bei Kleist, Kierkegaard,
Nietzsche oder Heidegger stellt Bohrer neben Proust und
Musil das Epiphanie-Motiv bei Joyce heraus. Auch Ziolkowski[3] erwähnt Joyce, der als erster und einziger die
Technik der Epiphanie benannt hat. Seine Auffassung deckt
sich mit der Technik bei Hofmannsthal, Musil und Rilke.
Prousts Assoziationsverfahren der "mémoire involontaire"
unterscheidet sich im wesentlichen von dem der anderen
"durch die Rückkoppelung des gegenwärtigen, jähen, Augenblicks an einen zeitlich lange vorausgegangenen, der jenen
erst ermöglicht, ohne ihm seine Dignität zu nehmen."[4]
Proust läßt dabei sein Wahrnehmungsvermögen im Augenblick
der Erinnerung rückwärts laufen. Vergangene Bilder und
Szenen erscheinen dann in der Gegenwart. Besonders Joyce
rückt den unmittelbaren visuellen Aspekt der Epiphanie in

---

[1] Vgl. zum "gefährlichen Augenblick", Bohrer, S. 43ff.
zur "Objektivierung des 'Schmerzes'", ders., S. 139ff.

[2] Zum Begriff und Struktur der Epiphanie innerhalb der
Moderne und in Handkes Werk vgl. Bartmann, S. 193ff.
mit einer ausführlichen Rezeption und Darstellung der
Bohrerschen Theorien.

[3] Ziolkowski, S 616

[4] Bohrer, S. 191

den Vordergrund. In ihr wird die Wahrnehmung äußerst
intensiv und konzentriert; die Dinge erscheinen in einem
festen Zusammenhalt; das Objekt korrespondiert in diesem
Augenblick mit dem Subjekt.[1]

Bohrer[2] und Bartmann[3] verweisen auf Ziolkowoskis Unter-
suchungen zum Epiphanie-Motiv bei Joyce. Ein Moment der
poetischen Struktur der Epiphanie ist eine "eidetische
Lebendigkeit" der wahrgenommenen und im Text beschriebenen
Dinge. Sie wird wesentlich durch ein "Leuchten und Leben-
digwerden des Dinges"[4] imaginiert. Nach Ziolkowski ist
die literarische Epiphanie einerseits eine Reaktion gegen
den Empirismus in der Wissenschaft. Andererseits hat sie
ihre Ursache in der "Überzeugung von der Ohnmacht der
Worte",[5] die das Wesen einer Sache nicht direkt sagen
können. Das heikle und intuitive Phänomen einer literarischen Wesenserkenntnis ist ein Bruch mit wissenschaftlichen Erfahrungen, aber "man erkennt dieses Wesen eines
Dings [....] durch einen besonderen Glanz, der - im Auge
des schauenden Subjekts jedenfalls - von ihm auszustrahlen
scheint."[6] Sorgers "Erleuchtungsmoment" im Coffee-Shop
ist übergegangen auf die Dinge um ihn in dem "saalartig
glitzernden Coffee Shop". Die banalen Alltagsgegenstände
des Inventars werden plötzlich zu "Prunkgefäßen". Die
lichterfüllte Intensität bahnt sich für Sorger rein
visuell und ohne eigene Reflexionen an. Die aufkommende
Erkenntnis ist in einer Art "Vorschein" im natürlichen
Hellerwerden des Tages symbolisiert. Im Morgenlicht er-

---

[1] Vgl. dazu die Ausführungen zur Epiphanie unter 1.6.
dieser Arbeit.

[2] Bohrer, S. 64

[3] Bartmann, S. 193ff.

[4] Ziolkowski, S. 612

[5] Ebd., 615

[6] Ebd., S. 61, er spricht auch auf die Verbindung von
Epiphanie, Glanz und "sachlichem Sagen" bei Rilke an.

strahlt ihm die Welt; einen alltäglichen Vorgang nimmt er plötzlich als eine Besonderheit wahr.

> "Ja, er hatte das Wort, und die Zeit wurde ein Licht, das in der Mitte der Stadt in dem Glaskörper einer von der Morgensonne beschienen Parklaterne aufstrahlte. Das dicke, trübe staubige Glas, in dessen Innern der von der Sonne vergrößerte Schatten der elektrischen Kerze stand, glänzte im Stadtdunst......
> Wie ein Urweltmensch ging er weg, um auch woanders an dem auf jedem Gegenstand neu beginnenden Tageslicht teilzuhaben. Der Augenkörper eines Entgegenkommenden erschien mit einem schimmernden Metallkoffer und dem blassen Mond verbunden zu einem Dreieck. Das Licht wurde zu viel." (LH 165)

Und auch außerhalb des Raumes sieht Sorger "die sonnendurchschienenen Busse draußen", in denen die "Passagiere als verschiedenfarbig glänzende Haartrachten vorbeikutschiert wurden....." (LH 166).
Ein auratisches Scheinen um die Dinge, das auch Zeichen für die besondere Dignität des Objekts ist, beschreibt Handke im "Chinesen des Schmerzes" mit dem griechischen Verb "leukein".

> "Wie könnte ich nur den Sinn genauer umschreiben, der mir so fehlte? - Für jene Einheit von Gewahrwerden und Vorstellungskraft (das ist es vor allem, was ihn ausmacht) gibt es vielleicht nur im Griechischen das entsprechende Zeitwort: dieses besagt zuerst nur ein 'Sehen' oder 'Bemerken' und doch spielen darin die Bedeutungen, 'weiß', 'hell', 'Glanz', 'Leuchten', 'Schimmer' mit. In mir war geradezu ein Sehnen nach diesem Leuchten, das noch mehr ist als jedes Betrachten." (ChdSchm 179).

Die Farbe 'weiß' oder die Verwandlung einer Pflanze in eine künstliche Lichtquelle stehen auch in der "Lehre" für eine außerordentliche Wahrnehmung des Erzählers.

> "Neu sah ich das 'Weiß' einer Birke....
> [.....]
> Die Rebstöcke standen als Leuchter der Ruhe". (LSV 62)

> ".....und endlich (früher Sonnenuntergang der Dezem-
> bermitte) stand das ganze Massiv ruhig im Gelbglanz,
> wie gläsern......" (LSV 116).

Der Glanz aus den Dingen und um die Dinge entspricht dem
Gewicht der "Jetzt-Struktur" des epiphanischen Augen-
blicks. Dieser Glanz der Dinge ist an ihnen und geht von
ihnen aus, ist aber gleichermaßen ein innerer Glanz des
Schauenden, der aus einer Fülle des Lebensgefühls kommt.
Er ist nicht Verkünder eines "ästhetischen Vorschein(s),
sondern Präsenz des Schönen für den Augenblick."[1]
In Handkes Darstellung einer Dialektik des Bewußtseins
sind nicht nur die Augenblicke der Gefahr oder der
Destruktion, wie sie Bohrer beschränkt, sondern besonders
die Glücksmomente einer kohärenten Wahrnehmung eine
"Absage an (die) Kontinuität des Zeitbewußtseins".[2] Der
Moment des "Stehenden Jetzt" ist in seinen Texten eine
originär erlebte Situation, die nicht ohne Schwierigkeiten
in die Geschichte der literarischen Plötzlichkeit einge-
ordnet werden kann. Wahrscheinlich kennt Handke die Tradition der literarischen Epiphanie, und wohl gerade deshalb will er sich davon abgrenzen. In "Die Lehre der
Sainte Victoire" heißt es dazu mit einem Hauch von Ironie:

> "Da (nicht 'plötzlich'), mit der Straße und den
> Bäumen, stand die Welt offen." (LSV 23)

Zwei Fragen Bartmanns sind in diesem Zusammenhang weder
eindeutig mit "Ja" noch mit "Nein" zu beantworten:

> "Ist Handkes Epiphanie ein tradiertes Motiv?"[3]

> "Zählen Handkes Epiphanien einer Tradition zu, die
> bei der Dekadenz - Sensibilität des Fin-de-Siéce

---

[1] Bartmann, S. 212

[2] Bohrer, S. 43

[3] Bartmann, S. 194

ihren Ausgangspunkt nehmen?"[1]

Handkes Epiphanie ist einerseits ein Motiv innerhalb einer literarischen Tradition, die sie fortsetzt. Aber sie zeigt auch ein originäres Erlebnis, das im Augenblick gerinnt. Seine Epiphanien transportieren das Gegenteil von einer "Dekadenz-Sensibilität", wie sie tradierten Epiphanie-Modellen häufig eigen ist. Nach einer breit gestreuten Destruktivität seit dem Fin-de-Siécle zeigen sie eine konstruktive Form der Sicht auf die Welt; sie ist dargestellt als eine unbegrenzte Summe von individuellen Möglichkeiten.

Bei den Epiphanien in "Langsame Heimkehr" gelangt jede Objektivität, das gesamte Geschehen in den Herrschaftsbereich Sorgers. Quasi alles wird von ihm bestimmt: die Selektion der Dinge in der Wahrnehmung, ihre Erscheinungsform in der Zeit und schließlich der Zeitfluß oder ihr Stillstand. Das Subjekt nimmt hybride Formen an und ist auf der Kehrseite deren Opfer. Den Augenblicken der epiphanischen Einheit folgt postwendend der Zustand einer schmerzhaften Trennung von Ich und Welt. Hinsichtlich des Zeitbewußtseins befindet sich Handke auf der von Bohrer dargestellten traditionellen Linie; er betreibt wie seine Vorgänger den "Abbau" der "klassischen Raum-Zeit-Kategorien".[2] Es ist die Tendenz zu einer zeitlosen Zeit.[3] Handkes Augenblicksfiktionen, die sich nicht auf Utopisches richten, sondern sich am Gegenwärtigen bilden, sind literarische Beispiele für die Möglichkeit, Licht und Helligkeit in das von Bloch variierte "Dunkel des gelebten

---

[1] Bartmann, S. 195; Durzak, S. 333 reduziert seine Wertung der Epiphanie auf ein "literarisches Klischée".

[2] Bohrer, S. 200

[3] Honsza, S. 191, erwähnt bereits 1974 die "eigentümliche Zeitlosigkeit" in Handkes Stücken.

Augenblicks"[1] zu bringen. Diese Fiktion des Subjekts schafft besonders in "Langsame Heimkehr", wie Hansen es prägnant formuliert,

> "ihre eigene Zeit und Bedeutung (...) [die] in die-
> sem Vorgang die selbstverständlich unterstellte Or-
> dnung historisch ablaufender Zeit, ebenso in Frage
> stellt, wie der Blick für die ganz anders verlaufen-
> de Zeit der literarischen Tradition geöffnet
> wird..."[2]

Die von Handke beschriebene stehende und punktualisierte Zeit mit ihren positiven Inhalten impliziert nicht wie in "der traditionellen Utopie (...) das Gegenmodell der schlechten Gegenwart."[3] Auch hier verlagert sich die Gewichtung tradierter Werturteile. Die "schlechte Gegenwart" ist vielmehr der Gegenentwurf zu einer affektfreien Wahrnehmung und ungebrochenen Überlagerung von Subjekt und Welt. Diese Augenblicke haben auch bei Handke den Charakter von Glücksempfinden, doch ist es vom Leser erst anhand des Geschehens als solches zu erkennen. Die Benennung des Glücks löst sich bei ihm auf in der Beschreibung des inneren und äußeren Geschehens. Dieses Verfahren korrespondiert mit Sorgers ursprünglicher "Fähigkeit zum Glück", dessen "Zustände" er schließlich vermeidet "wie eine Krankheit" (LH 57). An dieser Stelle hat Handke von der Tradition der Moderne gelernt, die mit ihren Vertretern Proust, Joyce und Musil in der "Ekstase des 'Augenblicks'"[4], nach Bohrer, "Anfälle eines extremen Glücksgefühls"[5] literarisch dokumentieren.

---

[1] Vgl. dazu Bloch, 20. Kapitel: "Zusammenfassung, Antizi-
     patorische Beschaffenheit und ihre Pole: Dunkler Augen-
     blick - offene Adäquatheit".

[2] Hansen, S. 207

[3] Bohrer, S. 187

[4] Ebd. S. 192

[5] Ebd., S. 216

Der Augenblick des Glücks ist in "Langsame Heimkehr" und "Die Lehre der Sainte Victoire" kein Motiv mehr. Es erscheint zu flüchtig, um es literarisch zu benennen. Die zeitliche Sequenz einer Glücksemphase, definiert in der Kunst, wäre gleichzeitig ihre unmittelbare Auslöschung.

1.11. Harmonie der Gegensätze

> "Sorgers Geschichte, so schien es mir gerade, war der letzte Fischzug in Goethes Gewässern: die Unsterblichkeit der Menschheit, als Menschheit, ist nicht mehr denkbar, ist keine Gewissheit mehr hinter all den Ungewißheiten; oder? (Ist Valentin Sorger der letzte umfassend schöne Blick auf die Welt gelungen?)" (GdB 205)

Der "Fischzug in Goethes Gewässern" deutet auf das Bestreben nach Ganzheit in der Vielfalt von möglichen Irritationen hin. Sie kommt aus dem Blick des Protagonisten, die Sorger im inneren Monolog selbst als Anmaßung und mit der Tendenz einer negativen Kehrtwendung wertet.

> "Ist es vermessen, daß ich die Harmonie, die Synthese und die Heiterkeit will? Sind Vollkommenheit und Vollendung meine Zwangsidee?" (LH 140f.)

Die Vereinigung von anscheinend Inkommensurablem in einer Person und in künstlerischen Formen und ihre Vermittlung im "Jetzt" ist ein Phänomen der sogenannten "Postmoderne". Jede der unvereinbaren Ausprägungen des Bewußtseins bedingt die andere und tritt immer als anscheinend plötzlicher Wendepunkt zum "status quo" auf. Harmonie ist die Kehrseite von Zerrissenheit; beide Pole des Bewußtseins bedingen einander; der eine wäre ohne das Gegenteil nicht denkbar und möglich. In Handkes Helden vereinen sich antike, klassische und existentialistische Charakterzüge und liegen in einem permanenten Kampf miteinander. Diese Idee gehört zu den Anfängen abendländischen Denkens. Seine Affinität zu den sogenannten Vorsokratikern hat Handke in der "Geschichte des Bleistifts" bekannt.[1]

> "Ich habe Vertrauen in die Streitlust der Vorsokra-
> tiker, in die der Späteren, der Philosophen, nicht"
> (GdB 282)

Heraklit ist der erste Dialektiker, der die Einheit des
Sich-Widersprechenden beschreibt. Seine Erkenntnis der
gegensätzlichen Harmonie, "die Einheit in dem Gegensatze -
Sein und Nichtsein als dasselbe"[2], wie Hegel es für sich
formuliert und vereinnahmt, ist in Handkes Werkgeschichte
literarisch dokumentiert und realisiert. Heraklits objek-
tivierte Dialektik des Werdens innerhalb des Ganzen, die
"Entzweiung als Realisierung, Bestehen des Entgegengesetzten; das andere: Die Reflexion der Einheit in sich,
Aufheben dieser bestehenden Gegensätze"[3] sind bei Handke
in der Person zentriert. Sie ist gewissermaßen Träger der
von Heraklits beschriebenen Daseinszustände des Seienden.

> "Kaltes wird warm, Warmes kühlt sich ab, Feuchtes
> trocknet, Trockenes wird feucht."[4]

Oder auch:

> "Dasselbe ist: lebendig und tot und wach und schla-
> fend und jung und alt. Denn dieses ist umschlagend
> in jenes und jenes umschlagend in dieses."[5]

Die dialektischen Pole, Negatives und Positives, ereignen
sich in "Langsame Heimkehr" oder der "Lehre" in der Innenwelt der Protagonisten. Der Augenblick des Wahrnehmens mit

---

[1] In "Die Geschichte des Bleistifts" zitiert er mehrfach
     Heraklit und einmal sinngemäß Zenon von Elea, S. 267,
     283, 369; im "Nachmittag eines Schriftstellers" nimmt
     er Heraklits Fluß-Metapher wieder auf, S. 52.

[2] Hegel, Bd. I, S. 274

[3] Ebd., S. 270

[4] Vorsokratiker, S. 263

[5] Ebd., 265

den Irritationen und den Glücksmomenten ist jedoch immer
Bedingung für eine Ganzheit und eine Daseinsharmonie. Auch
die Atomisierung einer einheitlichen Struktur spielt sich
in diesem Modell in der Einheit der Person ab, die das
Widersprüchliche in sich als Form vereint. Der Zerfall des
Bewußtseins und die evidente Konzentration sind Pole einer
Masse, die immer im Widerstreit liegen. Harmonie kann
daher wieder, ohne sich dem Vorwurf der Naivität oder
Realitätsflucht auszusetzen, mit Heraklit als Gewährsmann
angesprochen werden.

"Das Widerstreitende zusammentretend und aus dem
Sichabsondernden die schönste Harmonie."[1]

---

[1] Ebd., S. 259

"Für lauter Wollust sah
gar nichts..."
Goethe[1]

2. "Die Lehre der Sainte Victoire"

2.1. Cézanne als "Lehrmeister"

Die "Lehre" ist eine Fortsetzung von "Langsame Heimkehr".
Schon der erste Satz bezieht sich auf Sorgers Flug nach
Europa.

> "Nach Europa zurückgekehrt, brauchte ich die tägli-
> che Schrift und las vieles neu." (LSV 9)

Beide Werke verweisen wechselseitig aufeinander. Sorger
"befand sich mit anderen Unbekannten in einem Porno-Kino,
als Mann mit den verschränkten Armen." (LH 119) Der Ich-
Erzähler der "Lehre" war ergriffen von einem Porträt
Cézannes, "weil es den Helden meiner noch zu schreibenden
Geschichte darstellte. Es hieß 'Der Mann mit den verschränkten Armen'...." (LSV 36) Valentin Sorger ist also
jener "Mann mit den verschränkten Armen", auf den in der
"Lehre" mehrfach verwiesen wird.[2] Der Ich-Erzähler beschreibt eine Identität mit Sorger - "den Erdforscher
hatte ich ja in mich einverwandelt" (LSV 102); und "der
Geologe hatte sich noch vor dem europäischen Boden in mich
zurückverwandelt..." (LSV 93) In der "Lehre" äußert der
Erzähler seinen Wunsch nach einem Lehrer:

---

[1] Tagebucheintragung vom 17. Juni 1775 nach einer Fahrt
     auf dem Lauerzer See. Goethe, 2. Ergänzungsband, S. 10

[2] Vgl. Auch LSV 43, 69f., 92

"Seit ich denken kann, hatte ich 'immer wieder' das Bedürfnis nach einem Lehrmeister." (LSV 33)

Cézanne seinerseits wünschte sich aus seiner Kunst eine mitteilbare Lehre. Selbst wenn die Authentizität von Gasquets schriftlicher Überlieferung der Äußerungen Cézannes nicht vollkommen ist, erscheint sie doch verglichen mit dem Inhalt von Cézannes Briefen im wesentlichen durchaus stimmig. So spricht er gegenüber Gasquet den künstlerisch-didaktischen Charakter seiner Arbeiten an.

"Ich komme immer wieder darauf zurück: der Maler soll sich ganz dem Studium der Natur widmen und versuchen, Bilder hervorzubringen, die eine Lehre sein mögen.... Aber eine Lehre für alle, danach strebe ich allerdings.... das Verständnis der Natur vom Standpunkt des Bildes aus."[1]

"Ja, Schüler haben. Meine ganze Erfahrung jemanden weitergeben. Ich bin ein Nichts, ich habe nichts gemacht, aber ich habe gelernt."[2]

Handke nimmt Cézannes Wunsch, eine Lehre weiterzugeben, für sich auf und versucht, spezielle Teile der Cézanneschen Kunstauffassung auf sein Medium als Schriftsteller zu übertragen. Schreibend soll in der "Lehre" "keine Analyse" erfolgen, sondern ihr Text "muß die Erzählung einer allmählichen Annäherung (und vielleicht Entfernung) werden". (GdB 285) Cézanne ist somit ein "Lehrmeister", der seinen literarischen Schüler anleitet, ihm Impulse verschafft, wobei Handke stets auf die Eigenständigkeit seiner literarischen "Lehre der Sainte Victoire" besteht.

"Niemand kann mich belehren, aber viele können mir Winke geben (Die Lehre der Sainte Victoire)" (GdB 334)

---

[1] Cézanne, Kunst, S. 24, vgl. a. den Brief an Emile Bernard vom 26. Mai 1904.

[2] Cézanne, Kunst, S. 45

In die unterschiedlichsten Richtungen wurde gemutmaßt, was "die Lehre" ausmache, wie der "Lehrsatz" laute. Meyer[1] vermutet sie in einer Äußerung Ds., mit der Handke die Sainte Victoire ein zweites Mal aufsuchte.

> "'Der Übergang muß für mich klar trennend und inein-
> ander sein'." (LSV 119)

Laemmle sieht die eigentliche Lehre im "wiedergefundenen Zusammenhang des einzelnen mit dem Ganzen, die neue Identität der Dinge":[2]

> "Ding-Bild-Schrift in einem: es ist das Unerhörte
> [.....]
> Cézannes Felsen und Bäume waren mehr als solche
> Schriftzeichen, mehr als reine Formen ohne Erdenspur
> [...] es waren die Dinge; es waren die Bilder; es
> war die Schrift; es war der Strich - und es war das
> alles im Einklang." (LSV 78 f)

Es lassen sich eine Reihe weiterer Textstellen aufführen, die den Inhalt der Lehre bezeichnen könnten:

> "... der sanfte Nachdruck und die begütigende Ab-
> folge einer Erzählung...." (LSV 99),

> "....die Lust auf das Eine in Allem....." (LSV 100),

aber auch das isolierte Zitat aus Grillparzers "Der arme Spielmann[3]":

> "'Ich zitterte vor Begierde nach dem Zusammenhange'"
> (LSV 100).

---

[1] Meyer, S. 273

[2] Laemmle, S. 427

[3] Grillparzer, S. 9

Eine Festlegung ist müßig, da der Titel eindeutig auf Cézannes Hauptmotiv, den Gebirgszug der Sainte Victoire, hinweist. Von 1870 bis zu seinem Tode im Jahr 1906 fertigte er cirka 60 Gemälde, Zeichnungen und Aquarelle vom Berg[1]; die Gebirgskette und Cézanne gehören kunsthistorisch betrachtet zusammen wie "Signifikant und Signifikat".[2]

2.2. Eine angewandte Poetik

In der "Lehre" entwickelt Handke in einer Verknüpfung von Cézannes Kunstreflexionen, dem Motiv des Berges und den eigenen Auffassungen über Kunst eine Poetik, die in ihrem Entstehungsprozeß gleichzeitig eine unmittelbare Anwendung findet. Es ist "Poesie der Poesie",[3] "eine eigenartige Mischung aus Erzählung und Überlegung, aus Erinnertem und Vorgestelltem[4]" oder - wie es Lüdke nennt - "eine erzählende Poetik, die sich erst aus dem Vollzug des Schreibens, das heißt: aus ihrer materiellen Realisation ergibt."[5]
Der Leser wird dabei in die Position desjenigen versetzt, dem Handke seinen Entwicklungsgang zur Kunst darlegt.[6] Die Art und Weise wie er durch die Mitteilung von biographischen und kunsttheoretischen Einzelheiten zu Ergebnissen gelangt, entspricht dem Kleistschen Erkenntnisver-

---

[1] Vgl. dazu Böhm, S. 25, Leonhard, S. 135ff; Badt, Spätwerk, S. 45

[2] Manthey, S. 508

[3] Graf, S. 309

[4] Schmied, S. 61

[5] Lüdke, S. IV

[6] Erzähltechnisch betrachtet ist die Konstruktionsform der "Lehre" interessant. Es handelt sich um eine Verbindung von eingeschobenen Rückwendungen und sukzessiver Raffung, vgl. Lämmert, S. 82f., 112 ff.

fahren, das er in seinem Aufsatz "Über die allmähliche
Verfertigung der Gedanken beim Reden" entwickelt. Dort
heißt es:

> "Denn nicht wir wissen, es ist allererst ein gewis-
> ser Zustand unserer, welcher weiß."[1]

Dieser "gewisse Zustand, welcher weiß", von dem ausgehend
Vergangenes und Gegenwärtiges, Kunstgeschichte und private
Historie verbunden werden, reicht zurück bis in die Kindheit. Im ersten Kapitel ist "Der große Bogen" der Bil-
dungsereignisse nachgezeichnet. Die Konzentration des
Bewußtseins auf Farben und Formen beginnt mit Schwierigkeiten.

> "Das Unterscheiden und, noch mehr, das Benennen von
> Farben ist mir seit je schwergefallen." (LSV 10)

Die Lektüre einer Passage aus Goethes "Farbenlehre", in
der es um verschiedene Formen von Farbverwechslungen durch
den Wahrnehmenden geht, leitet die Gedanken zu einer konkreten Situation in der Kindheit.

> "Durch diese Anmerkung des Wissenschaftlers hat sich
> mir über das bloße Wiedererkennen hinaus, ein Bild
> der Einheit zwischen meiner ältesten Vergangenheit
> und der Gegenwart gezeigt: In einem weiteren Augen-
> blick des 'stehenden Jetzt' sehe ich die Leute von
> damals - Eltern, Geschwister, und sogar noch die
> Großeltern - vereint mit den heutigen, wie sie sich
> über meine Farbenangaben zu umliegenden Dingen be-
> lustigen. Es erscheint geradezu als ein Familien-
> spiel, mich die Farben raten zu lassen; wobei frei-
> lich nicht die anderen die Verwirrten sind, sondern
> ich." (LSV 11)

Die eigenen Kindheitserfahrungen korrespondieren mit den-
jenigen der künstlerischen Vorgänger. Stifters Erinnerungen gegen Ende seines Lebens, bei denen sich Traum und
Realität überlagern, wirken wie eine Anleitung zu eigenen

---

[1]   Kleist, S. 326

Erkenntnissen.

"(Zu Stifters ersten Erinnerungen gehörten die
dunklen Flecken in ihm. Später wußte er, 'daß es
Wälder gewesen sind, die außerhalb waren'. Jetzt
öffnen mir seine Erzählungen immer wieder farbige
Stellen in gleichwelchen Wäldern.)" (LSV 14)

Die dargelegten Erfahrungen mit der Malerei zentrieren
sich in einem Prozeß auf die Kunst Cézannes hin. Der Weg
zu ihm führt über die Surrealisten Max Ernst, René
Magritte und Giorgio de Chirico, den Hauptvertreter der
Pittura Metafisica. Bedeutsam an ihren Bildern

"waren gerade die Normalsachen, die aber der Maler
in den Schein des Besonderen gestellt hatte - und
die ich jetzt kurz die 'magischen' nennen kann.
[.....]
..die leeren metaphysischen Plätze De Chiricos; die
verödeten mondüberstrahlten Dschungelstädte Max
Ernsts, deren jede einzeln 'Die ganze Stadt' heißt;
Magrittes 'Reich der Lichter', jenes wiederholte
Haus unter den Laubbäumen, das im Finstern steht,
während rundum ein weißblauer Taghimmel strahlt;..-
.." (LSV 18f.)

Auf der Landzunge von Cape Cod in Massachusetts ging
Handke den Motiven Hoppers nach und fühlte sich "erstmals
im Reich eines Künstlers stehen." (LSV 19) Die Nähe der
bildenden Kunst zur schreibenden ist zuvor bereits beschrieben. Auf einer Reise nach Aix-en-Provence bewegt
sich der Schriftsteller in der konkreten Gegenwartland-
schaft, als würde er in einem Gemälde Cézannes spazieren.
Die künstliche Farbigkeit des Bildes wirkt in seiner Wahrnehmung auch auf die Landschaft um ihn.

"Ja, dem Maler Paul Cézanne verdanke ich es, daß ich
an jener freien Stelle zwischen Aix-en-Provence und
dem Dorf Le Tholonet in den Farben stand und sogar
die asphaltierte Straße mir als Farbsubstanz erschien." (LSV 16)

Zwischen der Erfahrung mit der Kunst Edward Hoppers und

vor Cézanne wird das Verhältnis zur Malerei intensiver.
Durch die Gemälde Courbets kam er "von bloßen Meinungen
zu den Bildern" (LSV 29) ab und lernte, "sie als Beispiele
betrachten und als Werke" (LSV 30) zu verehren. Unvermittelt ist nach dem Beginn dieses Absatzes ein knapper Exkurs über den schwäbischen Bauerndichter Christian Wagner
eingefügt. Wieder wird daran die fortwährende Durchdringung von Malerei und Literatur offenkundig. Außerdem
bildet Christian Wagners bäuerliche Existenz eine Überleitung zu Courbets Kunst. Dieser, von Proudhon beeinflußt, kompromittierte einen Teil der Kunstwelt, da er
alltägliche Szenen aus dem Leben des sogenannten "einfachen" Volkes - beispielsweise in den berühmten Gemälden
"Die Steinklopfer" und "Das Begräbnis von Ornans" aus dem
Jahre 1849 - pastos und mit breitem Pinselstrich darstellte. Er "hat die tagtäglichen Genreszenen als die
wirklichen, historischen Ereignisse gesehen." (LSV 31)
Cézanne machte sich schon in den 60er Jahren Courbets
dichten Farbauftrag mit dem Spachtel zu eigen. Neben dem
Verfahren einer Farbabstufung übernahm Cézanne auch die
Gegeneinandersetzung starker farblicher Kontraste.[1] Mit
seiner Maltechnik und den Bildinhalten offenbarte Courbet
seine enge Beziehung zu einem naturverbundenen Leben. Als
er nach einer Haftstrafe - er war Mitglied der Pariser
Kommune und wurde für den Sturz der Vêndome-Säule verant-
wortlich gemacht - entlassen wurde, rief er aus, "er wolle
die Erde der Felder mit den Fäusten packen, sie beriechen,
küssen und beißen; er wolle die Stämme der Bäume beklop-
fen, Steine in Wasser werfen, durch den Schlamm der Bäche
waten und die Natur in sich hineinfressen, sie verschlingen."[2] Nach dem Bericht Gasquets äußerte Cézanne:
"....Courbet ist dicht, gesund, lebendig. Man hat den Mund
voller Farben, man fließt über davon."[3] Handke seiner-

---

[1] Vgl. dazu Badt, Kunst, S. 188

[2] Zit. nach Bazin, S. 813

[3] Cézanne, Kunst, S. 51

seits "war ergriffen von dem überlegenen Schweigen" (LSV, 31) der Gemälde Courbets. Cézanne ist zwischen Handke und Courbet ein Vermittler und gleichzeitig die letzte Stufe und der Höhepunkt seiner Kunstrezeption. Cézannes Auffassung ist als Zitat gesetzt und strahlt ein hohes Maß an Identifikation mit dessen Meinung aus.

> "Für Cézanne hatte Courbet 'die große Geste und die pompöse Manier der Meister'; 'La **grande vague**' nannte er eine der Entdeckungen des Jahrhunderts'. Als er im Louvre vor Courbets Bildern stand, rief er immer wieder nur die Namen der Dinge darauf aus: 'Da, die Meute, die Blutlache, der Baum. Da, die Handschuhe, die Spitzen, die gebrochene Seide des Rocks.'" (LSV 32f.)

Nach dem Kennenlernen der Kunst Cézannes folgt eine Annäherung an seine Motive, besonders an die Sainte Victoire, auf zwei Reisen nach Aix-en-Provence. Der Weg führt vom Gemälde über die Theorie zurück zum realen Motiv. Den Berg umkreisend, die Serpentinen hinaufsteigend, stets zu Fuß, sucht er Cézannes Motive auf und reflektiert vor ihnen die Kunst des Malers. Der Versuch, Teile der Cézanneschen Lehre auf das Medium der Schrift zu übertragen, ist stark vom Assoziationsvermögen des Augenblicks geprägt, so daß ein Wechsel zwischen Nähe und Entfernung von Cézanne stattfindet. Handke variiert literarische Versuche einer Annäherung an den zentralen Anspruch Cézannes, die "realisation" im Kunstwerk, übertragen auf das Medium der Schrift. Dies müssen immer Versuche einer Annäherung bleiben, wie sich auch Cézanne bewußt war, sein Ziel nie ganz erreichen zu können. In "Die Geschichte des Bleistifts" (224) ist eine Briefstelle Cézannes an Emile Bernard vom 21.9.1906 zitiert. Er schrieb diesen Brief 31 Tage vor seinem Tod.

> "Ich setze also meine Studien fort.
> [...]

Ich arbeite weiter nach der Natur, und es scheint mir, als machte ich langsam Fortschritte".[1]

2.3. Realisation

Realisation ist auch in Handkes "Lehre" ein Schlüsselwort, das es gilt bei der Übertragung von Cézannes "réalisation" mit Inhalten und literarischen Varianten zu füllen. Cézannes Stilwandel vollzog sich um 1870 von den "Schreckensbilder(n), wie die Versuchung des Heiligen Antonius" hin zu seinem einzigen

> "Problem der Verwirklichung ('réalisation') des reinen, schuldlosen Irdischen: des Apfels, des Felsens, eines menschlichen Gesichts. Das Wirkliche war dann die erreichte Form; die nicht das Vergehen in den Wechselfällen der Geschichte beklagt, sondern ein Sein im Frieden weitergibt." (LSV 21)

In dieser Essenz kann man schließlich auch den Kern der "Lehre" sehen; und der Versuch, Dingliches in der Schrift zu vergegenständlichen, wobei dann die literarische Form "das Wirkliche" wäre, ist auch Handkes Vorhaben. Als Stoffvorlage dient nicht eine Fiktion, sondern konkretes Seiendes, denn:

> "Nicht 'erfinden' sollte ich ja, gemäß der Lehre, sondern 'realisieren'." (LSV 102)

Die "réalisation" im Verständnis Cézannes strebt nach einer eigenständigen Dinghaftigkeit der Erscheinungen im Bildviereck. Diese Versuche konnten sicherlich nie zu einer tatsächlichen Verdinglichung in der Malerei führen, denn das diffizile Problem der "réalisation" strebt nach dem Unmöglichen. Es ist "ein 'Scheinziel' oder Scheinproblem, so unlösbar wie das Perpetuum mobile oder die

---

[1] Cézanne, Briefe S. 307

Quadratur des Kreises."[1] Beabsichtigt ist eine Komposition aus Farben, für die in der Literatur selbstverständlich die Wortkomposition steht, und womit eine klar gegliederte Welt von Objekten geschaffen wird, die eine in allen Teilen zusammenhängende Natur repräsentieren. Die Kunst steht gleichrangig neben der Natur, ohne eine bloße Kopie dieser zu sein. Von dieser Grundidee ist Cézannes bekanntester Ausspruch im Brief vom 26. September 1896 an Gasquet bestimmt.

> "Die Kunst ist eine Harmonie, die parallel zur Natur verläuft; was soll man von den Dummköpfen halten, die behaupten, daß der Künstler immer der Natur unterlegen ist?"[2]

Er speist hier sein Selbstbewußtsein aus der Überzeugung, daß die Natur für sich steht, in diesem Sinne "unnachahmlich" ist, der Künstler aber in seinem subjektiven Blick auf die Natur die Macht, mit dem Kunstwerk etwas Gleichwertiges zu schaffen.
Cézannes "réalisation" faßt Lützeler überzeugend in drei Phasen zusammen.

> "......der Maler versenkt sich getreu beobachtend in die Natur; er tut einen Schritt über sie hinaus - negativ durch die Reduzierung der Perspektive und Modellierung, positiv in der mathematischen Ordnung des Bildfeldes und gleichzeitig in der Schöpfung reicher, rhythmischer Farbbeziehungen; er erreicht damit die Natur von neuem, aber nun in ihrer wahren und wesenhaften Gestalt."[3]

Die Tradition der "réalisation" bezeichnet Badt als einen unauflösbaren Gegensatz "zwischen dem Wollen des schöpferischen Individuums und den Möglichkeiten, den Bedingungen

---

[1] Leonhard, S. 90

[2] Cézanne, Briefe, S. 243

[3] Lützeler, S. 52, zur heiklen Frage der "wahren und wesenhaften Gestalt", vgl. die Ausführungen in Kapitel II. 2.4.2. dieser Arbeit.

der Kunst selbst". Das trifft auf Michelangelo, Leonardo da Vinci und Cézanne zu. Tragischer Schicksalsgenosse für die Unerfüllbarkeit des künstlerischen Anspruchs ist der Maler Frenhofer in Balzacs "Le chef d'oeuvre inconnu". Die Lektüre der Erzählung läßt Handke mit dem Hinweis auf Cézannes Identifikation mit Frenhofers Scheitern, "in dessen Verlangen nach dem vollkommenen - wirklichen Bild Cézannes sich wiedererkannte" - (LSV 64), ohne weiteren Kommentar einfließen. Frenhofer wollte zuviel; die Kluft zwischen dem künstlerischen Wollen und den Möglichkeiten war bei ihm zu groß. Auch er glaubt an die Parallelität von Kunst und Natur: "Als ob es die Aufgabe der Kunst wäre, die Natur abzuschreiben! Sie soll die Natur ausdrücken!"[1] Er verneint wie Cézanne die Linie in der Natur, denn "die Natur baut sich aus einer Folge von Rundflächen auf, von denen die eine die andere einhüllt."[2] Das ist, wenn beim Malen die Farbe hinzukommt, die Modulation Cézannes. Frenhofer scheitert bei seinem Versuch, die Natur mit diesen Mitteln wiederzugeben. In einem Aktgemälde, an dem er zehn Jahre gearbeitet hatte, sieht der Besucher, der Maler Poussin, "daß nichts auf seiner Leinwand ist!"[3] Frenhofers Abstraktion wird von seinen Zeitgenossen nicht verstanden; er vernichtet sein Werk und stirbt danach. Doch an seiner Geschichte wird klar, daß für Cézanne "réalisation" und Vollkommenheit identisch sind. Am Beispiel Delacroix' bezeichnet Badt ein vollendetes Werk als realisiert, "wenn alles darin Vorkommende Form geworden und in einen Formzusammenhang eingegangen ist."[4] Eine allzu große Detailtreue gefährdet daher die "réalisation", da ein deckungsgleiches Abbilden der Natur unmöglich ist. Cézannes Vorstellung von einer "parallelen

---

[1] Balzac, S. 102

[2] Ebd., S. 113

[3] Ebd., S. 134

[4] Badt, Kunst, S. 156

Harmonie" der Kunst enthält den Zusammenhang der Formen und das scheinbare Paradoxon von der Einheit einer Gleichheit und Andersartigkeit. Cézannes "Welt ist daher Symbol, nicht Abbild"[1], seine Kunst mit ihrer Formensprache symbolisiert die Welt im Zustande des Seins. Die Differenz in der Kunst gegenüber der Natur ist bestimmt von den subjektiven Bedingungen des Künstler-Ich. Der Künstler entscheidet auch immer die Bildidee, die Auswahl der Formenelemente und ihre Verbindung zueinander. Insofern besteht eine Differenz zwischen Genauigkeit und Wahrheit; einer äußeren Genauigkeit steht die Wahrheit des Künstlers gegenüber. Sie konzentriert sich auf die sinnliche Erfassung des Wesentlichen. Abstraktion im Sinne der griechischen "aphairesis" ist ein wichtiger Aspekt des Verfahrens der "réalisation". Es ist die Wegnahme, der Abzug eines umrissenen und ausgewählten Teils aus einem Ganzen; auf das Besondere und das Zufällige wird verzichtet, um das Allgemeine, Wesentliche herauszukristallisieren. Für Worringer ist der "Abstraktionsdrang"[2] ein anthropologisches Phänomen. Im Gegensatz zum eher arkadischen "Einfühlungsdrang" reagiert der Künster mit der Abstraktion repräsentativ auf eine Irritation und zunehmende Entfremdung gegenüber der Außenwelt.

> "Während der Einfühlungsdrang ein glückliches pantheistisches Vertraulichkeitsverhältnis zwischen den Menschen und den Außenerscheinungen zur Bedingung hat, ist der Abstraktionsdrang die Folge einer großen inneren Beunruhigung des Menschen durch die Erscheinungen der Außenwelt...."[3]

Das abstrahierende Verfahren des Künstlers ist ein Versuch, durch die Konzentration auf Ausgesondertes zur inneren Ruhe zu gelangen und der

---

[1] Badt, Kunst, S. 129

[2] Worringer, S. 48

[3] Ebd., S. 49

"Drang, [....], angesichts des verwirrenden und be-
unruhigenden Wechselspiels der Außenwelt-Erscheinun-
gen Ruhepunkte, Ausruhmöglichkeiten zu schaffen,
Notwendigkeiten, in deren Betrachtung der von der
Willkür der Wahrnehmungen erschöpfte Geist haltma-
chen konnte."[1]

Das erreichte Abbild durch den Maler richtet sich auf ein
Gesamtbild, ein Arrangement von Sequenzen, und darauf, das

"einzelne Objekt der Außenwelt, soweit es besonders
das Interesse erweckte, aus seiner Verbindung und
Abhängigkeit von den anderen Dingen zu erlösen, es
dem Lauf des Geschehens zu entreißen, es absolut zu
machen."[2]

Diese Deutung der Abstraktion entspricht im wesentlichen
der Kunst Cézannes. Mit der Sainte Victoire, den Stilleben
oder einem Portrait setzt er Einzeldinge "absolut" und
macht sie zum Symbol von Welt. Dazu strahlen diese Motive
ab 1870 eine besondere Ruhe aus, ein zweckfreies "Sein im
Frieden" (LSV 21). Mit diesem Zusammenhalt in der Ruhe
zeigt Cézanne - wie es Badt kongenial umschreibt - "keine
Nachtansicht von der Welt, sondern die geheimnisvolle
Erfahrung einer ruhenden Verbundenheit aller Dinge in un-
wandelbarem Tag."[3] Die atmosphärische Ruhe aus dem Bild
ist festgehalten im Gleichgewicht der Motive, der Zen-
trierung eines oder mehrerer Gegenstände auf die Bild-
mitte; sie wird auf der subjektiven Seite zur Metapher für
eine persönliche Mitte. Psychologisch interpretiert ist
die Aura seiner Bilder ein Gegengewicht zu Cézannes
expressivem und zeitweise fast cholerischen Charakter;
"Cézanne, der Maler der Stille [...], ist einer der unaus-
geglichensten, unruhigsten, leidenschaftlichsten Menschen

---

[1] Ebd., S. 70

[2] Ebd., S. 55

[3] Badt, Kunst, S. 140

gewesen."[1] Noch im letzten Brief, den er am 17. Oktober 1906, fünf Tage vor seinem Tod, an den Farbenhändler schrieb, zeigt sich sein ungezügeltes Temperament.

"Monsieur!
Es sind nun schon acht Tage vergangen seit ich sie um 10 Tuben Gebrannten Lack 7 gebeten hatte, und ich erhielt noch keine Antwort. Was geht denn da vor? Eine Antwort bitte, und zwar schleunigst."[2]

Kunst kompensiert auch bei Cézanne persönliche Defizite; verkörpert das, was der Künstler mit sich im Alltag nicht fertigbringt. Die gegensätzlichen Pole "Temperament und Harmonie", sind nach Leonhard die "beiden Hauptpfeiler in Cézannes Denken"[3] und wirken ein auf die "réalisation". Temperament ist eine Facette im subjektiven Anteil, der ansonsten an Objektivität und Dinglichkeit orientierten Kunst Cézannes. Es ist "gleichzusetzen mit 'persönlichem Empfindungsvermögen', individueller Eigenart und Eigenwüchsigkeit des Fühlens und Sehens, mit 'Persönlichkeit' schlechthin."[4]
Cézanne selbst gebraucht den Begriff der "réalisation" in verschiedenen Zusammenhängen, ohne ihn konkret zu füllen.[5] Jedoch laufen alle Varianten darauf hinaus, die "réalisation" als ein malerisches Korrelat zu verstehen, in dem das Subjekt als Teil der Natur immanent ist.

2.3.1. Bild- und Satzmodulation

Ein Schritt zur "réalisation" ist die Modulation. "Model-

---

[1]   Leonhard, S. 80

[2]   Cézanne, Briefe, S. 313

[3]   Leonhard, S. 86

[4]   A.a.O.

[5]   Vgl. dazu Badt, S. 162f.

lieren, nein, modulieren. Man muß abstufen.....",[1] äußert
Cézanne sich zu diesem Vorgang; und zu Lois Le Bail: "Le
modelé, il n'y a que cela, on ne devrait pas dire modeler
mais moduler."[2]
Mit diesen Bemerkungen ist die Musikalität in der Malerei
angesprochen. Es ging Cézanne um Farb-Klang-Harmonien, die
eine bloße farbliche Repräsentanz der Dinge überschreiten
sollten. Ziel war der eng verzahnte kompositorische Zusammenhang der einzelnen Bildformen. Der Begriff des Model-
lierens gehört der bildenden Kunst an. Mit ihm ist in der
Malerei die plastische Ausformung eines Gegenstandes bezeichnet, insbesondere mit Hilfe von Licht und Schatten.
Modulieren hingegen ist ein Terminus aus der Musik. Er
beschreibt den Übergang einer Tonart in die nächste, die
Überleitung von Harmonien, wobei einzelne Töne beibehalten
und nur ein einziger verändert wird. Der Akkord ist damit
Glied eines anderen tonalen Zusammenhangs und erhält eine
neue Funktion. Durch die malerische Modulation erzeugt
Cézanne farbliche Distanzwerte und läßt auf diese Weise
ein vibrierendes bewegliches Bildkorpus entstehen. Die
einzelnen Partikel der Farbabstufungen sind "gobelinartig"
miteinander verwoben, so daß das Farbfleckengewebe keine
lockere Masche aufweist.[3] Nach Badts Auffassung ist der
Zusammenhang, "die Vereinheitlichung der Fläche durch
getrennte, gobelinartig wirkende Farbtupfen"[4], mit dem
1876/77 entstandenen Bildnis Chocquets erstmals vollständig gelungen.
Noch ganz unter dem Eindruck der Arbeit an den "Neuen
Gedichten" stand Rilke der Cézanneschen "réalisation" mit
ihren Ausprägungen besonders nah. Anläßlich der Gedächt-
nisausstellung für Cézanne im Pariser Salon d'Automne

---

[1] Cézanne, Kunst, S. 37

[2] zitiert nach Badt, S. 29

[3] Vgl. dazu auch Haftmann, S. 35ff.

[4] Badt, Kunst, S. 128

schreibt er an seine Frau am 22. Oktober 1907.

"Es ist, als wüßte jede Stelle von allen."[1]

Mit dieser kurzen Formel trifft er das Oszillieren von Farben und Formen, den Zusammenhang und die gleichzeitige Eigenständigkeit der Teile und des Ganzen.

In Anlehnung an Cézanne sind die Übergänge innerhalb der Modulation, das trennende und dennoch verbundene Gefüge der Formpartikel in der Übertragung auf Wörter und Sätze ein wesentliches Formelement der "Lehre der Sainte Victoire". Cézannes Gemälde sind für den Schriftsteller der Anfang eines "ernsten Studierens", das auf ein literarisches Ergebnis zielt im Gegensatz zu einem "ziellosen Wissensdrang" (LSV 34)

> "Als solche Dinge des Anfangs erlebte ich die Bilder Cézannes, auf einer Ausstellung im Frühjahr 1978, und wurde ergriffen von Studierlust, wie zuvor nur bei den Satzfolgen Flauberts." (LSV 34f.)

Mit dem gezielten Hinweis auf Flaubert ist Cézannes Technik der Farb- und Formübergänge in die Literaturgeschichte vergleichend eingeführt. Flaubert arbeitete auf seine Weise ebenfalls an einer literarischen Realisation; es ging ihm - verkürzt gesagt - um eine Deckung von äußerer Wahrheit und Textwahrheit. Stil war für ihn nicht nur die poetische Umwandlung und Einkleidung einer Handlung. Flaubert sah im Stil den "Träger der Idee" und verband ihn mit Handlung und Inhalt. Damit löste er sich von der stilistischen Schultradition eines grammatischen und rein syntaktischen Inhalts. Stil heißt auch bei ihm Individualität, "eine dem Dichter eigentümliche Kraft mitzuteilen und sie (die Idee, Anm. d. Verf.) mit einer besonderen, faszinierenden und glanzvollen Form auszustatten."[2]

---

[1] Rilke, Briefe, S. 59

[2] De la Varende, S. 83

In seiner Arbeitsweise und der Ausbildung seines Stils sind Ideen und Grundsätze sowohl der Malerei als auch der Musik enthalten. De la Varende beschreibt die Nähe zu den beiden anderen Künsten.

> "Die Wahrheit kommt erst in der Schönheit zu sich selbst. Flaubert beherrscht den planenden Stift, der den Raum zu ordnen vermag, und den ausarbeitenden Pinsel, der ihn farbig belebt, Nähe und Tiefe gibt. Der Zeichnung entspricht dabei der Rhythmus, die Länge und Kürze des Satzes, dessen Fall und Kadenz, Einschnitte und Pausen; das malerische Element ist die Palette der syntaktischen und rhetorischen Tropen, der Gedanken- und Wortfiguren, ein verdecktes, aber immer spürbares Verfahren, dessen verschiedene Effekte er bis ins letzte vorantreibt. Daß Prosa rhythmisch sein kann, scheinen vor ihm nur die Redner und die Nachbeter des klassischen 'erhabenen Stils' gewußt zu haben...."[1]

Seine Prosa, das Herausarbeiten der Satzübergänge mit der Akzentuierung der einzelnen Satzteile, die innere und äußere Bilder transportieren, könnte als Filmdrehbuch dienen, in dem die Einzelsequenzen immer genau festgelegt sein müssen. Das Geschehen ist aufgerastet in Einzelbilder, und die Übergänge von einem Bild zum nächsten, von einem Satz zum anderen bestimmen die Wirkung dieser Teile und der gesamten Handlung. Die Schnittstellen als eigentliche Leerstellen haben so eine eigene Valenz. Flauberts häufige Verwendung der Konjunktion "und" ist ein offenkundiger Beleg für seine Intention. Zur Illustration dieses Stilelements soll eine Passage aus "Madame Bovary" dienen.

> "Sie stieg die Treppenstufen hinauf, hielt sich dabei am Geländer fest, und als sie in ihrem Schlafzimmer war, ließ sie sich in einen Lehnstuhl fallen. Das weißliche Licht der Fensterscheiben senkte sich in weichen Wellen. Die Möbelstücke auf ihren Plätzen schienen noch regloser geworden zu sein und sich im Schatten zu verlieren wie in einer düsteren Flut. Der Kamin war erloschen, die Stutzuhr tickte nach wie vor, und Emma war irgendwie verdutzt ob dieser Ruhe der Dinge, wo doch in ihr selbst so viel Unruhe

---

[1] A.a.O.

war. Allein zwischen den Fenstern und dem Nähtisch
war die kleine Berthe, taumelte auf ihren gestrick-
ten Schuhchen und versuchte, zu ihrer Mutter zu
gelangen und sie an den Bändern ihrer Schürze zu
fassen."[1]

Das Problem der Satzübergänge ist auch in Handkes "Lehre"
ein Schlüsselthema, wenngleich er nicht auf Flauberts
"Und-Technik" in seiner Häufigkeit zurückgreift. Die
Bedeutung dieser Konjunktion in der Darstellung ist in
kleinen Skizzen in "Die Geschichte des Bleistifts"
variiert.

> "Aus dem Tal klangen die Abendglocken, und oben auf
> der Bergkuppe schwangen die Wipfel der Lärchen: 'die
> Abendglocken im Tal läuteten oben auf dem Berg, die
> Wipfel der Lärchen' ('und'-Gedichte, die glückliche
> Verbindung zweier Dinge zeigend)" (GdB 212)

Und:

> "'Und': Aus dem Autoradio kam Orgelmusik, und drau-
> ßen ging eine Frau im weißen Mantel" (GdB 213)[2]

In "Die Lehre der Sainte Victoire" ist im Zusammenhang mit
den Satzübergängen die Wechselbeziehung zwischen Kunst und
Leben evident. Die Kriterien der Schaffung von Kunst gleichen sich denen des Lebens an, es geht um die Darstellung
von zusammenhängenden Ereignissen innerhalb eines Lebens.
Eine eigentümliche Metaphorik stellt diesen Wechselbezug
dar.

> "(Angesichts eines altrömischen Mosaikfußbodends
> gelang mir so einmal die Phantasie vom Sterben als
> einem schönen Übergang ohne die übliche Verengung
> 'Tod'.)"

In einer Art Gleichnis wird von D. berichtet, die Handke
auf der zweiten Reise in die Provence begleitete. Sie
verdiente "mit der Kleiderarbeit" ihr Geld und war auf den

---

[1] Flaubert, S. 141f.

[2] Vgl. auch GdB, 213, 328

"Mantel der Mäntel" aus. Mit ihrem Vorhaben scheiterte sie allerdings daran, die verschiedenen Stoffarten harmonisch miteinander zu verknüpfen.

> "Der obere Teil wurde fertig. Mit dem unteren Teil verlor ich den Zusammenhang. Ich nähte Stücke, die sich als verbindungslos zum oberen Teil herausstellten." (LSV 117)

Vor dem Arrangement der einzelnen Teile steht für sie "die große Idee" (LSV 117), die die Vielfalt und Unterschiedlichkeit zusammendenkt. Sie ist der Ausgangspunkt jeder Kunst und muß dennoch im Vorgang des Schaffens vergessen werden, um die Glaubwürdigkeit durch Absichtslosigkeit zu erreichen. Das schlicht Da-Seiende der Natur ist auch hier das Vorbild. D. beschreibt die Annäherung zwischen intellektueller Idee und Natur.

> "Ich dachte an meine Idee; an die Momente der Spannung und plötzlichem Weichwerden in der Natur; wie eins ins andere geht." (LSV 117)
>
> "'Während dieser Zeit des Anschauens und Ausprobierens fühlte ich mich körperlich schwach werden und unfähig. Ich verbot mir, auch nur an die große Idee zu denken." (LSV 118)

Eine Vollkommenheit des kulturellen Werkes im direkten Vergleich mit dem Vorbild der Natur ist nach aller Erkenntnis nicht möglich. Jeder Fortschritt im Sinne Cézannes bezieht sich - auch in Ds. paradigmatischer Kleiderkunst - auf die vorausgegangenen Werke. Realisation heißt vielmehr die bestimmte Form eines künstlerischen Weges. Der technische Aspekt, der Übergang von Einzelformen und die subjektive Seite einer Absichtslosigkeit und Zweckfreiheit laufen beim Schaffen parallel.

Am Ende des erzählend-reflektierenden Teils, vor dem Schlußkapitel "Der große Wald", zieht D. die Summe der "Lehre".

"Bei der Anfertigung eines Kleides muß jede bereits
benutzte Form für die Weiterarbeit im Gedächtnis
bleiben. Ich darf sie aber nicht innerlich zitieren
müssen, ich muß sofort die weiterführende, endgülti-
ge Farbe sehen. Es gibt in jedem Fall nur eine
richtige, und die Form bestimmt die Masse der Farbe
und muß das Problem des Übergangs lösen.
'Der Übergang muß für mich klar trennend und ineinander sein." (LSV 119)

Überträgt man die verschiedenen Quellen der Handkeschen
"Lehre" auf die Schrift, so bleibt die Summe der Erkenntnis: Für den Schriftsteller ist nicht einzig entscheidend,
was "zwischen den Zeilen" und in den Sätzen steht, sondern
auch was sich zwischen den Sätzen abspielt. Festigkeit und
Zusammenhang des Textcorpus ohne jede Starrheit ist das
angestrebte Ideal. Dazu findet Handke für sich ein viel-
fältiges und nahezu geschlossenes System von Bezügen.
Angesichts eines Porträts von Cézanne mit dem Titel: "Der
Mann mit den verschränkten Armen"[1] interpretiert er den
Begriff der idealen Textmorphologie, die sich wiederum mit
den individuellen Charaktereigenschaften deckt. Der
Abgebildete erscheint ihm in einem "'idealen Alter: schon
Festigkeit, aber noch Sehnsucht'". (LSV 36) Die verschränkten Arme sind ein äußeres Zeichen für die "Festigkeit". Auf diesen Zusammenhalt in Cézannes Bildern kommt
der Erzähler immer wieder zurück, auch mit Cézannes
berühmter Darstellung des Motivs. Auf Gasquets Frage, was
er darunter verstünde, "führte er 'sehr langsam' die
gespreizten Finger beider Hände gegeneinander, faltete sie
und verschränkte sie." (LSV 77)[2] Anhand eines weiteren
Beispiels aus der Natur verdeutlicht er die Bedeutung
eines trennenden Übergangs als Schlüssel zur Gesamtform.
Von Cézannes Werken kommt er unmittelbar zum Motiv der

---

[1] In diesem Titel ("Homme aux bras croissez"), gibt es
zwei Gemälde; beide sind von 1895 - 1900 entstanden.
Eines hängt im Solomon R. Guggenheim Museum in New
York, das andere befindet sich in der Mitchell Collec-
tion in Annapolis/USA.

[2] vgl. Cézanne, Kunst S. 43

Sainte Victoire. In der "Begierde nach dem Zusammenhang"
wurde eine Stelle in Cézannes Bildern und Zeichnungen vom
Berg zur "fixen Idee"; sie bestimmte die zweite Reise in
die Provence. Beim Studium der

> "entsprechenden Karten und Beschreibungen von dem
> Berg [....], kreiste nachher die Phantasie, unwill-
> kürlich und unerklärlich, ohne Unterlaß um ein- und
> denselben Punkt: eine Bruchstelle zwischen zwei
> Schichten verschiedenartigen Gesteins." (LSV 108f.)

Die Bruchstelle zwischen den zwei Gesteinsschichten trennt
die Einheit des Berges in Teile. Dennoch ist er in seiner
Form stabil. Vor dem Berg war die Bruchstelle

> "mit freiem Auge nicht sichtbar; aber ich wußte, daß
> sie gekennzeichnet wurde von einem Stromleitungs-
> mast, der da auf der Kuppe stand. Der Fleck hatte
> sogar einen Namen: er hieß Pas de l'Escalette." (LSV
> 114)

Diese Stelle wurde "wirksam als Drehpunkt" (LSV 114) und
führt über eine befreiende und Kräfte freisetzende Kreisbewegung, die sich auf die umliegenden Dinge überträgt -
"...und jeder Baum des Waldes jetzt einzeln sichtbar,
stehend sich drehend, als ewiger Kreisel,..." (LSV 115) -
hin zum Wort als konkretes Medium einer Realisation: "Und
ich sah das Reich der Wörter mir offen - mit dem großen
Geist der Form,....." (LSV 115) Wie bereits in den voran-
gegangenen Arbeiten kommt es auch hier zur Überlagerung
von innerer und äußerer Form. Doch durch Introspektion
begreift der Schriftsteller die äußeren Dinge - Berg, Baum
oder Wolken - als ein Innenbild, das in den Text übertragen werden kann.

> "Und ich spürte die Struktur all dieser Dinge in
> mir, als mein Rüstzeug. TRIUMPH! dachte ich - als
> sei das Ganze schon glücklich geschrieben. Und ich
> lachte." (LSV 116)

Der "Fleck" in der Sainte Victoire mit seiner Bezeichnung

"Pas de l'Escalette" leitet wiederum aus der Verbindung
von natürlicher Form und sprachlicher Bezeichnung eine
Motivik ein, die sich auch in der Publikation "Der Chinese
des Schmerzes" fortsetzt. Der verschlüsselte Zusammenhang
wird mit der Übersetzung des französischen Substantivs
"pas" ins Deutsche klar. "Pas" hat u. a. die Bedeutung von
"Schritt", "Übergang", aber auch "Türschwelle". Offen-
sichtlicher thematisiert Handke das Motiv der Schwelle im
drei Jahre später erschienenen "Chinesen des Schmerzes".[1]
Loser, der beurlaubte Lehrer, arbeitet in seiner Freizeit
als Archäologe und beschäftigt sich vorwiegend mit den
nicht mit Sinn und Deutung versehenen Räumen oder Gegenständen, jenen, die in ihrer Bedeutungslosigkeit anscheinend keinen Zweck erfüllen.
Dabei stößt sein Interesse nach einiger Zeit auf die
zwischen den archäologischen Trümmern unbeachteten und
bedeutungslos gewordenen Schwellen.

> "Am Anfang meiner Nebentätigkeit hat ein älterer Ar-
> chäologe einmal zu mir gesagt: 'Sie wollen immer nur
> etwas finden'; und diese Bemerkung hat dazu beige-
> tragen, daß ich mich schulte, bei Ausgrabungen
> weniger das aufzuspüren, was noch vorhanden war, als
> das, was fehlte: das unwiederbringlich Verschwundene
> - das Verschleppte, oder auch bloß Verrottete - ,
> welches zugleich als Hohlraum doch weiterbestand.
> die Leerstellen, oder Leerformen. Auf diese Weise
> habe ich mit der Zeit ein Auge für die Übergänge
> bekommen, die sonst in der Regel, auch von den zu-
> künftigen Ausgrabern, übersehen werden. Ich bezeich-
> ne mich selber manchmal im Spiel als 'Schwellenkund-
> ler' (oder auch als 'Schwellensucher').
> [....]
> Schwellen ausfindig zu machen und zu beschreiben,
> ist meine Leidenschaft geworden." (ChdSchm 24f.)

Die Schwelle ist ein Ort, der sich normalerweise der
Aufmerksamkeit entzieht. Sie ist eine Stelle des Wechsels,

---

[1] Die Schwelle ist bereits im letzten Kapitel der "Lehre"
benannt. Der Erzähler beschreibt dort den Übergang von
der Stadtperipherie zu einem Waldgebiet: "Das Schwel-
lengefühl ist eine Ruhe, die absichtslos weiterführt."
(LSV 127)

des Kommen und Gehens. Doch plötzlich erhält sie eine Bedeutung; sie ist Symbol für die Verbindung von getrennten Formen. Loser erzählt seinem Sohn die Schwellengeschichte; das Symbol wirkt an dieser Stelle innerhalb der Erzählung.

> "'Ich habe dir etwas zu erzählen.' Und: 'Meine Geschichte heißt Schwellengeschichte.'
> Bevor der Erzähler mit seiner Geschichte anfing, hielt er freilich noch einmal inne und sprach, an sich selber gewendet: 'Halt! Es kommt alles darauf an, die richtige Folge zu finden!'
> [....]
> Er hatte dabei einen Traum: 'Der Erzähler ist die Schwelle. Dazu muß er einhalten und sich fassen."
> (ChdSchm 241f.)

Das Bestehen des Trennenden und dessen Zusammenhalt in der Literatur, im Leben und in der Natur gleichermaßen ist in der "Lehre" eine erneut gewonnene Erkenntnis. Sorgers Erfahrungen in Amerika entwickelt der Erzähler vielfältig weiter und erinnert sich an das, was dieser unter eine Zeichnung schrieb. Handke zitiert sich dabei selbst und macht das Leitmotiv der Tetralogie deutlich.

> "Ich wußte ja: Der Zusammenhang ist möglich. Jeder einzelne Augenblick meines Lebens geht mit jedem anderen zusammen - ohne Hilfsglieder. Es existiert eine unmittelbare Verbindung; ich muß sie nur freiphantasieren." (LSV 100)

Cézanne gab ein Beispiel für die Modulation der Sätze und der gesamten Erzählung. Nach der Inspiration durch ihn läßt sich ihr Prinzip mit einem Satz aus "Die Geschichte des Bleistifts" abschließend zusammenfassen.

> "Ich brauche keine Einfälle, was mir einfallen muß, sind allein die richtigen Verknüpfungen." (GdB 313)

2.3.2. Die Paradoxie von Wissen und Vergessen

Der Erzähler ist von "Wissensdrang" bestimmt, und die Bilder Cézannes sind für ihn die Initiatoren einer "Studierlust". "Unwissen" empfindet er "immer wieder als eine Not". (LSV 34) Sein Drang zum Wissen richtet sich auf das Verhältnis von Wirklichkeit und Schrift. Übereinstimmend damit war für Cézanne Wissen und Denken von wesentlicher Bedeutung für seine "réalisation".

> "Ja, viel Wissen führt zur Natur zurück. Aus der Einsicht in die Unzulänglichkeiten des bloßen Handwerks.
> [....]
> Ja, ich will wissen. Wissen, um richtiger zu fühlen, fühlen, um richtiger zu wissen.
> [....]
> Die Wissenden sind einfach, die Halbwisser, die Dilettanten machen halbe Realisationen."[1]

Zieht man ergänzend Cézannes briefliche Äußerungen heran, wird deutlich, daß es ihm nicht um ein Wissen mit dem allgemeinen Anspruch an Bildung geht. Entscheidend ist in erster Linie das Wissen um das Objekt, um sein Motiv. Seine Bedingungen und Determinanten versucht er, wahrnehmend und auch theoretisch zu ergründen. Bei diesem Studium der Natur bilden sich auch das Auge und dessen Fähigkeiten. Cézanne schreibt dazu in einem Brief an Emile Bernard vom 25. Juli 1904.

> "Um Fortschritte zu machen, gibt es nur eins: die Natur; im Kontakt mit ihr wird das Auge erzogen. Es wird konzentrisch infolge des vielen Schauens und Arbeitens."[2]

Zum Studium der Natur und des Motivs, der Sainte Victoire, gehört auch das Wissen um die geologischen Strukturen, die

---

[1] Cézanne, Kunst, S. 15ff.

[2] Cézanne, Briefe, S. 285; vgl. auch den Brief vom 26.05.1904, S. 283

freilich unter der sichtbaren Erdoberfläche liegen. Cézanne wünschte sich ein Wissen um die geologische Schichtung, die Art und Weise, wie der Berg mit dem Land verwurzelt ist, die geologischen Farben der Bodenarten. Durch diese Kenntnis erst kann er zu seiner Form von Parallelität gelangen; zu der äußeren Ordnung der Geomorphologie kommt die "innere Ordnung" des Gebirgsmassivs. Beide bilden die Summe des Wissenswerten über das Motiv. Erst mit der Kenntnis der einzelnen Teile ist es Cézanne möglich, sich von der äußeren Erscheinung des Motivs zu lösen und ihm eine Eigenständigkeit im Bild beizumessen. Zum Wechselspiel von der geistigen Nähe durch Kenntnis der Bedingungen des Berges und der Distanz während der Arbeit überliefert Gasquet Cézannes Beschreibung.

> "Eines schönen Morgens, am nächsten Tage, erscheinen mir allmählich die geologischen Grundlagen, die Schichten lagern sich, die großen Pläne meiner Leinwand, ich zeichne im Geiste ihr steinernes Skelett. Ich sehe die Felsen unter dem Wasser schimmern, den Himmel lasten. Alles ist im Lot [....] Die roten Erden steigen aus dem Abgrund auf. Ich beginne mich von der Landschaft zu trennen, sie zu sehen. Ich löse mich von ihr durch diese erste Skizze, diese geologischen Linien."[1]

Geleitet von der Phantasie des Malers, dem die "geologischen Grundlagen" erscheinen, beschreibt Handke am Anfang des Kapitels mit dem Titel "Die Anhöhe der Farben" detailliert die Morphologie der Sainte Victoire, benennt ihre geologische Formation als "Kalkschollenauffaltung", den "dolomitischen Glanz des Kalkgesteins, den eine Kletterbroschüre einen 'Felsen bester Qualität' nennt." (LSV, 40) Die weitere Erkenntnisarbeit auf dem Weg zu Cézannes Motiv zusammen mit D. ist schließlich den Augen übertragen. Im Gehen durchkreuzen die Blicke das Gelände, um es möglichst umfassend aufzunehmen.

---

[1] Cézannes, Kunst, S. 13

"Gepackt von dem Ehrgeiz, mich in dieser Landschaft bis aufs kleinste auszukennen, war ich vor allem auf die Abkürzungen aus, so daß wir uns mehr als einmal verirrten, getrennt den richtigen Weg suchten und uns dann wie zwei Idioten auf verschiedenen Hügeln stehen sahen." (LSV 112)

Badt sieht auch in der Arbeitsweise Cézannes diese Verbindung von visueller und intellektueller Anstrengung. Das Beobachten des Motivs unterlag einem ständigen Urteil. "Während er malte, dachte er."[1] Emile Bernard und der Kunsthändler Vollard, die ihn beim Malen gesehen haben, berichten, "daß sein Schaffen ein Nachdenken war. Lange Zeit sah er das Modell an oder ging, es prüfend, im Atelier auf und nieder, das Gesehene bedenkend. Er zögerte, einen Farbfleck hinzusetzen und überging gewisse Stellen im Bilde viele Male."[2] 1904 berichtet Bernard von Cézannes Malen als "Meditation mit Pinsel in der Hand".[3] Jeder Strich wurde als Teil des Gesamtgefüges erst nach reiflicher Überlegung und Annäherung an das Motiv gesetzt, dann jedoch ohne Unsicherheit. Dieser Wechsel von Ruhe und Temperament sind die beiden Formen seines Arbeitstempos, das "zwischen langem Zögern und heftigem Zupacken"[4] unvermittelt wechselte.
Eine Notiz in "Die Geschichte des Bleistifts" dokumentiert die Nähe des schriftstellerischen Schaffensprozesses zu dem des Malers.

"Ich benötige zum Schreiben: meine Ruhe - dann die Aufregung - dann die Beruhigung, und das Satz für Satz. Und ohne diesen Dreischritt kommt kein Satz zustande. Seht ihr nun, wie schwierig das Schreiben ist?" (DGdB 181)

---

[1] Badt, S. 237

[2] A.a.O.

[3] Zit. nach Leonhard, S. 86

[4] Leonhard, S. 126

Dieser Wechsel von angestrengter Konzentration und ab-
sichtsloser Gelassenheit, das beobachtende Versenken in
das Motiv, ist eine wesentliche Variante des fernöstlichen
Zen-Buddhismus. In der Meditation und auch in der Malerei
kommt es darauf an, ein gesteigertes Bewußtsein und ein
"Nicht-Bewußtsein" in Einklang zu bringen. Am Beispiel der
Tuschmalerei beschreibt Herriegel aus westlicher Perspektive die intensive Versenkung in das Motiv, wobei der
Maler ganz unter dem Diktat des Objekts steht. Malerische
Technik und Wissen kommen in diesem Zustand als eine Art
Sediment des Bewußtseins zur Geltung. In dieser Absichts-
losigkeit kann die Identität des malenden Subjekts und des
im Bild repräsentierten Objekts ein Maximum an Annäherung
erfahren.

> "....Meisterschaft in der Tuschmalerei (liegt)
> gerade darin, daß die die Technik bedingungslos be-
> herrschende Hand in dem selben Augenblick, in dem
> der Geist zu gestalten beginnt, ausführt und sicht-
> bar macht, was ihm vorschwebt, ohne daß ein Haar-
> breit dazwischen wäre. Das Malen wird zu einem
> selbsttätigen Schreiben. Und auch hier kann die
> Anweisung an den Maler geradezu lauten: beobachte
> zehn Jahre lang Bambus, werde selber zum Bambus,
> vergiß dann alles und - male."[1]

Der Begriff der "Leere" ist hier sowohl im Zen-Buddhismus
als auch bei Handke bedeutsam. Er notiert in "Die Geschichte des Bleistifts":

> "Monet sucht die Landschaften, die schon von vorn-
> herein leer sind. Cézanne schafft die Leere malend"
> (GdB 238)

In der "Lehre" heißt es dann:

> "Und ist es nicht überhaupt erst die vollständige,
> farben- und formenlose Leere, die sich am wunderbar-
> sten beleben kann?" (LSV 17)

Gemeint ist mit dieser "Leere" ein Zustand des Bewußt-

---

[1] Herriegel, Bogenschießen, S. 89

seins, der auch nach Außen wirkt und sich im Kunstwerk in eine Fülle verwandelt.

In der "Geschichte des Bleistifts" nähert sich Handke dieser Auffassung an: "Die Leere in mir, und vor mir die Offenheit: d. h. endlich bin ich leer, und vor mir steht alles, offen mit seinen Farben und Formen...." (GdB 308) Mit aller Vorsicht läßt sich sagen, daß sich das Phänomen der Leerheit im Zen-Buddhismus auf die Reinheit und Klarheit des Geistes bezieht. Dieser Zustand entspricht Cézannes Wunsch nach Vergessen. "Leere" bezieht sich nicht auf den Raum oder die Malerei. Cézannes Gemälde sind die besten Beispiele für eine Kunst ohne Leere. Der auf dem Bildgrund zur Verfügung stehende Raum ist ganz ausgefüllt; alles ist eine zusammenhängende Form geworden. Leere heißt - buddhistisch gesprochen - ein Leer-Sein vom Ich, frei sein von allen Determinanten. Es ist keine nihilistische Haltung, sondern gerade das Gegenteil, denn in der Leere[1] ist bereits Positives enthalten.[2] Indem alles Bestehende, Vergangene und Begriffliche verneint wird, ist das Bewußtsein leer und offen für die Einwirkung der gegenwärtigen Dinge. Es ist gleichermaßen die Cézannesche Paradoxie der Gleichzeitigkeit von Wissen und Vergessen. Gewollt ist ein Zustand absoluter Bewußtheit, der aber erst in der Leere und im Nicht-Bewußtsein realisiert werden kann.[3] Herriegel schreibt zur Leere in der Malerei:

> "Der Zen-Maler kennt keinen horror vacui, sondern für ihn ist das Leere gerade höchster Verehrung würdig."[4]

Die Leere des äußeren Raums ist die Voraussetzung für die Fülle der Erscheinungen. "Raum ist also nicht die Haut der

---

[1] Im Zen-Buddhismus wird sie als Súnyatá bezeichnet.

[2] Vgl. dazu Suzuki, Befreiung, S. 64ff.

[3] Vgl. dazu auch, Suzuki, Mushin

[4] Herriegel, Zen-Weg, S. 47

Dinge umspielend, sondern ihr Kern, Grund, tiefstes Wesen und Seinsgrund."[1] Cézanne bezog sich niemals auf ost-asiatische Kunst und Philosophie, und trotzdem verfolgt auch er eine Vereinigung des Gegensätzlichen, von Wissen und Unschuld, von unendlichem Bewußtsein und Nicht-Wissen, wie es auch Kleists Entwurf im "Marionettentheater" verfolgt. Dem Wunsch nach konzentriertem Denken steht diametral das Verlangen nach einem unbelasteten und ursprünglichen Bewußtsein gegenüber.

> "Im Grunde denke ich an nichts, wenn ich male. Ich
> bin ein Tier. [....] Sehr glücklich, wenn ich ein
> Tier sein könnte. [....] Ich möchte erzdumm sein."[2]

Rilke las diese Absicht aus den Gemälden selbst heraus. Er vergleicht die Sachlichkeit und Objektivität Cézannes "mit dem Glauben und der sachlich interessierten Teilnahme eines Hundes, der sich im Spiegel sieht und denkt: da ist noch ein Hund."[3] In einem Brief an seine Frau vom 12. Oktober 1907 teilt er eine Äußerung der Malerin Mathilde Vollmöller mit, die ihn in den Pariser Salon d'Automne begleitete.

> "Wie ein Hund hat er davorgesessen und einfach ge-
> schaut, ohne alle Nervosität und Nebenabsicht."[4]

Die Intention Cézannes ist darauf gerichtet, dem Objekt so weit wie möglich gerecht zu werden. Die Abbildung konzentriert sich auf die malerischen Mittel; diese lassen keine Literarität zu. Es gibt keine Narratio oder auch Anekdoten. Der Maler nimmt sich selbst zurück und ordnet sich dem Motiv unter, um das Ding "real" und wahrhaftig

---

[1] A.a.O.

[2] Cézanne, Kunst, S. 13

[3] Rilke, Briefe, S. 32

[4] Ebd., S. 38

zu machen.

> "Weil ich wahr sein will. -- Wie Flaubert.-- Aus
> allem die Wahrheit herausreißen. Mich unterordnen.
> [....]
> Aber ich will sie ganz und gar. -- Sonst würde ich
> nach meiner Weise dasselbe machen, was ich den
> Akademikern vorwerfe. Ich würde im Kopfe meinen
> vorgefaßten Typus haben, und ich würde die Wirklich-
> keit nach ihm formen."[1]

Mit dem Wunsch alles, was außerhalb der Natur vorgegeben
ist zu vergessen, und dem Bewußtsein der Parallelität von
Kunst und Natur will Cézanne den Idealismus überwinden,
den Plato im "Höhengleichnis" formuliert.[2] Es geht ihm um
den unverstellten Blick auf die Dinge und die Überwindung
von Platons Behauptung, unser visuelles Verhältnis zu der
Natur sei von zweitrangiger, idealer Prägung. Dies ist wie
das von Menschen, die "in einer unterirdischen, höhlen-
artigen Wohnung (leben), die einen gegen das Licht geöffneten Zugang längs der ganzen Höhle hat."[3] Sie sind
"gefesselt an Hals und Schenkeln, so daß sie auf demselben
Fleck bleiben und nur nach vorne hin sehen...."[4] In der
Höhle ist Licht, und von Gegenständen, die hinter ihnen
vorbeigetragen werden sehen sie nur die Schatten der Dinge
auf der gegenüberliegenden Wand. Diese Schatten halten
sie, mangels anderer Erfahrung, für "das Wahre". Zusätzlich bestätigt Cézanne Handke auch in der Zurückdrängung
des wahrnehmenden Subjekts. Auf der ersten Seite der
"Lehre" ist ohne weitere Umschreibungen das "Nunc stans",
der "Beseligungsmoment", der "Augenblick der Ewigkeit"
(LSV 9f.) benannt. In "Die Geschichte des Bleistifts" ist
er dann umschrieben.

---

[1]   Cézanne, Kunst, S. 63

[2]   Im Gespräch mit Gasquet nennt Cézanne die Museen "die
     Höhlen Platons".

[3]   Platon, S. 224

[4]   A.a.O.

> "'Nunc stans', den Zustand, erlebe ich immer auch in
> einem Moment der Kritikfähigkeit gegen mich selber:
> ich werde fähig, den üblichen Geschehensablauf anzu-
> halten und mich endlich einmal h e r a u s zuhalten.
> Diesen Moment lang ist das Gewünschte möglich, und
> mein Geist weitet sich, durch den Abstand" (DGdB
> 301)

Der "Augenblick" ist gesetzt, um tradierte Rationalität
zu korrigieren. Grund dafür ist die Erkenntnis, daß die
anscheinend wissenden Vorstellungen des Subjekts die Nähe
zu den Dingen eher verringern. Bei der Wahrnehmung sollen
sie so wenig wie möglich von den Intentionen des Betrachters geformt werden. Eine klare Trennung von Subjekt und
Objekt schafft die Nähe durch Distanz.

> "Es darf zwischen den Dingen und mir kein Wille
> sein, besser: keine 'Hab'-sucht; wie ja auch Cézanne
> die Dinge in der Unzulänglichkeit leuchten läßt....
> Nichts wollen, heißt auch: ich darf nichts suchen,
> sondern: 'Hier ich - und dort die Welt (der Gegen-
> stand)!" (DGdB 309)

In einem Zustand der Offenheit werden Erfahrungen und ein
anscheinend geschlossenes System von Wissen, das einen
schwer überwindbaren Rahmen bildet, aufgebrochen und
reduziert. Die Wahrhaftigkeit des Augenblicks, in der
Leidenschaften und Affektionen verstummen, bestimmt diese
Betrachtungsweise. Mit der Hinwendung zu den Dingen ist
das Subjekt selbst "das Offene"; das "Ich" "soll beständig
so ruhig in der Welt draußen (in den Farben und Formen)
sein." (LSV 23f.) Angewandt auf die Realisation im Text
bedeutet diese Erkenntis eine absolute Konzentration auf
den Augenblick einer "stillen, geheimnislosen Gegenwart",
in dem Handke weiß,

> "daß ich in der Arbeit keinen Moment vorausdenken
> darf - sonst werde ich scheitern. Ich darf nie
> wissen, was mich erwartet" (DGdB 195)

Er vertritt in dieser Hinsicht die Auffassung, daß der
Schriftsteller selbst zur größten Geltung kommt, wenn er

sich dem Gegenstand unterordnet und im Werk selbst aufgeht. Der individuelle Charakter scheint dann aus der
objektivierten Kunst heraus und ist stets präsent. Der
Schriftsteller variiert auf diese Weise seine Persönlichkeit an den Dingen.

> "Und wie ist es mit Michaux' Bemerkung, der Schrift-
> steller tue das Gegenteil von dem, was das höchste
> Bedürfnis des Menschen sei: keine Spuren zu hinter-
> lassen? - Gerade das tut doch der Schriftsteller: er
> hinterläßt Formen, d. h. keine Spuren von sich (in
> der Form verschwinde ich spurlos)" (DGdB 310)

Die erhöhte Aufmerksamkeit mit dem gleichzeitigen Unter-
binden von Erinnerung an bereits Erfahrenes läßt den
Schreibenden einerseits ganz bei den Dingen und andererseits ganz bei dem augenblicklichen Wort oder Satz sein.
Mit einer ähnlichen Tendenz wie im Frühwerk wird mit
dieser Reflexion eine automatisch gewordene Sprache und
die Fülle von Sprachklischees korrigiert. Sie soll sich
möglichst originär am Gegenstand und im konkreten Augenblick bilden. Cézannes Malweise ist dafür beispielhaft,
worüber eine Äußerung in "Die Geschichte des Bleistifts"
Auskunft gibt.

> "Cézanne ist sich an keiner Stelle seiner Bilder
> sicher gewesen, wie es weiterging. Er hatte auch
> innerhalb einer noch so kleinen Form, keine automa-
> tische Formel;...." (DGdB 283)

Die Erinnerung ist nicht mehr ein förderndes Mittel zur
literarischen Darstellung; sie ist vielmehr zum erdrücken-
den Ballast geworden. Es gilt, die Gegenwart von den Ereignissen der Vergangenheit zu befreien, um einen unbelasteten Blick auf das "Jetzt" zu haben. In der Vornotiz zum
"Gewicht der Welt" beschreibt er die Spontaneität von
Wahrnehmung und Aufzeichnung, die in ihrer Schnelligkeit
ein bewußtes Erinnern und Vergleichen nicht zuläßt. In
diesen "zweckfreien Wahrnehmungen" übte er sich, "auf
alles, was mir zustieß, sofort mit Sprache zu reagie-

ren....". (GdW 6) Eine zunächst "aufgereizte Wahrnehmungs-
gier" verwandelt sich zur "Fähigkeit, Situationen, Ver-
haltensweisen, Charaktere in äußerster Abbreviatur festzuhalten."[1] In diesem literarischen Verfahren ist eine
subjektiv verklärende Erinnerung, wie sie beispielsweise
in Prousts "Recherche" immer mitschwingt, a priori verdrängt. Die Vergangenheit erscheint als eine monströse
Ansammlung von Bewußtseinsakten, die dem Gegenwärtigen den
Raum für eine Wahrnehmung von Neuem streitig machen. In
diesem Sinne ist Handkes Absage an die Erinnerung zu
verstehen.

> "Die Überzeugung, die Vergangenheit völlig vergessen
> zu müssen, um nicht mehr unter diesem Brustschmerz
> zu liegen: Ich muß mein Gedächtnis verlieren! Gegen
> Proust und Benjamin und das behütete bürgerliche
> Bewußtsein mit seiner Erinnerungslust und seinem Er-
> innerungsbewußtsein.....". (GdW 79)

2.4. Der Mikrokosmos der Dinge

In "Langsame Heimkehr" liegt der thematische Schwerpunkt
auf den räumlichen Bedingungen der Dinge. In der "Lehre"
schließlich wendet sich Handke den Dingen selbst zu. Die
Hinweise im Text auf die Beachtung der einzelnen Dinge
laufen auf Cézannes Arbeiten ab 1870 hinaus, in denen er
ganz auf narrative Inhalte verzichtet und das einzelne
Motiv den Bildinhalt bestimmt.
Zunächst sind es die "Normalsachen, die aber der Maler in
den Schein des besonderen gestellt hatte" (LSV 18), die
Aufmerksamkeit und Enthusiasmus erregen. Schließlich war
der Erzähler angesichts der Bilder Edward Hoppers "fähig
unscheinbare Dinge gernzuhaben...." (LSV 22). Das "unscheinbare" einzelne, ob es nun eine Handlung oder eine
Sache ist, wird bei dieser Betrachtung zum Träger und
Repräsentanten eines allgemein gültigen Prinzips. Ein

---

[1]   Mommsen, S. 244

Hinweis darauf ist schon der zweite Satz der "Lehre", in dem Stifters Erzählung "Bergkristall" erwähnt ist. Nahezu zwangsläufig folgt später auch ein Zitat aus der Vorrede der Anthologie "Bunte Steine", in der Stifter das "sanfte Gesetz" formuliert. (LSV 74) Anschließend ist der erste Satz aus Stifters Erzählung "Kalkstein" wiedergegeben, der nach Handkes Auffassung

> "gut auch alle anderen bunten Steine bezeichnet: 'Ich erzähle hier eine Geschichte, die uns einmal ein Freund erzählt hat, in der nichts Ungewöhnliches vorkommt, und die ich doch nicht habe vergessen können.'" (LSV 75)

Alle Verweise in der "Lehre" beziehen sich auf die Dinge in ihrem schlichten Dasein oder auch auf die "gewöhnlichen, alltäglichen", in Unzahl wiederkehrenden Handlungen der Menschen"[1], die für Stifter wie für Courbet die eigentlichen bedeutenden Ereignisse sind. Der Blick auf die Dinge bedeutet nicht, daß sich der Künster nun den kleinen Einheiten zuwendet, da er die größeren Zusammenhänge nicht mehr in den Griff bekommt. Die Hinwendung zu den "kleineren" Erscheinungsformen von Seiendem folgt der Erkenntnis, daß beispielsweise ein Apfel, wie ihn Cézanne in seinen Stilleben darstellt, die Welt repräsentiert. In dieser Sichtweise gibt es keine Unterscheidung von Großem und Kleinem; alles ist sozusagen Form. Handke notiert dazu entsprechend: "Es gibt keine kleine Form". (DGdB 154)

2.4.1. Exkurs: Die literarische Tradition

Handke befindet sich mit der Hinwendung zu den Dingen in einer Tradition, die bis zu den Wurzeln der abendländischen Literatur reicht. In "Die Geschichte des Bleistifts"

---

[1] Stifter, Bd. 2, S. 195

erwähnt er die "Beiwortlust" Homers (DGdB 132)[1], die stets ein einzelnes herausstellt und darauf als etwas Besonderes hinweist.

In "Der Chinese des Schmerzes" erteilen Virgils "Georgica" dem Protagonisten Andreas Loser eine Lehre über die friedliche Existenz der Naturdinge. Virgils Versepos ist mit seinen genauen Beobachtungen der Natur innerhalb der Landwirtschaft auch ein poetisches Gegenmodell gegen die Zeit der römischen Bürgerkriege, in der der Fortbestand der Landwirtschaft bedroht war. Der Geschichte der Natur wird gegenüber der Geschichte des Gemeinwesens und der Kultur zu ihrem Recht verholfen. Der vierte Gesang der "Georgica" handelt von der Bienenzucht und setzt bereits am Beginn diese kleine Einheit der Natur gleichrangig neben die geschichtlichen Großereignisse:

> "Weiter besing ich des Himmels Geschenk, den tauigen Honig. Siehe mit Freude, Maecenas, auch diesen Teil des Gedichts.
> Voller Bewunderung erscheint dir das Schauspiel kleinlicher Dinge:
> Führer voll Mut und Kraft, und in Reihe der sämtlichen Gattung Sitten und Künste und Völker und Kriege gedenk ich zu singen.
> Klein ist der Stoff, doch der Ruhm ist nicht klein, sofern nur die Götter
> schenken ihm Gunst und mich hört der herbeigerufene Apoll."[2]

Mit Blick auf das Dramatische Gedicht "Über die Dörfer" formuliert Caroline Neubaur die Konzentration auf die kleinen Einheiten der Naturdinge und den gleichzeitig paradigmatischen Charakter dieser Perspektive als eine Zivilisationskritik.

> "Kosmopolitische Lobpreisungen des Landlebens meinten nie das Land pur, sie sind formuliert worden mit dem Gesicht zur Stadt, das Land im Rücken. Horaz

---

[1] Vgl. auch die weiteren Hinweise auf Homer, in: DGdB 128, 132, 133f., 137, 143, 146f.

[2] Virgil, S. 80

oder Vergil meinten Zivilisation, wenn sie Landleben
sagten."[1]

Der geschichtliche Gegenentwurf aus der "Lehre" Virgils
ist im "Chinesen des Schmerzes" die "andere Geschichte"
der "kleinlichen Dinge". Sie haben im Wechselspiel der
geschichtlichen Ereignisse bis heute ihre Existenz und
Gültigkeit bewahrt. Andreas Loser erläutert den allgemeingültigen Lehrcharakter der einzelnen Erscheinungen.

> "Die Lehre, auf die es mir ankommt, entnehme ich
> aber nicht diesen Regeln für den Landbau, sondern
> der Begeisterung [....] über die Dinge, welche immer
> noch geltend sind: die Sonne, der Erdboden, die
> Flüsse, die Winde, die Bäume und Büsche, die Nutz-
> tiere, die Früchte (mit den Körben und Krügen), die
> Geräte und Werkzeuge. An diesen Gegenständen habe
> die Gerechtigkeit, bevor sie aus der Welt schwand,
> ihren Umriß hinterlassen; fern von den entzweienden
> Waffen (das übliche Wort für 'Waffen' steht hier für
> die friedlichen Gerätschaften), öffnet mir so jedes
> einzelne der Dinge, in dem Gedicht ein für allemal
> aus der Historie herausgehalten, im Abstand von
> andern und zugleich in zwangloser Zusammengehörig-
> keit, den Zugang zu einer ganz anderen Geschichte -
> die in der Regel mit einem bloßen Beiwort erzählt
> wird: die langsamwüchsigen Ölbäume, die leichte
> Linde, der helle Ahorn, die harte Hasel, der lockere
> Mergel, der feurige Ostwind, der klärende Nordwind,
> der tauspendende Mond." (ChdSchm 45f.)

Attribut und Substantiv sind besonders an dieser Stelle
zueinander in eine Beziehung gesetzt, welche den beschriebenen Dingen eine große Gegenständlichkeit verschafft. In dieser Weise versteht Loser auch die Verse
Virgils, "die den Dingen nichts als gemäß sein sollten,
beleben sie mir, dem Leser, immer neu auch die Existenz
der besungenen Dinge." (ChdSchm 46)[2]
Bei der Konzentration auf die Form der Dinge findet Rilke

---

[1] Neubaur, S. 362

[2] Das "Georgica"-Motiv ist im Roman "Die Wiederholung"
fortgesetzt mit dem Werkheft über den Obstanbau des
verschollenen Druder des Erzählers Fillop Kobal, vgl.
dort S. 154ff. (161).

in keinem von Handkes Texten eine Erwähnung. Jedoch ist
er mit seiner Werkphase des "sachlichen Sagens" in den
"Neuen Gedichten" ein wichtiger Mittler zwischen bildender
Kunst und Literatur ist. Seine Briefe zur Cézanne-Gedächt-
nisausstellung sind in dieser Hinsicht eine wichtige
Quelle
zum Verständnis der Cézanne-Rezeption Handkes. Er konzentriert sich auf die Dinge, denen Cézanne bei der Motivwahl
sein Hauptaugenmerk widmete. Mit der Souveränität eines
sicher Erkennenden beschreibt er "Das Überzeugende, die
Dingwerdung, die durch sein eigenes Erlebnis an dem Gegenstand bis ins Unzerstörbare gesteigerte Wirklichkeit
....."[1] in den Gemälden Cézannes. Vergleichbar damit
wünscht er die Wirkung seiner Poesie als "wirklich neben
aller Wirklichkeit, zu sehen und auszusagen sachlich wie
ein Cézannsches Ding, unbegreiflich [...], aber greifbar."[2] Zur Zeit dieser Briefe waren die "Neuen Gedichte"[3]
bereits vollendet und seine Dichtung stand unter dem
Diktat der Sachlichkeit, d. h. Dinglichkeit. Über die
Interpretation Cézannes bezieht er sich gleichermaßen auf
die eigene Arbeit als Schriftsteller. Er schreibt am 18.
Oktober 1907.

> "Es ist gar nicht die Malerei, die ich studiere
> (denn ich bleibe trotz allem Bildern gegenüber
> ungewiß und lerne nur schlecht, gute von weniger
> guten unterscheiden, und verwechsle beständig frühe
> mit spät gemalten). Es ist die Wendung in dieser
> Malerei, die ich erkannte, weil ich sie selbst eben
> in meiner Arbeit erreicht hatte oder doch irgendwie
> nahe an sie herangekommen war, seit langem wahr-
> scheinlich auf dieses Eine vorbereitet, von dem so
> vieles abhängt.[4]

---

[1] Rilke, Briefe, S. 30

[2] Ebd., S. 67

[3] Rilke arbeitete daran von 1903 bis 1907, sie erschienen
     dann im Dezember 1907.

[4] Rilke, Briefe, S. 48

Rilkes "Neuen Gedichte" entstanden auch unter dem Eindruck der Arbeiten Rodins. Im zweiten "Rodin-Vortrag" aus dem Jahr der Cézanne-Ausstellung, einer Überarbeitung der Monographie über Rodin aus dem Jahre 1903, legt er in einer Variante seine Konzentration auf die Dinge dar.

> "DINGE
> [......] Alle Bewegung legt sich, wird Kontur, und aus vergangener und künftiger Zeit schließt sich ein Dauerndes: der Raum, die große Beruhigung der zu nichts gedrängten Dinge."[1]

Rilke vertritt auch hier die Überzeugung Cézannes einer Parallelität von Natur und künstlerischem Abbild, von Seiendem und Gemachtem, das selbst wiederum Seiendes ist.

> "Sehr frühe schon hat man Dinge geformt, mühsam, nach dem Vorbild der vorgefundenen natürlichen Dinge; man hat Werkzeuge gemacht und Gefäße, und es muß eine seltsame Erfahrung gewesen sein, Selbstgemachtes so anerkannt zu sehen, so gleichberechtigt, so wirklich neben dem, was war."[2]

Die gemachten Dinge - Artefakte und Kunstgegenstände - sind nur um "seinetwillen gemacht", entsprungen der Idee einer "l'art pour l'art", und transportieren "ein Nicht-Mitsterbendes.... ein Dauerndes, ein Nächsthöheres."[3] Als eigenständige Form sind sie dem Prozeß des Werdens und Vergehens entrissen.

Mit der Vergegenständlichung im Bild oder im Text ist unmittelbar eine gesteigerte Form von Wahrnehmung verbunden, die den Blick auf die äußere Form intensiver macht. Bei Rilke kommt dies einem Erfahrungsprozeß gleich. "Malte" lernt sehen, alles "geht tiefer in mich

---

[1] Rilke, Bd. 5, S. 208

[2] Ebd., S. 210

[3] A.a.O.

ein....."[1] Und an seine Frau schreibt er über die eigene
visuelle Entwicklung:
"...und plötzlich hat man die richtigen Augen...."[2]
Auch Rilkes Ansehen der Dinge und ihre Darstellung drängt
das Subjektive in der Wahrnehmung und eine Reflexion, die
im Schauen über eigentliche Form hinausgeht, so weit wie
möglich zurück. Er will die Dinge "sagen" und sie in
seiner "Liebe" und Affinität zu ihnen nicht "beurteilen".[3] Das "fühlende Ich" will objektiv, d. h. selbst
zweckfrei und dinghaft bleiben, es "will sich veräußern
und vergegenständlichen, will Welt erobern...."[4] Der
Blick dieses "fühlenden Ich" ist affektfrei und verhar-
rend, konzentriert und gelassen zugleich. Er pendelt
zwischen Ich und dem Gegenstand, zwischen dem ewigen Innen
und Außen. Die ersten beiden Strophen des berühmten Ge-
dichts "Der Panther" machen diese Überlagerung von
Geistigem und Gegenständlichem besonders anschaulich.

> "Sein Blick ist vom Vorübergehn der Stäbe so wund
> geworden, daß er nichts mehr hält. Ihm ist, als ob
> es tausend Stäbe gäbe und hinter tausend Stäben
> keine Welt.
> [....]
> Nur manchmal schiebt der Vorhang der Pupille sich
> lautlos auf-. Dann geht ein Bild herein, geht durch
> der Glieder angespannte Stille - und hört im Herzen
> auf zu sein."

Böhm beschreibt diesen Aspekt von Rilkes Erfahrung mit den
Arbeiten Rodins:

> "Die Pointe seiner Einsicht besteht im Grunde darin,
> daß die Oberfläche der Plastik eine Grenzfläche

---

[1] Rilke, Briefe, S. 8

[2] Ebd. S. 36

[3] Vgl. Rilke, Briefe, S. 40

[4] Holthusen, S. 59

zwischen Innen und Außen darstellt."[1]

Jene Erkenntnis kann analog auf Rilkes Schreiben angewandt
werden. Im Gedicht, im Wort treffen sich Gegenstand und
der Wahrnehmende. Die sichere Wahl der Adjektive, At-
tribuierungen und Substantive bildet gewissermaßen die
plastische Oberflächenstruktur der Dinge im Text. Besonders im Gedicht "Römische Fontäne" ist die Gegenständlichkeit und die Überwindung jeder "als-ob" - Kunst mit ihren
Metaphern und Vergleichen gelungen. Der Gegenstand ist
benannt, ohne in den Einzelheiten beschrieben zu sein.
Rilke wählt dort die wesentlichen Teile des Brunnens aus;
"...er sieht nur das, was er braucht....", wie es Meyer[2]
prägnant charakterisiert.
Die "Verwirklichung" des bedichteten Gegenstandes ist -
wie unzutreffend oft vermutet[3] - nicht das Gedicht
selbst, das in diesem Sinne niemals ein "Ding" sein kann.
Es ist auch nicht dieser Gegenstand selbst. Das Gedicht
ist, wie für den Maler Farbe und Leinwand, ein Medium. Die
eigentliche Realisation der Dinge findet im Leser statt,
für den Rilke die Vorlage liefert. Der Formzusammenhang
der sprachlichen Einzelbilder, die nichts mit einer
detailgetreuen Beschreibung zu tun haben, erzeugt erst die
Gegenständlichkeit im Rezipienten. Wahrscheinlich gibt es
keine bessere Methode, das allgemeine Wesen eines Dings zu
beschreiben, als die schlichte Benennung durch Attribut
und Substantiv, weil dabei die Mannigfaltigkeit der individuellen Einzeldinge immer eröffnet bleibt.[4]

---

[1] Böhm, Rilke, S. 15

[2] Meyer, Herman, S. 255

[3] Vgl. dazu Engelhardt, S. 34ff.

[4] Die reduzierte Beschreibung der Dinge bei Rilke mit dem
     Ziel der sprachlichen Gegenständlichkeit, die zur
     "Entität" führen soll, bezeichnet Engelhardt als "para-
     dox": "Paradox ist die Stellung eines von der Beschrei-
     bung des Dings wegführenden Sprachgestus bei einem
     Lyriker, der sich auf das Ding beruft und doch gerade

Der "Dingwerdung" Rilkes entspricht in zeitlicher Fortsetzung die Dichtung Francis Ponges, von dem Handke zwei
Texte aus dem Französischen übersetzt hat.[1] Ponges Arbeiten wurden als "Ding-Pathos"[2] abgetan.

Er geht zunächst von einer Kluft zwischen den Dingen und
dem Mensch aus und sucht mit seinen Texten "eine neue
Welt, wo die Menschen und die Dinge harmonisieren werden:
das ist mein poetisches wie politisches Ziel."[3] Er erkennt "das große Recht des Objekts" an, "sein unwandel-
bares Recht, jedem Poem gegenüberstellbar"[4]. Den Menschen
als passives wahrnehmendes Subjekt unterstellt er in
dieser Hinsicht den Dingen. Erst mit dieser Veränderung
der Positionen in der ästhetischen Betrachtung können die
Welt und die Dinge angemessen gesehen werden.

> "Das Objekt ist immer wichtiger, interessanter,
> rechts-fähiger (voll ausgestattet mit Rechten): es
> hat mir gegenüber keinerlei Pflicht, ich bin es, der
> im Blick auf es alle Pflichten hat."[5]

Ponges individuelle Sachlichkeit zielt darauf, "zu klaren
Formeln zu kommen".[6] Das eigentlich Poetische liegt in
der Absichtslosigkeit und im neutralen Blick. Den Telos
"Kunst" weist er für sich zurück:

---

dessen Vergegenwärtigung, die es fordert, nicht will."
(Engelhardt, S. 95).
Wie oben dargestellt, ist dies nicht "paradox", sondern
eine angemessene Darstellung, sofern man sprachliche
Wahrnehmungs- und Umsetzungsformen beim Lesen berück-
sichtigt.

[1] Die deutschen Titel sind: "Das Notizbuch vom Kiefernwald" und "La Mounine".

[2] Lüdke, S. 86

[3] Ponge, Kiefernwald, S. 71

[4] Ebd., S. 7

[5] Ebd., S. 8

[6] Ebd., S. 80

"....ich will kein Poet sein".[1]
Und: "....so bin ich mehr und mehr überzeugt, daß
meine Sache eher wissenschaftlich als poetisch
ist...
Ich habe das poetische Magma nötig - aber um es
loszuwerden.
Ich wünsche heftig (und geduldig), den Geist davon
zu befreien."[2]

Auch ihm geht es nicht um eine detaillierte Beschreibung
der Dinge. In subjektiver Auswahl betastet zunächst das
Auge die Sequenzen eines Phänomens, bis sie schließlich in
der ganzen Form weitergegeben werden können.[3]
Bei Ponge steht das Wort für das Ding; es wird zum "Ding-
Wort". In diesem Zusammenhang räumt er der Sprache mit
ihrer Fähigkeit zum Benennen über den Gegenstand ein
Primat ein. Das bekannte Verhältnis verkehrt sich, so daß
Ponge "Von der Modifikation der Dinge durch das Wort"[4]
spricht. Er geht von einer eigenen "Materialität des
Wortes"[5] aus, und unter dieser Voraussetzung faßt Sartre
in seinem Essay "Der Mensch und die Dinge" Ponges Poetik
zusammen:

"Ponges eigentliche Bemühung nämlich gilt dem Benennen."[6]

Und in weiterer Konsequenz:

"....er kümmert sich nicht um Eigenschaften, sondern
um das Sein."[7]

---

[1] Ebd., S. 77

[2] A.a.O., S. 80

[3] Vgl. neben anderen Texten die poetische Beschreibung
des "Kiefernwaldes", a.a.O., S. 38.

[4] Ponge, Proemes, S. 23

[5] Sartre, in: Ponge, S. 252

[6] Ebd., S. 245

[7] Ebd., S. 263

In intellektueller Hinsicht ist die Differenz von Gegenstand und Sprache überwunden; die Hauptaufgabe dieser
Poesie ist der Art und Weise des Sehens übertragen. Aus
der sein-lassenden Perspektive führt jedes der von Ponge
bedichteten Dinge - "die Molluskel", "Schnecken", "das
Moos", "Meeresküsten", "das Stück Fleisch" - in seinem
Dasein ein harmonisches Eigenleben - "...eine Übereinstimmung mit sich selbst".[1]
Das schlichte literarische Sagen der Dinge, die Behauptung
der Gegenständlichkeit des Wortes und die damit verbundene
Materialität des Gedichtes ist bei Ponge möglich durch die
"Überzeugung" und die uneingeschränkte Freiheit, die er
sich als Künster selbst einräumt:

> "Man muß schließlich alles einfach sagen, indem man
> sich nicht den Reiz zum Ziel setzt, sondern die
> Überzeugung."[2]

2.4.2. Literarische Phänomenologie

In der "Lehre" folgt der Konzentration auf die Dinge
zwangsläufig - wie bei Rilke und Ponge - das Problem des
Verhältnisses der Sprache zu ihnen. Jedoch gibt es in der
"Lehre" keine Irritation mehr durch die Dinge. Es geht um
den literarischen Vorgang, sie in Sprache zu verwandeln
und das Wesenhafte in den Text zu bannen. Dieses Wesen der
Dinge wurde mit allen Unsicherheiten und Unbestimmtheiten,
die dem Begriff anhaften, vom Ich-Erzähler erahnt. In der
Erinnerung daran nennt er sich distanzierend "er" und
deutet dabei eher auf eine Abkehr vom Versuch, das "Wesen"
der Dinge zu erfassen und eine unmittelbare Hinwendung zu
den Dingen selbst an.

> "Zwar sah er immer wieder ein Wesen der Dinge, aber

---

[1] Ebd., S. 288

[2] Ponge, Proemes, S. 10

das ließ sich nicht weitergeben, und indem er es zum
Trotz festhalten wollte, wurde er selber sich unge-
wiß." (LSV 26)

Mit der Absicht, die Dinge literarisch zu erfassen ist
Handkes Schreiben trotz des Verzichts auf den Versuch der
Wiedergabe des Wesenhaften stark phänomenologisch ausgerichtet. Im Zusammenhang mit dem Vorwurf der Kritik eines
"angeblich resignierenden Rückzug(s) in die Privatsphä-
re",[1] sieht Pütz "eine tiefer reichende und überpers-
önliche Problematik, nämlich die fundamentale Rückbesin-
nung auf die erkenntnistheoretische Funktion des Subjekts..."[2] So vielfältig ansonsten Handkes Auseinandersetzung mit der Kunst- und Geistesgeschichte auch ist,
gibt es auf eine Beschäftigung mit der philosophischen
Phänomenologie aus dem Werk selbst keinen direkten
Hinweis. Doch darauf kommt es hier nicht an. Der Blick auf
Prinzipien der Phänomenologie zeigt eine erkenntnis-
bringende Analogie und Konvergenz. Auch im Zusammenhang
mit Cézanne ist Husserls "Methode der Wesenserschauung"[3]
aufschlußreich für Handkes Schreiben.[4] Husserl will mit
der "eidetischen Reduktion" im Vorgang der Wahrnehmung auf

"ein invariables Was heraus, nach dem hin sich alle
Varianten decken: ein allgemeines Wesen. [...]
Dieses allgemeine Wesen ist das Eidos, die 'idea' im
platonischen Sinne, aber rein gefaßt und frei von
allen metaphysischen Interpretationen, also genau so
genommen, wie es in der auf solchem Wege entsprin-
genden Ideenschau uns unmittelbar intuitiv zur

---

[1] Pütz, S. 8

[2] A.a.O.

[3] Husserl, Erfahrung..., S. 410

[4] Bartmann, S. 59ff., erwähnt kurz Husserls "phänomenolo-
gische Reduktion", beschränkt sich bei Handkes Werk auf
ein Zitat aus "Die Hornissen". Kolleritsch, S. 111ff.,
kommt gänzlich von Handke weg und schreibt fast ausschließlich über Husserl und Heidegger.

Gegebenheit kommt."[1]

Wie in der Wahrnehmung einer einzelnen Sache ohne "meta-
physische Interpretationen" ein "Eidos," eine "idea" zur
Geltung kommen soll, bleibt das große Problem der Husserl-
schen Auffassung. Wichtig im Zusammenhang mit Handke ist
der von Husserl bestimmte Schwerpunkt der Wesenserfassung
auf die Modalitäten der Wahrnehmung; "...speziell die
Wesenserschau - und ist ein originär gebender Akt und als
solcher das Analogon des sinnlichen Wahrnehmens und nicht
des Einbildens."[2] Die Hauptrolle spielen auch in der
philosophischen Anschauung die Augen, die jedoch unter
eine strenge Aufsicht der Theorie gestellt werden. In der
Interpretation von Husserls Phänomenologie ist Pöggeler zu
folgen, der zur Art des Schauens ausführt:

> "Die Phänomene sollten unverstellt und unverdeckt in
> den Blick gebracht werden; alle traditionellen Vor-
> eingenommenheiten und weltanschaulichen Vorurteile,
> alle Voraussetzungen, wie sie durch eine metaphysi-
> sche Tendenz oder den Willen zum System in das
> Philosophieren kommen können, sollten ausgeschaltet
> werden. Die logischen Phänomene etwa sollten nicht
> unter der Hand in psychische Gegebenheiten umgedeu-
> tet werden, vielmehr als sie selbst, in ihrem eigen-
> ständigen logischen Sinn genommen, und so sollte
> aller 'Psychologismus' aus der Logik ausgetrieben
> werden."[3]

In diesem "Antipsychologismus" den Dingen gegenüber liegt
auch die Änderung gegenüber dem "Frühwerk" Handkes. Die
Dinge verweisen nicht mehr auf die Zustände des Subjekts.
Das wahrnehmende Subjekt selbst will sich innerhalb der
Antinomie zwischen Wissen und Vergessen und all seinen
Ambivalenzen gegenüber den Dingen so weit wie möglich
zurückdrängen. Nach Merleau-Ponty zielt die "eidetische

---

[1]   Husserl, Ideen I., S. 43

[2]   A.a.O.

[3]   Pöggeler, S. 182

Reduktion"

> "auf nichts anderes ab, als die Welt so zur Erschei-
> nung zu bringen, wie bei allem Rückgang auf uns
> selbst zuvor sie je schon ist, nichts anderes will
> sie, als reflektierend dem unreflektierten Bewußt-
> seinsleben nahekommen."[1]

Der Mensch bleibt dabei selbstverständlich immer anwesend,
aber er versucht sich zu "objektivieren", alles vorgefaßte
Meinen, alle Bezüge zu bisher Erlebtem und Gedachtem für
den Augenblick auszulöschen. Darin liegt Cézannes Paradoxie von der Gleichzeitigkeit des Wissens und des Ver-
gessens; und das ist auch die Vorstellung in Handkes
Diktum:

> "Künstler: das objektive Subjekt." (GdB 303)

Damit korrespondiert auch der in der "Lehre" wieder
aufkommende Wunsch, ein "Niemand" (LSV 25, 72) und "der
Unsichtbare" (LSV 68) zu sein.

> "Nicht etwa verschwunden oder aufgegangen in der
> Landschaft kam ich mir vor, sondern in deren Gegen-
> ständen (den Gegenständen Cézannes) gut geborgen."
> (LSV 68)

Handke, der Erzähler, veräußert sich schauend zeitweise in
seiner Art einer denkenden Wahrnehmung in die Dinge, die
so ihre ganze Originalität behalten. Erst der Niemand-
Persönlichkeit, die aber immer noch Subjekt ist, kann das
"unreflektierte Bewußtseinsleben" gelingen. Die Position,
in der "das gewöhnliche Ich rein Niemand wurde" (LSV 72)
führt zur Stärke in einer literarischen Haltung, die ganz
bei den Dingen ist und gleichzeitig im positivsten Sinne
objektiv:

---

[1] Merleau-Ponty, Phänomenologie, S. 13; besonders in
einer Sequenz spielt Handke förmlich mit der Irritation, die Bilder aus der Vergangenheit in der gegenwärtigen Wahrnehmung einer noch unklaren Form verursa-
chen zu können: "....aber im Finstern der bewegungslos
stehende Hund, der im Näherkommen ein Zaunpflock ist,
und dann doch ein Hund. -" (LSV 55)

"...und ich, mit einem Ruck der Verwandlung, mehr
als bloß unsichtbar: der Schriftsteller." (LSV 72)

Vom Gegenstand über die beschriebene Form der Wahrnehmung
zum Wort ist dann die letzte Form des Bewußtseins - nach
Husserl - die "mit mehr oder minder anschaulichem Gehalt
erfüllten Sinne, bzw. Sätze."[1] In ihnen festgehalten ist
die "eigentliche Erschauung des Allgemeinen, das Eidos"[2].
Handke ist weit entfernt vom hohen Anspruch, ein allgemeines Wesen im Text wiedergeben zu wollen, aber die
Bildhaftigkeit jedes eidetischen Schreibens, der Abbildcharakter der Sprache gegenüber dem Gegenstand, gehört
gewiß zum poetischen Programm der "Lehre". Dafür ist ihm
selbstverständlich der Maler Cézanne ein Beispiel, aber
ebenso Hölderlins Briefroman "Hyperion".

"Ich las neu den 'Hyperion', begriff endlich jeden
Satz und konnte die Worte darin betrachten wie
Bilder." (LSV 93)

Der phänomenologischen Reduktion auf die Dinge ist auch
die Zweckfreiheit beim Abbilden immanent, wie Cézanne
seine Motive "als bloß Daseiende, aller anderer Bezüge
enthoben"[3] darstellte. Dieser Reduktion entspricht exakt
das "einfache" Wort als Stellvertreter für das Ding.
Handke weist, wie in vielerlei Hinsicht, so auch bei der
Form des "eidetischen Schreibens" auf Goethe hin, der
seine Beschäftigung mit Kunst und die eigenen Versuche in
Malerei und Zeichnung als äußerst fruchtbar für seine
Dichtung einschätzt:

"Die Gegenständlichkeit meiner Poesie [...] bin ich
denn doch jener großen Aufmerksamkeit und Übung des
Auges schuldig geworden, so wie ich auch die daraus

---

[1]   Husserl, Ideen, S. 278. Vgl. a. S. 279ff.

[2]   Husserl, Erfahrung...., S. 413

[3]   Badt, Kunst, S. 38

gewonnene Erkenntnis hoch anzuschlagen habe."[1]

Auf dieses Phänomen des visuell geschulten Auges, dessen Fähigkeiten auch beim Schreiben mehr als nur nützlich sind, zielt das Bekenntnis zu Goethes Stil.

> "Ich brauche jemanden wie Goethe, der einfach s a g t ." (GdB 210).

Frei von weiteren Nuancierungen und Verästelungen innerhalb der philosophischen Phänomenologie gehen Handkes Versuche dahin, die Dinge so klar wie möglich zu sehen und sie so rein wie möglich zu benennen. So interpretiert im wesentlichen auch die Kritik dieses Vorhaben, das in der "Lehre" formuliert und besonders im letzten Kapitel angewandt wurde:

> "Seine Arbeiten [....] sind ein einziger [.....] Versuch, eine Unmittelbarkeit des Ontischen, Objektiven, der Dinge der Welt - und zwar als ein großes Glück - plausibel zu machen."[2]

Und Goldschmidt:

> "Selten haben Texte so eindeutig gezeigt, daß es die Dinge erst durch ihr Gesagtwerden hindurch gibt, daß Wahrnehmung als solche erst durch ihre Formulierung möglich wird."[3]

Selbstverständlich ist ein Wort nie das Ding 'selbst'. Allenfalls kann ein treffendes Wortäquivalent den Gegenstand evozieren.

Das ist in der "Lehre" gelungen: Bei Handkes "Übersetzung der Wirklichkeit" in die Form des Textes entsteht schließlich eine "Textrealität."[4]

---

[1] Eckermann, Gespräch am 20. April 1825, S. 143

[2] Pfaff/vom Hofe, S. 60

[3] Goldschmidt, S. 81

[4] Hansen, S. 207

Mehr kann ein Schriftsteller nicht erreichen. In diesem Bewußtsein notiert er gegen Ende der Arbeit an der "Lehre":

> "Am Schluß einer Erzählung müßte erreicht sein, daß die bloßen Wörter für die Dinge stehen könnten."
> (GdB 320)

2.4.3. Die Textur der Natur

Der Erzähler assoziiert zuvor in der "Lehre" einen Weg, der vom Abbild zum Begriff führt. Ausgehend von den Formen in der Natur erkennt er ihre Bild- und Zeichenhaftigkeit. Er sieht eine "Zimmerpflanze [....] als chinesisches Schriftzeichen." (LSV 72) Es ist ein konkreter Hinweis auf die kulturelle Entwicklung und Verbindung von Ding zum Bild und schließlich zur Schrift.
Die "archaische Periode" der chinesischen Kultur von etwa 3000 - 1600 v. Chr. umfaßt die vordynastische Phase und die Xià-Dynastie. In dieser Zeit wechselte man von den rein bildhaften Piktogrammen in der Schrift zum indirekten Symbol der Ideogramme. Mit ihnen konnte man nun auch abstrakte Begriffe bezeichnen.[1] Diese Entwicklung der Schrift aus den Dingen selbst vollzieht der Erzähler am konkreten Gegenstand nach. Es ist wie im chinesischen Piktogramm eine unmittelbare Verbindung zu den Dingen ohne abstrakte Begrifflichkeit. Die Sache spricht in der Schrift aus sich selbst heraus. Die Dinge der Außenwelt sind in einer "Bilderschrift" (LSV 78) unmittelbar lesbar. In der Sekunde der Wahrnehmung springt der Gegenstand zwischen Bild, Schrift und Begriff. Es kommt zu einer Kette und einer Einheit von Gegenstand, Abbild und Schrift. Sie sind in Cézannes Bildern repräsentiert; in dem Bild "Rochers près des grottes au-dessous de Chateau-Noir" hatte der Erzähler "die Kiefern und Felsblöcke als

---

[1] Vgl. zur Entwicklung im einzelnen, Fazzioli, S. 11ff.

verschlungene Schriftzeichen gesehen." (LSV 78)

> "Ding-Bild-Schrift in einem: es ist das Unerhörte -
> und gibt trotzdem nicht mein ganzes Nahgefühl wei-
> ter. - Hierher gehört nun jene einzelne Zimmerpflan-
> ze, die ich einmal vor der Landschaft als chinesi-
> sches Schriftzeichen erblickte...." (LSV 78)

Die erkannte Einheit der verschiedenen Medien und der
Zusammenhang von Bild und Schrift, die beide gleichermaßen
den Gegenstand bezeichnen und ihn in eine andere Form
bringen, findet der Erzähler immer wieder in der Natur und
in den Bildern.

> "'So nah!', jetzt verbunden mit den frühesten Höh-
> lenzeichnungen. - Es waren die Dinge, es waren die
> Bilder, es war die Schrift; es war der Strich - und
> es war das alles im Einklang." (LSV 79)

Handke sieht Malerei und Literatur, Bild und Schriftzeichen als Äquivalente an. In beiden Kunstformen geht es
darum, in der Natur zu lesen und das Gelesene in einen
anderen Text zu übertragen, der seinerseits die Natur der
Dinge wieder lesbar macht. Schriftsteller und Maler haben
die gleiche Intention. Von Gasquet ist eine Äußerung
Cézannes überliefert, die diese Behauptung stützt.

> "Ich habe die Natur abschreiben wollen, es ist mir
> nicht gelungen."[1]

In seinen Versuchen einer "réalisation" löst Cézanne eine
Art Chiffren-Kette aus, bei der ein Glied das Äquivalent
des anderen ist; wegen ihrer Gleichheit halten sie
zusammen. Die zu lesende und zu übersetzende Chiffre
"Natur" in ihren Einzelheiten und ihrer Gesamtheit
erscheint wieder im Äquivalent der Kunst, das wiederum
originär zu lesen ist. Cézanne übersetzt "die Dinge in
Äquivalente" der Malerei und

---

[1] Cézanne, Kunst, S. 20

"macht aus der Summe sichtbarer Sachverhalte eine
Textur, ja: einen Text, etwas Lesbares. Wir verstehen Cézannes Bilder erst, wenn unser Sehen auch
zum Lesen wird. [....] Der Maler verwandelt die
äußere Wirklichkeit in die Logik des Farbtextes."[1]

Mit der Sicht auf die Natur als einen lesbaren Text rückt
Handke nochmals in die Nähe von Goethes Erfahrungen. Er
zitiert in diesem Zusammenhang aus den "Maximen und
Reflektionen."

"Wem die Natur ihr offenes Geheimnis zu enthüllten
anfängt, der empfindet eine unwiderstehliche Sehnsucht nach ihrer würdigsten Auslegerin, der Kunst."
(GdB 282)

Die Natur ist für den Künstler in zweifacher Weise
präsent: in tatsächlicher Weise als eine zusammenhängende
Formenschrift und in ihrer Repräsentanz im Kunstwerk.
Blumenberg zeichnet Goethes Erfahrungen bis zu seiner
Metapher vom "Buch der Natur" nach. Im Mai und Juni 1786
versuchte Goethe in Jena die Algebra zu erlernen. Es war
für ihn eine "Erfahrung des Unzuträglichen."[2] Doch die
Auseinandersetzung mit den mathematischen Zahlenchiffren
bringt ihn zur Lesbarkeit der zuvor eher verschlossenen
Chiffren der Natur.
Am 15. Juni 1786 schreibt er von Ilmenau an Charlotte von
Stein:

"Wie lesbar mir das Buch der Natur wird, kann ich
dir nicht ausdrücken, mein langes Buchstabieren hat
mir geholfen, ietzt rückts auf einmal, und meine
stille Freude ist unaussprechlich."[3]

Aus der Konfrontation mit der strengen Systematik der

---

[1] Böhm, S. 60

[2] Blumenberg, Lesbarkeit, S. 215

[3] Goethe, Bd. 18, S. 931

Algebra entwickelt er für sich eine "Gegenmetaphorik".[1]
Nach der vergeblichen Anstrengung bei der Aufschlüsselung
der Zahlenchiffren wird ihm die Natur durch ihre subjektive "Systemlosigkeit" und reine äußere Anschauung der
Phänomene lesbar.

> "So viel neues ich finde, finde ich doch nichts
> Unerwartetes, es paßt alles und schließt sich an,
> weil ich kein System habe und nichts will als die
> Wahrheit um ihrer selbst willen."[2]

Auch hier kommen mit der Absichtslosigkeit und intellektuellen Unbelastetheit des Schauenden die Phänomene auf ihn
zu und zeigen sich in ihrer äußeren Gestalt. Handke bewegt
sich an dieser Stelle auf einem Weg, der zur "Behauptung
der Möglichkeit von Wahrheit ohne Transzendenz"[3] führen
soll. Auf diesem Weg sind Schwierigkeiten zu überwinden,
die er selbst beschreibt.

> "Mein Fehler ist immer wieder, daß ich das Undenk-
> bare (das Unerforschliche), denken will, statt es
> 'schweigend zu verehren' (Goethe)" (GdB 338)

Dies ist die Orientierung des Nachgeborenen zwischen
Goethes Unterscheidung eines "Zugänglichen" und "Unzugänglichen" in der Natur, wobei es -wie er im Gespräch mit
Eckermann hinzufügt -, "immer schwer bleibt, zu sehen, wo
das eine aufhört und das andere beginnt."[4] Mit dieser
Ansicht akzeptiert Goethe das Gegebene und hält sich
dennoch alle Erkenntnismöglichkeiten offen; das Uner-
forschte kann sich immer noch in ein Erforschtes verwandeln. Jedoch, wer den Unterschied nicht kennt, "quält
sich vielleicht lebenslänglich am Unzugänglichen ab, ohne

---

[1] Blumenberg, a.a.O.

[2] A.a.O.

[3] Hansen, S. 223

[4] Eckermann, Gespräch vom 11.04.1827, S. 225

je der Wahrheit nahe zu kommen."[1] Auf diese Weise wird er sogar bei der Arbeit am Zugänglichen

> "....dem Unzugänglichen etwas abgewinnen können, wiewohl er hier doch zuletzt gestehen wird, daß manchen Dingen nur bis zu einem gewissen Grade beizukommen ist und die Natur immer etwas Problematisches hinter sich behalte, welches zu ergründen die menschlichen Fähigkeiten nicht hinreichen."[2]

Mit der Idee einer Deckungsgleichheit von Ding und Wort ist das Problem des "Unerforschlichen" gelöst, das Wort benennt das Phänomen in seiner äußeren Gestalt. Auf dieses Sichtbare bezieht sich auch der Erzähler, wenn er feststellt:
Die "Phänomene [...] selber sind die Lehre" (LSV 124). Der Vorgang der Erkenntnis konzentriert sich darüber hinaus auf den Formzusammenhang der einzelnen Dinge, entsprechend der Verbundenheit der Dinge miteinander in Cézannes Gemälden.

2.4.4. Der umfassende Zusammenhang

Für den vollständig perpetuierenden Zusammenhalt aller Erscheinungen bildet Handke eine Metaphorik, die in der gesamten Lehre immer wieder auftritt. Es ist der Zusammenhang der Augenblicke des eigenen Lebens durch "freiphantasieren" (LSV 100) oder auch die Verbindung von an sich isolierten Geschehnissen. Ein Beispiel dafür ist die Assoziationskette von "L'Estaque", dem "Ding der Verborgenheit", "der Geschichte vom heiligen Alexius unter der Stiege", dem "georgischen Bauernmaler (....) Pirosmani", "der hölzerne(n) Stiege (...) im Großelternhaus"....(LSV 68f) Ebenfalls in diesen Kontext gehört die beschriebene Szene aus John Fords Film "Die Früchte des

---

[1] A.a.O.

[2] Ebd., S. 225f.

Zorns." Sie ist zum einen eine Analogie zum Zusammenhang
in der Natur. Außerdem ist es ein Bild für den menschlichen Zusammenhalt in physischer und psychischer Hinsicht. Das Zusammen-halten ist notwendigerweise beim Tanz
besonders intensiv. Gleichzeitig entsteht daraus eine
Metaphorik, in der ein Zusammenhalt bei der drehenden
Tanzbewegung gegen Gefahren von außen schützt.

> "In jener Szene tanzen alle Anwesenden miteinander
> zur Abwehr einer lebensgefährlichen Bedrohung: so
> verteidigen sie, von der Landnot Umgetriebene, das
> Stückchen Erde, auf dem sie endlich eine Bleibe
> gefunden haben, gegen die sie umzingelnden Feinde.
> Obwohl das Tanzen danach eine pure List ist (Mutter
> und Sohn, sich rundum drehend, werfen einander, wie
> auch den übrigen, schlaue wachsame Blicke zu), ist
> es doch ein Tanz wie nur je einer (und wie noch
> keiner), der überspringt als ein herzlicher Zusam-
> menhalt." (LSV 77)

An dieser Stelle erklärt er schließlich das zunächst
unbestimmte "Nähegefühl" vor Cézannes Bild "Rocher près
des grottes...."

> "Gefahr, Tanz, Zusammenhalt, Herzlichkeit - das
> machte auch mein Nähegefühl vor dem Bild aus..."
> (LSV 77)

Wie ein roter Faden durchzieht die Lehre die Idee des
Zusammenhalts und Zusammenhangs von an sich Unterschiedli-
chem: der Zusammenhang der Dinge im Raum, der Ereignisse
in der Zeit, der verbindenden Wirkung der Phantasie, von
Ding und Wort und schließlich der übergeordnete Zusammenhang von Subjekt und Welt. Bei allen Versuchen, eine
ideelle Einheit von letzterem zu erreichen, ist Handkes
Rezeption der Philosophie Spinozas aufschlußreich. Wenn er
"den Philosophen" ohne weitere Benennung zitiert, ist es
zumeist Spinoza. Handke lehnt sich in der "Lehre" an
Spinozas "psychologischen Parallelismus" in dessen
Hauptwerk, der "Ethik", an, ohne ihn jedoch mit wissen-
schaftlicher Genauigkeit zu rezipieren. Es geht Spinoza um

die Einheit von Gott, Natur und Geist: Zwischen den Formen
des Geistes und denen der Außenwelt sieht er Identität.
Entsprechend lautet der 7. Lehrsatz des zweiten Teils der
"Ethik", den Handke für seine Zwecke zitiert:

> "Die Ordnung und Verknüpfung der Ideen ist dieselbe
> wie die Ordnung und Verknüpfung der Dinge" (GdB
> 318)[1]

Geist und Seele und die Ausdehnung der Körper in der Natur
sind nach Spinoza zwei Attribute der einen Substanz
Gottes. Der Mensch ist danach denkend und ausgedehnt
zugleich - Körper und Geist sind folglich die gleichrangi-
gen Attribute einer Substanz. Darüber hinaus besteht für
Spinoza sogar Identität, eine "Einheit von Geist und
Körper"[2], so daß der Mensch mit der Außenwelt gleichzusetzen ist. Auf diesen Aspekt Spinozas bezieht sich Handke
mit dem Zitat "des Philosophen" auf dem Fußweg zur Sainte
Victoire.

> "Der ausgedehnte Körper, der ich war, wurde von den
> eigenen Schritten befördert wie von einer Sänfte.
> Dieser gehend Tanzende war ich-zum Beispiel und
> drückte 'die Daseinsform der Ausdehnung und die Idee
> dieser Daseinsform', die gemäß dem Philosophen 'ein
> und dasselbe Ding sind, doch auf zweierlei Art
> ausgedrückt werden', in dieser vollkommenen Stunde
> gleicherart aus..." (LSV, 51f.)[3]

Deshalb müssen, auch hier zitiert er Spinoza, "die wahren
Ideen....mit ihren Gegenständen übereinstimmen." (LSV
26)[4] Diese Annäherung und Harmonisierung von Ich und Welt
ist in den Bildern Cézannes mit der "vorüberziehenden

---

[1]   Spinoza, S. 77

[2]   Ebd., S. 100

[3]   Ebd., S. 78

[4]   Ebd., S. 26

Weltminute",[1] die er festhalten wollte, auf den Augenblick konzentriert. Handke erlebt diesen Moment, "Nunc
stans [...]: Augenblick der Ewigkeit", (LSV 9f.) gleich
auf dem ersten Weg zur Sainte Victoire. Der stehende
Augenblick ist wie die eingefrorene "Weltminute" in den
Bildern Cézannes eine "Absage an Zeit und Zeitlichkeit, an
die Darstellung von Bewegung und Veränderung".[2] Der
einzelne erlebte Augenblick repräsentiert das Geschehen
der Welt. Es wird von dem Erlebenden kreiert und beherrscht. "....und das Weltgeschehen war dieses Bild
selber" (LSV 77), heißt es in der "Lehre" zu den "Rochers
près des grottes"[3] aus dem Jahr 1904. Mit dem Gemälde
Cézannes ist dieser Augenblick verewigt und gleichzeitig
die Nähe des malenden Menschen zur Welt dokumentiert.
Merleau-Ponty beschreibt diesen kondensierten Augenblick
in Cézannes Bildern und seine Dauer für die fortschreitende Gegenwart; für den Betrachter hat der gemalte
Augenblick eine nie endende Gültigkeit.

> "Der 'Weltmoment', den Cézanne malen wollte und der
> seit langem vergangen ist, schlägt uns auch weiter-
> hin von seinen Gemälden entgegen, und seine Berg-
> landschaft 'Sainte Victoire' erwächst immer wieder
> neu von einem Ende der Welt zum anderen, anders,
> aber nicht weniger intensiv als in dem harten Fels
> oberhalb von Aix."[4]

Die Nähe vom Subjekt zu den Teilen der Natur und den
abgebildeten Dingen ist stets abhängig von der Intensität
und der Form der Wahrnehmung. Dies gilt für den Augenblick
der originären Wahrnehmung, wie sie im Vorgang des Malens
oder in der schriftlichen Fixierung stattfindet. Die
Intensität kommt aber auch in der zeitversetzten Rezeption

---

[1] Cézanne, Kunst, S. 14

[2] Badt, Kunst, S. 238

[3] Das Bild befindet sich im Musée d'Orsay in Paris.

[4] Merleau-Ponty, Das Auge und der Geist, S. 22

mit der historischen Distanz zum ursprünglichen Wahrneh-
mungsakt zustande.

Jochims erwähnt den intellektuellen Charakter bei der Nähe
zum Gegenstand anhand von Cézannes Gemälde "Le cabadon de
jourdan" aus dem Jahr 1906:

> "Der Gegensatz zwischen Subjekt und Objekt ist
> aufgehoben im Erkenntnisprozeß. Das Bild beschreibt
> gleichermaßen die Entfremdung von der naturwüchsigen
> Welt wie die Utopie der Einheit von Subjekt und
> Objekt, der Identität von Freiheit und Notwendig-
> keit, Verstand und Gefühl."[1]

Die Dinge in ihrer Zeitlichkeit wollte Cézanne aus dem
Prozeß des Werdens und Vergehens herauslösen. Die Menschen
der Porträts, die Sainte Victoire mit der umliegenden
Landschaft, dem Brotlaib, die Äpfel, Zwiebeln und Töpfe in
den Stilleben erhebt er zu Weltrepräsentanten. Sie sind
Symbol im Goetheschen Sinne, als Einzelnes stehen sie für
den Zusammenhang des Ganzen.

Rilke schreibt dazu in einem Brief:

> "Und macht (wie van Gogh) seine 'Heiligen' aus
> solchen Dingen; und zwingt sie, schön zu sein, die
> ganze Welt zu bedeuten und alles Glück und alle
> Herrlichkeit, und weiß nicht, ob er sie dazu ge-
> bracht hat, es für ihn zu tun."[2]

Landschaft und Dinge sind gegen eine geschichtliche und
technologische Entwicklung, die sie zu verdrängen scheinen, im Kunstwerk verewigt. Exemplarisch steht dafür der
Ort L'Estaque westlich von Marseille. Cézanne zog sich
1870 dorthin vor dem deutsch-französischen Krieg zurück.
Handke kennt

> "den Ort nur von Cézannes Bildern. Doch schon der
> bloße Name L'Estaque macht mir eine Friedensvor-
> stellung räumlich. Die Gegend, was auch aus ihr

---

[1] Jochims, S. 27f.

[2] Rilke, Briefe, S. 34

geworden ist, bleibt 'der Ort und die Stelle der Verborgenheit'; nicht nur für den Maler von damals, und nicht nur vor einem erklärten Krieg." (LSV 15)

Aus Cézannes Äußerungen geht hervor, daß er bereits zu jener Zeit unter dem Eindruck der beginnenden Industrialisierung stand.[1] Heute wird das Dorf tatsächlich nahezu verdrängt vom Hafen Marseilles mit den Raffinerien und den vielen Tankern. Dieser Wechsel im Verlauf der Geschichte ist in der "Lehre" (LSV 14) beschrieben und zeigt außerdem den Kontext zum interpretatorischen Ansatz des Cézannschen Werkes. Im 'Jeu de Paume' erscheinen Handke die Motive auf Cézannes Stilleben "als seien diese Dinge die letzten." (LSV 80) Der Zweck der Realisation in der Kunst ist in einer kurzen Formel zusammengefaßt:

"Verwandlung und Bergung der Dinge in Gefahr" (LSV 84)

Als Gegenentwurf zur "böse" gewordenen "Alltäglichkeit" (LSV 82) konzentriert sich das Subjekt in der Kunst auf die vom Geschichtsverlauf verschonten Dinge. Die Fiktionalität dieser "Kunstutopie"[2] ist offensichtlich, erhält aber ihre Dignität durch die Ernsthaftigkeit, mit der sie Handke vertritt.

2.5. Das Primat der Farben

In "Die Geschichte des Bleistifts" ist die Materialität und daher auch die Vergleichbarkeit des Mediums des Schriftstellers, dem Wort, und den Farben des Malers angesprochen.

"Ich muß die Wörter einzeln lieben lernen, so wie

---

[1] Vgl. auch LSV 79

[2] Graf, S. 276ff.

Cézanne die Farben, damit ich sie wiederholt setzen kann" (GdB 222).

Handke begreift, übereinstimmend mit Ponge, das Wort als "Material". Diese Auffassung reicht über die Vorstellung vom Wort als immateriellem Bedeutungsträger hinaus. In der "Lehre" erhalten - nicht zuletzt durch die intensive Auseinandersetzung mit Cézanne und der Die Irritation dieMalerei die Farben eine außergewöhnliche Bedeutung: der Erzähler ist "geleitet vom Spektrum der Farben."[1] Farben erkennen und sie in ihrer Intensität wahrnehmen bedeutet eine unmittelbare Daseinserfahrung des Subjekts. Mit Sätzen wie "Nur außen, bei den Tagesfarben, bin ich" (LSV 26) oder: "Erinnerung oft Linien; Gegenwart: Farben" (GdB 299) unterstreicht Handke das aktive Erleben der Farben. Den wesentlichen Impuls gibt auch hier wieder Cézanne. Der Erzähler ist auf der "Route Paul Cézanne" "in den Farben zuhause gewesen" (LSV 9) und folgt Cézannes Vorstellung, daß die Farbe im wesentlichen die Materialität des Gegenstandes bestimmt. Sie repräsentiert im Vorgang der Wahrnehmung das Ding.

> "Ja, dem Maler Paul Cézanne verdanke ich es, daß ich an jener freien Stelle zwischen Aix-en-Provence und dem Dorf Le Tholonet in den Farben stand und sogar die asphaltierte Straße mir als Farbsubstanz erschien." (LSV 16)

Wie sich Cézanne den physischen Vorgang des Sehens der Farben vorstellte, schreibt er in einem Brief an Emile Bernard vom 23.12.1904.

> "Dies jedenfalls - ich bin sehr positiv - steht unbestreitbar fest: in unserem Sehorgan bildet sich ein optischer Eindruck, mittels dessen wir die durch Farbeindrücke repräsentierten Flächen in Licht, Halb-und Viertelton zu ordnen vermögen."[2]

---

[1]   Meyer, S. 267

[2]   Cézanne, Briefe, S. 288f.

Farbattribut und Objekt sind in der "Lehre" aufs engste
miteinander verbunden, und es ist sicher kein Zufall, daß
sogar in der Abfolge der Worte häufig der Farbe ein
Vorrang vor der Benennung der Sache eingeräumt ist.
Zunächst sind die Farben da: "die Formen folgen."
(LSV 138)

> "Das Gebüsch war gelber Ginster, die Bäume waren
> vereinzelt braune Föhren, die Wolken erschienen
> durch den Erddunst bläulich, der Himmel [...] war
> blau." (LSV 10)

> "Vor kurzem stand ich im Schnee auf dem Untersberg-
> gipfel. Knapp über mir, fast zum Angreifen, schwebte
> im Wind eine Rabenkrähe. Ich sah das wie ins Inbild
> eines Vogels gehörende Gelb der an den Körper gezo-
> genen Krallen; das Goldbraun der von der Sonne
> schimmernden Flügel; das Blau des Himmels. - Zu
> dritt ergab das die Bahnen einer weiten luftigen
> Fläche, die ich im selben Augenblick als dreifarbige
> Fahne empfand. Es war eine Fahne ohne Anspruch, ein
> Ding rein aus Farben." (LSV 12)

Immer wieder gelangt der Erzähler im Kapitel "Die Anhöhe
der Farben" durch die Farben zu den Formen der Dinge. So
sieht er "am Ende des Wegs groß das Schwarzweiß einer
Elster." (LSV 42) Der Farbkontrast verwandelt im Betrachter die Weite des Himmels in eine umgrenzte Form: "Genügt
nicht schon ein Baumbraun, und aus dem durchschimmernden
Blau wird eine Form?" (LSV 47) Die Beziehung des Erzählers
zu den Farben bestimmt auch seine psychische Verfassung.
Die Irritation, die durch die Attacke des Hundes auf dem
Kasernengelände hervorgerufen wird, zeigt ihre unmittelbare Auswirkung auf das Farbempfinden: "Ende der Farben
und der Formen in der Landschaft." (LSV 55) Auf der ersten
Reise in die Provence wirkt sich außerdem das Allein-Sein
auf die Verfassung des Erzählers und die Klarheit der
Farbwahrnehmung aus. Die Form der Erscheinung der Außenwelt ist in dieser Hinsicht eindeutig vom Subjekt bestimmt. Ferner ist der Abbildcharakter und die Materialität der Farbbegriffe nicht zweifelhaft. Die "Logik der

Farbbegriffe" und ihre Bedeutung als "Sprachspiel", wie
sie von Wittgenstein noch problematisiert wurden, ist in
der "Lehre" als Frage nicht virulent. Handke setzt - wie
bei der Benennung der Dinge - auch die sprachliche Bezeichnung der Farben ohne Transzendenz oder konnotierte
Farbsymbolik. Es ist gewissermaßen ein Farbrealismus, der
über die Gegenstände nicht hinausweist. Im Text weist er
darauf hin:

> "Vor einem schimmernden Wiesenstück, wo ich sofort
> 'Paradiesgarten' dachte und mir sogar die Maulwurfs-
> hügel zunächst 'wie in Fernbläue' erschienen, stell-
> te ich mich selber zur Rede: 'Denk nicht immer
> Himmelsvergleiche bei der Schönheit - sondern sieh
> die Erde. Sprich von der Erde, oder bloß von dem
> Fleck hier. Nenn ihn, mit seinen Farben.'" (LSV 71)

Die Stelle zeigt ein deutliches Wegstreben von jeder Art
der "Vergeistigung" der Farben, wie sie Kandinsky in
seiner Studie "Über das Geistige der Kunst" beschrieben
hat. Er deutet dort "den Einfluß der Farbe als Mittel,
einen direkten Einfluß auf die Seele auszuüben."[1] Für ihn
ist "Gelb [...] die typisch irdische Farbe [...] die erste
Bewegung von Gelb, das Streben zum Menschen....."[2] "Blau
ist eine typisch himmlische Farbe."[3]
Wiederum steht Handke Goethe weitaus näher, obwohl dieser
Kandinsky bei dessen Schrift durchaus beeinflußte. Goethe
ist in seinen Schlußfolgerungen hinsichtlich der Wirkung
der Farbe viel bescheidener.[4] Im didaktischen Teil der
"Farbenlehre" beschreibt er die "sinnlich-sittliche
Wirkung der Farbe"[5]; "sie stimmt Auge und Geist mit sich

---

[1] Kandinsky, S. 64

[2] Ebd., S. 91

[3] Ebd., S. 93

[4] Hinweise auf die Auseinandersetzung "mit Goethes
     "Farbenlehre"; vgl. "Lehre" S. 10f.

[5] Goethe, Bd. 16, S. 206ff.

unisono."[1] Die Farbe offenbart "ihr Wesen sowohl dem Auge als dem Gemüt [...]. Daraus folgt sogleich, daß die Farbe sich zu gewissen sinnlichen, sittlichen, ästhetischen Zwecken anwenden lasse."[2] Goethes Auffassung von der Symbolhaftigkeit der Erscheinungen, die auch die Farben umfaßt, hat ihre Spuren in der "Lehre" hinterlassen. Goethe konzentriert sich ganz auf die Wiedergabe der Farben der Natur.

> "Einen solchen Gebrauch also, der mit der Natur völlig übereinträfe, könnte man einen symbolischen nennen, indem die Farbe ihrer Wirkung gemäß angewendet würde und das wahre Verhältnis sogleich die Bedeutung aussprächе."[3]

Das Auge tritt beim Erkennen der Farbe in einen engen Dialog mit der Natur, deren Teil es selbst ist. In der Einleitung zur Farbenlehre setzt er das Auge mit der Sonne gleich und deutet hin auf die höhere Ordnung der Kommunikation zwischen Mensch und Natur.

> "'Wär nicht das Auge sonnenhaft,
> Wie könnten wir das Licht erblicken?
> Lebt' nicht in uns des Gottes eigne Kraft,
> Wie könn' uns Göttliches entzücken?"[4]

Gleiches wird von Gleichem erkannt und von ihm hervorgebracht. "Das Auge hat sein Dasein dem Licht zu verdanken." Es ist "seinesgleichen" und bildet sich "am Lichte fürs Licht, damit das innere Licht dem äußeren entgegentrete."[5]

---

[1] Ebd., S. 207, Nr. 763

[2] Ebd., S. 233, Nr. 915

[3] Ebd., S. 233, Nr. 916

[4] Ebd., S. 20

[5] A.a.O.

Handke überträgt diese Licht- und Sonnenmetaphorik vom Auge und Vorgang der Wahrnehmung hin zum Buch, das den Vorgang des Sehens protokolliert. Die Sonne, ein Sinnbild für das Leben, die die Farbigkeit der Welt schließlich erst zur Geltung bringt, scheint für den Lesenden gewissermaßen immer noch aus dem Buch heraus. Der Text evoziert zeitversetzt die einstmals gesehenen Farben. Erst im Schreiben und im Erzählen des Geschehenen wird dieses belichtet.

> "Das Buch ist für mich immer noch die Verkörperung der Sonne. [...] Die Buchstaben, die Wörter sind für mich [...] die Sonne der Welt [...]. Ich schlag auch nur ein Buch auf und vertief mich darin und erfreu mich dran und richt mich dran auf und krieg davon Augen und Ohren eingesetzt, wenn die Sätze von der Sonne geführt werden.
> Also ein Buch - vielleicht ist das nur ein Traum -, das ist in meiner Vorstellung verbunden mit dem Bild der Sonne. Also die Seiten, die Lettern, auch die Farbe des Papiers."[1]

Hansen[2] verweist auf Emersons Metapher vom "transparent eyeball", die den "vollkommenen Zusammenhang" im Dialog mit der Natur darstellt. Emerson treibt die Wirkung der Natur auf die Spitze; der schauende Mensch löst sich ganz in der freien Natur auf. Jedes Ich-Gefühl verwandelt sich in ein selbstloses Schauen: "Wenn ich auf dem kahlen Erdboden stehe - meinen Kopf in die heitere Luft gebracht und in den unendlichen Raum erhoben - schwindet alle Selbstgefälligkeit dahin. Ich werde zu einem durchsichtigen Augapfel; ich bin nichts; ich sehe alles;....."[3] Auge und Farben, beide Teile der Einheit Natur kommen erst im freien Tageslicht der Sonne zur wahren Geltung. Der Gang ins Freie schafft eine andere und neue Form des Sehens, wie es für Cézanne die Freilichtmalerei hervorbrachte. In

---

[1]   Gamper, S. 44

[2]   Hansen, S. 221

[3]   Emerson, S. 16f.

seinem ersten Bekenntnis zum Malen im Freien schreibt er schon am 19. Oktober 1866 an Emile Zola: "Ich sehe hier herrliche Dinge und werde mich entschließen müssen, nur noch im Freien zu malen."[1]

Auge und Sonne, mit ihrer Kreisform Symbole für den Zusammenhang, bringen die Farben in der Natur zum Vorschein. Mit der Abwendung von den Farben des Traumes in den Bildern Max Ernsts, de Chiricos und Magrittes wenden sich die Blicke in der "Lehre" der Wahrhaftigkeit der "Tagesfarben" zu.

2.6. "Der große Wald"

Nach den vorausgegangenen Reflexionen ist das letzte Kapitel, "Der große Wald", als Anwendung der "Lehre" zu begreifen. Wieder sind ein Maler und ein Gemälde die Ausgangspunkte, und erneut verbindet Handke die Präsenz der Kunstgeschichte in einem Bild mit der zeitlichen Gegenwart.

Jacob van Ruysdaels Gemälde "Der große Wald" befindet sich heute im Wiener Kunsthistorischen Museum. Als Mittler trat anscheinend wieder Goethe auf, der am 3. Mai 1816 unter dem Titel "Ruysdael als Dichter" einen Aufsatz im "Morgenblatt für gebildete Stände" veröffentlichte. Dort zieht er unmittelbar eine Verbindung von Dichtung und Malerei; er betrachtet Ruysdael "als denkenden Künstler, ja als Dichter".[2] Goethe stellt die "dichterischen Eigenschaften" des Malers heraus: den Zusammenhang der Formen, "eine vollkommene Symbolik"[3] und "reinfühlende klardenkende" Anschauung und Ausführung des Künstlers. Ruysdael "stellt

---

[1] Cézanne, Briefe, S. 113

[2] Goethe, Bd. 13, S. 670

[3] Ebd., S. 676

die sukzessiv bewohnte Welt zusammen dar."[1] Im Gemälde
"Das Kloster" erreicht er - nach Goethe - eine symbolhafte
Darstellung der Zeit als Dauer, wo "im Gegenwärtigen das
Vergangene" dargestellt ist. Die Dauer ist in der Natur
symbolisiert, und Goethe sieht in Ruysdaels Gemälde
angedeutet, "daß die Werke der Natur ein längeres Leben,
eine größere Dauer haben als die Werke des Menschen;
....".[2] Zunächst beschreibt Handke Ruysdaels Gemälde. Es
ist allerdings keine Bildbeschreibung im herkömmlichen
Sinne, denn er greift in einer beliebigen Folge Inhalte
heraus, die ihn interessieren oder ihm als Alltagsszenen
bekannt sind. Über diese Sequenzen leitet er über zu einem
"derartigen Wald", einer Gegenwartslandschaft, dem
"Morzger Wald" in der Nähe von Salzburg - "kein Stadtwald
von heute, kein Wald der Wälder; doch wunderbar wirklich."
(LSV 121)
Der Text protokolliert einen Augenspaziergang durch diesen
Wald. Der Betrachter wirkt fast nicht anwesend, so sehr
stehen die Teile des Waldes im Vordergrund. Es scheint,
als habe sich der gehende und schauende ganz in die Dinge
entäußert. Ruysdaels Darstellung wirkt nach in der
Betrachtung des realen Waldes. Wie er sich zuvor in die
Landschaft des Gemäldes hineinphantasierte, so scheint
sein Gang durch den "Morzger Wald" in einer entrückten und
phantastischen Realität stattfinden. Caroline Neubaur
schreibt zur Unmittelbarkeit der Betrachtung des Bildes:

> "Der Betrachter steht nicht mehr wie schwebend vor
> dem 'Großen Wald' von Ruysdael (die übliche 'außen'-
> Position des Bildbetrachters), sondern er steht im
> Bild unter dem Baum. Dem Maler ist es gelungen, ihm
> mitzuteilen, wie es unter dem Baum ist und damit
> trifft sich der Blick des Malers mit seinem Blick."[3]

---

[1] Ebd., S. 671

[2] Ebd., S. 673

[3] Neubaur, in: Süddeutsche Zeitung, S. 37

Die Verbindung der Blicke des Malers und der des Schriftstellers erzeugt auch die Wiederholung von Bildelementen
Ruysdaels im Text.

Das im Gemälde entdeckte "auffällige Weiß der bei dem
Maler so oft wiederkehrenden Birke" (LSV 119) erscheint
wieder im "Thumeggerbezirk", der dem "Morzger Wald"
vorgelagert ist. "Das dunkel spiegelnde Wasser im Vordergrund" (LSV 119) findet der Erzähler auch vor dem "Morzger
Wald" im "Glanz" "eines Kanals" und ebenso in der vorgestellten winterlichen "weißgrauen Eislinse" (LSV 137)
eines Weihers im Wald.

Die Farbigkeit der vorausgegangenen Kapitel ist von den
lebendigbunten Tönen des sommerlichen Tageslichts der
Provence beherrscht. Die Farben des "Morzger Waldes"
dagegen entsprechen den dunklen und erdig-braunen Tönen
von Ruysdaels "Wald". Einzig die vorbeikommenden "Dorf-
kinder" sind "mit ihren wechselnden Kostümen [....] das
Bunte im Wald." (LSV 134) Die Unmittelbarkeit zwischen dem
zurückgedrängten Betrachter und den Dingen ist immens. Er
wirkt nicht wie auf einer Motivsuche, vielmehr erscheint
es, als würden die Dinge zu ihm kommen. Die Mischung aus
Passivität und gleichzeitiger Präsenz des Schauenden läßt
ihn ohne Brechungen den Ausschnitt der Welt im Zusammenhang darstellen. Es ist ein eng verknüpftes Netzwerk von
Erscheinungen, deren Struktur - und hier kommt die Lehre
Cézannes zur vollen Geltung - in den Worten und Sätzen
sowie deren Verbindung repräsentiert ist. Natur, Visualität und Text sind zu einem Gleichklang gebracht.

Eine Sequenz aus der Beschreibung des Waldes macht die
Parallelität von Textgefüge und Naturgefüge anschaulich.

"Der Hohlweg, in den zu jeder Jahreszeit die Herbst-
blätter einschweben, endet vor einem Holzstoß;
dahinter beginnt ein lochschwarzes Dickicht - freilich auch schon die einzige Stelle, wo sich in dem
kleinen Wald etwas wie eine Tiefe zeigt. Der fin-
stere Bunker lockt zum Betreten; doch nicht einmal
ein Kind könnte sich durch die spalierdichten Schäf-
te zwängen. Zudem ragen davor zahlreiche Erlen jäh
aus dem Boden; keine Bäume mit Ästen und Gezweig,

sondern nackte, sich kreuzende Stangen (die bei
einem Sturm nicht entwurzelt werden, sondern mitten-
durch brechen): sie stellen insgesamt vor das Un-
terholz eine Art Umzäunung hin, verknüpft von den
dazwischen wuchernden Lianen.
In diesem Netzwerk haben sich jene Blätter verfan-
gen, die dann im Gedächtnis für den ganzen Wald
stehen. Es ist angewehtes Buchenlaub, hell und oval;
die Ovalform noch verstärkt durch die Rillen, die in
jedem Blatt von der Mitte zum Rand ausstrahlen; die
Farbe ein gleichmäßiges Lichtbraun. Für einen Augenblick ist es, als hingen im Gebüsch Spielkarten -
die dann für immer waldweit auf dem Boden liegen, im
kleinsten Windhauch blinkend und sich aufblätternd,
und überall als ein verläßliches Spiel wiederkeh-
rend, dessen einzige Farbe das strahlende Lichtbraun
ist." (LSV 131f.)

Von den Bäumen mit den Ästen dringt der Betrachter immer
weiter vor bis zu den kleinsten Teilen, den Blättern,
ihrer Form, den Rillen in der Oberfläche und schließlich
der Farbe, "ein gleichmäßiges Lichtbraun."
Die Beschreibung der Gegend beginnt am Rande der Stadt
Salzburg mit "betonierten Pfaden" (LSV 122), einem kleinen
"Bach, der eigentlich der Seitenarm eines Kanals ist",
einem Friedhof, einem Gasthaus, bis allmählich die
Peripherie der Stadt in den Wald übergeht. An dieser
Stelle sind Einrichtungen der Zivilisation und Symbole der
Natur miteinander verbunden.

"Das Vorfeld ist die dritte Wiese auf dem Weg: keine
Stadtwerke mehr, auch keine bäuerliche Nutzfläche,
sondern ein weiter, fast baumloser Plan, der an
einen erst kürzlich verlandeten See denken läßt;
windig und nach der milden Friedhofsluft oft noch
winterlich kalt. Ein Teil davon dient als Sport-
platz...." (LSV 125)

Der höchste Punkt im Wald ist eine "Kuppe"; am "Ostfuß des
Hügels" folgt "auch die längst erwartete Felshöhle..."
(LSV 36). Am Ausgang des Waldes, "An der Schwelle zwischen
dem Wald und dem Dorf" (LSV 138), dessen Häuser bereits
"im flachen Auslauf des Waldes zum Dorf [...] schon
durchscheinen" (LSV 136), findet der Betrachter einen
"Holzstoß". "Bei einem bestimmten Blick, äußerste Ver-

sunkenheit und äußerste Aufmerksamkeit, dunkeln die Zwischenräume im Holz und es fängt in den Stapeln zu kreisen an." (LSV 138) Die Kreisbewegung leitet die Phantasie des Erzählers in eine archaische Vergangenheit. Ihm "offenbaren die Farben quer über den ganzen Holzstoß die Fußspur des ersten Menschen." (LSV) Mit diesem Bogen von der Stadt des 20. Jahrhunderts über den Wald mit seinen Teilen als Chiffren für eine dauerhafte Natur bis zur Vorstellung der Frühgeschichte endet der körperliche Gang und derjenige der Phantasie:

> "Dann einatmen und weg vom Wald. Zurück zu den heutigen Menschen; zurück in die Stadt; zurück zu den Plätzen und Brücken;...." (LSV 139)

Das Gefüge des Textes und die Fülle der einzelnen Bilder sind von einer Dichte, die Caroline Neubaur feststellen läßt:

> "Beim Lesen denkt man dennoch passagenweise: das ist doch der Stoff für ein Gedicht, es ginge doch, er ließe sich doch verdichten."[1]

Und in der Tat lassen sich Passagen des letzten Kapitels in eine lyrische Form bringen, ohne daß durch den Inhalt die Änderung der literarischen Gattung augenfällig wäre:

> "Am Rande des Weihers
> ein aus Türen gezimmertes Floß
> in den Böen vom Vorfeld
> schaukelnd
> wie auf einer Seewelle.
> Leichte Tupfer
> eines Abendregens
> als Wohltat
> auf der Stirn." (LSV 138)

Handke gebraucht zur Illustration einzelner Motive häufig Metaphern und bezieht sich dabei auf seine Erinnerung und

---

[1] Neubaur, in: Süddeutsche Zeitung, S. 38

Phantasie:

> "Diese Tauxgasse [...] erinnert [....] an eine
> nördliche Pionierstraße
> [...]
> [.......] baumloser Plan, der an einen erst kürzlich
> verlandeten See denken läßt [.....]
> [....] Striche wie Regen auf Schemazeichnungen
> [....] Bretterwand [....] erinnert an eine Maske
> [....]." (LSV 124ff.)

Cézannes Postulat, "alles" zu vergessen und Metaphern zu
meiden bei der Realisation, ignoriert er an dieser Stelle.
Er übernimmt Cézannes "Lehre" nicht vollständig, wie er
sich auch mit den Zitaten aus den Werken der Philosophie
niemals ganz ein philosophisches System zu eigen macht. Er
verfolgt - ohne negative Wertung - einen Eklektizismus im
Sinne des griechischen "eklegein"; es ist eine konzentrierte Form des Auswählens. Die Anregungen aus der
Kulturgeschichte und die Auswahl der tradierten Formen und
Anschauungen dienen einer eigenständigen und aktualisier-
ten Kunst. Er praktiziert so ein "authentisches Schreiben,
das sich, wie Goethes, wie Stifters [....] so neugierig,
so voller Begehren in die Werke der Vorgänger ein-
schreibt."[1]
Handke steht bewußt in einer geistesgeschichtlichen
Tradition, von der er sich mit konsequenter Individualität
gleichzeitig löst.

---

[1]   Manthey, 323

III. Strukturen des Gegenwartsmythos

1. Vorbemerkung

Mythische Elemente in der Kunst der Gegenwart provozieren eine fortwährende Polemik. Dabei unterliegen die Kritiker oft ihrer Befangenheit in den eigenen Vorstellungen von der Bedeutung des Mythos. Er bedeutet für sie immer noch eine Form von Märchen, etwas Phantastisches, Irreales, Kindisches, das weit entfernt von einer gesellschaftlichen Repräsentanz existiert. Raddatz' Meinung zum Mythos in der Literatur der Gegenwart ist durchaus repräsentativ. In einer starken Polarisierung versucht, er drei deutsche Literaturen[1] zu definieren und läßt dabei ganz außer Acht, den subjektiven Gehalt des Wahrheitsbegriffes zu reflektieren. In hilfloser Begrifflichkeit unterscheidet er zunächst zwei deutsche Literaturen - die der DDR und die der Bundesrepublik. Sie bestimmen "wesentlich Verkrochenheit. Ich-Bezogenheit und Aufarbeiten von Mythen und Träumen." Dagegen setzt er "Die wichtige deutsche Literatur, die sich gegenwärtig auf Realität einläßt, statt vor ihr zurückzuschrecken, die noch historisch-politische Fragestellungen einschmilzt, statt pure Subjektivitätsverletzungen zu artikulieren - das ist die dritte deutsche Literatur."[2] Zur Stellung des Mythos folgen in polemischen Tonfall einige indifferente Äußerungen. Mit der offensichtlich mangelnden Kenntnis der geistesgeschichtlichen Grundlagen werden sie zur Selbstpolemik.

> "Das Unbegreifbare feiert seine Wiederkehr. Die Welt nicht mehr als erklärbare, machbare, gar veränderbare -die Welt vielmehr als ein in Urgründen verankertes Rätsel, verschlossen, magisch, unaufschließbar.
> [...]

---

[1] Raddatz, S. 9

[2] A.a.O.

Mythos. Das ist das neue (alte) Zauberwort - oft
ernst, gelegentlich kichernd wie ein Echo in jeder
aktuellen Debatte. Was ist Mythos? Die gängige
Antwort lautet etwa: Wer es definieren kann, versteht es nicht; nur wer im Mythos lebt, versteht es
- und kann es deswegen nicht definieren; das Wesen
des Mythos eben sei es, nicht definierbar zu sein."

Das "Wesen des Mythos" als Element der Gegenwartskunst ist
bei sorgfältiger Analyse durchaus definierbar.
In Handkes Werk sind die strukturellen Elemente des Mythos
in einer zentralen Passage der "Kindergeschichte" summa-
risch zusammengefaßt.

"Jahre später, wieder in einem Sommer, näherte sich
der Mann demselben Bergkamm, diesmal von der Ebene
im Osten, auf Landstraßen, die oft durch Weingärten
führten; allein; und nicht mehr im Auto, sondern zu
Fuß; und gegen Abend, als der Rücken schon dunkel
wird, erblickt der langsam Dahingehende auf einmal
sich mit den zwei Abwesenden in der mächtigen fernen
Tintigkeit versammelt, so wie in den alten Sagen die
Könige in den Bergen thronen, und doch grundanders;
auch nicht als 'Familie', sondern als Dreiheit, die
dort in einen unnahbaren Stoff gehüllt ist. Es war
der einzige mystische Augenblick, da der Mann sich
je in der Mehrzahl sah; und nur ein solcher enthält
den Mythos: die ewige Erzählung. [...] Und auch
dieser Ort, wie einst der Square, hat einen mit dem
Kind auf Dauer verknüpften, besonderen Namen: **Le
Grand Ballon.**"

Die Entwicklung des Kindes leitet die Phantasie an, die
separate Augenblicke an verschiedenen geographischen Orten
miteinander verknüpft. Die Phantasie läßt die Vergangenheit in der Gegenwart der Erzählung gerinnen. In ihr
erfolgt eine Wieder-holung des Geschehenen in der Schrift.
Die erzählten Handlungen werden in diesem Sinne "mythisch"
und repräsentativ, d. h. über sich selbst hinausweisend.
Die "Kindergeschichte" steht symbolisch für die Geschichte
einer Gesellschaft. Handke äußert sich dazu:

"Mir ist eingefallen: mein Lieber, du wolltest doch
immer die Geschichte eines einzelnen Menschen so wie
die Geschichte eines Volkes schreiben. Eine Erzählung, die müßte die gleiche Konsistenz und Klarheit

haben wie so eine Geschichtsschreibung zum Beispiel eben von Thukydides."[1]

Die Erzählung dient dem Mythos als Form, und ist einer seiner Bausteine. Doch auch hinsichtlich weiterer Elemente steht Handke in einer geistesgeschichtlichen Tradition, in der sich der Begriff des Mythos entwickelte. Kindheit, Phantasie und die Erhebung der Erzählung zum "allgemeine(n) Repräsentationssystem"[2] sind Konstanten mythischen und mythologischen Denkens. Bartmann stellt das Bestehen eines Mythos im Zusammenhang mit Handke auf den Umfang der Rezeption ab:

> "...über die mythische Leistung entscheidet nicht der Autor, sondern ein Volk, das anstelle einer mythischen Absicht das Resultat dieser Absicht, einen Text, einen Film etc. akzeptiert und über ihn intersubjektive Verbindlichkeit schaffen kann."[3]

Diese Auffassung ist zu eng, denn wie sollte die "intersubjektive Verbindlichkeit" gemessen werden? Ab welcher Verkaufszahl ist die mythische Wirkung, beispielsweise eines Romans, erreicht? Da diese Kriterien praktisch nicht nachvollziehbar sind, ist von einem weiten Begriff des Mythos auszugehen, der unter bestimmten Voraussetzungen jedes Kunstwerk zum Mythos macht, wenn es sich an eine Öffentlichkeit wendet.

2. Historischer Abriß in Schwerpunkten

In der Geschichte der Mythen-Theorie kehren drei Aspekte konstant immer wieder: Erzählung, Phantasie und Kindheit. Roland Barthes formuliert in seiner semiologischen Untersuchung "Die Mythen des Alltags" die Bedeutung des

---

[1] Gamper, S. 76

[2] Frank, S. 200

[3] Bartmann, S. 218

Mythos in einer höchst allgemeinen Formel: " Der Mythos ist eine Aussage."[1]

Der Verweis auf die Erzählung erfolgt bereits aus der Bedeutung des griechischen Wortes Mythos. Es bedeutet dort zunächst einfach "Wort" in der gesprochenen Rede. Es ist der "Begriff der unverbindlichen dichterischen Erfindung"[2] und damit das "'Wort' gleichsam im Zustande seiner Wildheit".[3] Gegenstück zum Mythos ist der "Logos", der auf den Wahrheitsgehalt der Mitteilung gerichtet ist. Er gehört als "jüngstes Mitglied" zu der Synonymenfamilie aus der auch der Mythos stammt. Der Archaik des Mythos folgt die zivilisierte Form des Logos mit dem Anspruch der rational geprägten "Wahrheitsdarstellung in geordneter, gegliederter, überlegter Form; ihm haftet nichts von der Stimmung des Augenblicks an."[4]

Für Plato ist der Mythos daher ein Märchen, eine Geschichte für Kinder, die er im idealen Staat nicht "unbesorgt zulassen" will; allerdings sieht er den erzieherischen Aspekt und ist dafür, die "guten Schöpfungen" zuzulassen und "ihre schlechten" auszuscheiden.[5]

Friedrich Schlegel sieht den Mythos als die "bestimmteste und zarteste Bildersprache" und als "eine kleine vollendete Welt der schönsten Ahndungen der kindlich dichtenden Vernunft",[6] "wo sich Überlieferung und Dichtung gatten, wo die Ahndung der kindischen Vernunft und die

---

[1]   Barthes, Mythen, S. 85

[2]   Andresen u. a. S. 2047

[3]   Frank, in: Bohrer, S. 17

[4]   Ziegler/Sontheimer, Hrsg.; S. 710, 26ff., 711, 26ff.

[5]   Platon, S. 115f.

[6]   Schlegel, S. 207

Morgenröte der schönen Kunst ineinander verschmelzen."[1]
Die Rationalität erfährt durch ein "kindliches" Bewußtsein
eine Korrektur. Die "kindische Vernunft" ist mit einer
Unmittelbarkeit in der Anschauung und mit einem stärkeren
Gewicht auf der Sinnlichkeit durchzogen. Aus diesen
Ursprüngen entstanden - nach Schlegel - Bildung und
Wissen: "Der Quell aller Bildung und auch aller Lehre und
Wissenschaft war der Mythos."[2] Übereinstimmend damit
bezeichnet "Das älteste Systemprogramm" des wahrscheinli-
chen Verfassers Schelling[3] die "Poesie als Lehrerin der
Menschheit"[4]. Er fordert eine "Neue Mythologie" und in
Verbindung damit die Reaktivierung einer philosophischen
Sinnlichkeit: "...die Philosophie muß mythologisch werden,
um die Philosophen sinnlich zu machen..."[5]
Das Postulat nach einer "Neuen Mythologie" bedeutet, "den
Mythos [...] synthetisch wiederherzustellen."[6] Dichtung
und Kunst sind die Träger dieser Erneuerung. Frank
schreibt über den Wahrheitscharakter ästhetischen und
mythischen Denkens, das immer von einer starken Sinnlichkeit getragen wird:

> "Aber nicht nur wissenschaftlich, auch ästhetisch
> kann sich der Mensch dem Menschen erst dann in
> seiner Wahrheit präsentieren, wenn ein allgemeines
> Repräsentationssystem existiert, und das ist eben
> der Mythos."[7]

Karl Philipp Moritz sieht ebenfalls in den mythologischen

---

[1] Ebd., S. 233

[2] Ebd., S. 281

[3] Vgl. dazu Frank, S. 153

[4] Bubner, Hrsg., Systemprogramm S. 264

[5] Ebd., 265

[6] Frank, S. 185

[7] Ebd., S. 200

Dichtungen "eine Sprache der Phantasie"[1] und betont den ordnungsstiftenden Wert der mythologischen Erzählung: "Da, wo das Auge der Phantasie nicht weiter trägt ist Chaos, Nacht und Finsternis."[2]

Nietzsche stellt dem "sokratisch-kritischen Menschen"[3] ein Bewußtsein gegenüber, das empfänglich ist für "das Wunder als ein der Kindheit verständliches".[4] Auch für ihn hat die ursprüngliche mythische Phantasie eine ordnende Funktion für die Kultur eines Volkes.

> "Ohne Mythos aber geht jede Kultur ihrer gesunden schöpferischen Naturkraft verlustig: erst ein mit Mythen umstellter Horizont schließt eine ganze Kulturbewegung zur Einheit ab. Alle Kräfte der Phantasie und des apollinischen Traumes werden erst durch den Mythos aus ihrem wahllosen Herumschweifen gerettet."[5]

Auch Jacob Burckhardt beschreibt die Verbindung der Geltung des Mythos und der jugendlichen Stärke einer Kultur am Beispiel der "Blütezeit der Griechen": "Mit ihrem Mythos hatte sie ihre Jugend verteidigt."[6]

G. F. Lipps stellt ebenfalls einer kritischen Weltbetrachtung, der "die Tatsache des Denkens und die Entstehung der Erkenntnisse [...] zum Bewußtsein kommt"[7], die "naive Weltbetrachtung als Quelle der Mythenbildung"[8]

---

[1] Moritz, S. 7

[2] Ebd., S. 14

[3] Nietzsche, Bd. 2, S. 124

[4] Ebd., S. 125

[5] A.a.O.

[6] Burckhardt, S. 30

[7] Lipps, S. 6

[8] Ebd., S. 9

gegenüber. Im Denken des "unzivilisierten Menschen und des Kindes"[1] sei rationales und zweckorientiertes Denken nicht vorzufinden. In diesem Bewußtsein ist das Kind wie auch der "primitive Mensch bedingungslos den augenblicklichen Eindrücken und Erregungen preisgegeben."[2] Lipps' Beurteilung des Mythos ist eher negativ, obschon auch aus seiner Argumentation die Stärke eines unbelasteten und intuitiven Erlebens im Augenblick des ästhetischen Erlebens beim Mythos spricht.

Mircea Eliade beschreibt die Dauer des Mythos. Er ist eine "'ewige Gegenwart' der mythischen Zeit".[3] Ein Element des Mythos ist die Wiederholung des Geschehens, die gleichzeitig das Medium der Erzählung impliziert. Der Mythos in der Form der Erzählung

> "sagt von einem Ereignis aus [...] das ein verbind-
> liches Beispiel für alle Handlungen und 'Situatio-
> nen' darstellt, die in der Folge dieses Ereignis
> wiederholen. Jeder Ritus wiederholt einen mythischen
> Archetypus; die Wiederholung bringt die Aufhebung
> der profanen Zeit mit sich und stellt den Menschen
> in eine magisch-religiöse Zeit hinein, die nichts
> mit der Zeitdauer im gewöhnlichen Sinn zu tun hat,
> sondern die 'ewige Gegenwart' der mythischen Zeit
> ist."[4]

Die Präsenz des Mythos durch die Erzählung macht den Mythos zum Gleichnis für ein sinnliches Bewußtsein in der Gegenwart und paßt nach Eliade "zum Streben des archaischen Menschen, einen idealen Archetypus konkret zu verwirklichen, die Ewigkeit hienieden dazuleben.."[5] Die Idealität, die Handke in dieser Tradition verfolgt, liegt in der Restituierung eines unmittelbar sinnlich wahr-

---

[1] Ebd., S. 10

[2] Ebd., S. 16

[3] Eliade, S. 488

[4] Ebd., S. 487f.

[5] Ebd., S. 489

nehmenden Bewußtseins. Ein strenges diskursives Denken
soll durch eine ästhetisch-poetische Betrachtungsweise
ersetzt werden. Wie es Adorno hinsichtlich der "Ver-
klammerung des Naturschönen mit dem Kunstschönen" formuliert, ist die ästhetische Betrachtungsweise "der Natur
eine in Bildern."[1] Auf diesen Aspekt konzentriert sich
auch Handkes Verweis auf den Mythos. Die von Frank
beschriebene "Intersubjektivität" eines "allgemeinen
Repräsentationssystems" des Mythos ist Handkes eher
individuellem Ansatz nicht eigen. Er geht konsequent von
dem einzelnen, der Welt wahrnimmt, aus. Doch ist durch die
Publizität seines Werkes die Möglichkeit eröffnet, daß
seine Helden zu individuellen Repräsentanten eines
allgemeingültigen Weltzugangs werden. Die egozentrische
Erfahrungsperspektive hat stets die Möglichkeit einer
symbolischen Wirkung. Eine Aufzeichnung im "Gewicht der
Welt" deutet darauf hin.

> "Meine fixen Ideen sind vielleicht Privatsache; aber
> was unterscheidet die fixen Ideen einzelner eigent-
> lich von den Mythen mehrerer? - Es ist noch keine
> Sprache bemüht worden, welche die fixen Ideen ein-
> zelner als den Mythos vieler übersetzt..." (GdW
> 277f.)

Es ist aber nicht nur die Sprache, die den Mythos als
Literatur vermittelt, sondern von gleicher Bedeutung ist
die Form der Wahrnehmung. Sie ist dem sprachlichen
Ausdruck vorgelagert und will ein eher unintellektuelles,
reines und unmittelbares Erkennen der Phänomene. Es war,
wie die Geschichte der Mythen-Theorie zeigt, am sichersten
gewährleistet in der kindlichen Phantasie. Das einzelne
Kind und die Kindheit der Geschichte eines Volkes sind
dafür Repräsentanten. Diese mythische Form der Welt- und
Geschehensvermittlung in der Erzählung orientiert sich
unmittelbar an den Formen und ist daher begriffsfeindlich.
Begriffe sind dagegen die Leistung einer intellektuellen

---

[1]   Adorno, Ästhetische Theorie, S. 103

Übersetzungsarbeit. Sie resultieren aus einer mittelbaren Erfahrung und sind gefüllt mit Rückgriffen auf bereits vorhandenes Wissen. Schon im Text zur Verleihung des Büchner-Preises 1973 schreibt Handke:

> "Ich bin überzeugt von der begriffsauflösenden und damit zukunftsmächtigen Kraft des poetischen Denkens." (Wünschen 76)

3. Formen des Mythos in Handkes Werk

3.1. Erzählung und Phantasie

Handke folgt der Mythentheorie, indem er die Erzählung absolut setzt. Durch die Fixierung in ihr erlebt das Geschehen eine Wieder-holung. Dabei ist die Erzählung als solche schon "mythisch" zu nennen. Die Sinnlichkeit des erzählten Inhalts scheint zweckfrei und behandelt auch in der zweiten Werkhälfte keine vordergründig zeitkritischen Themen. Mit der Betonung einer sinnlichen Wahrnehmung ist jedoch gleichzeitig der drohende Verlust derselben mitbenannt. Insofern wendet sich Handke kritisch gegen den Verlust einer Nähe zu den Erscheinungen der Welt. Das Defizit an der Wahrnehmung der Dinge steht für eine Entfremdung dem Mechanismus des Lebens gegenüber. Eine Sequenz in "Die Geschichte des Bleistifts" zeigt den Glauben an eine Innovation durch Beschreibung, der eine besondere Konzentration auf den Gegenstand vorausgeht:

> "Ihr habt die Welt immer nur interpretiert und verändert; aber es kommt darauf an, sie zu beschreiben" (GdB 287)

Auch in den "Phantasien der Wiederholung" aus dem Jahre 1983 setzt sich diese konsequente Konzentration auf die Dinge und ihre Beschreibung fort:

"Nur die Dinge beschreiben, die für mich alles
gewesen sind; und das nicht behaupten, nur eben die
Dinge beschreiben" (PhdW 34)

So hat es einen programmatischen Charakter, wenn in den

letzten Publikationen im pathetischen Verkündertonfall die

Muse Erzählung angerufen wird.

"Erzählung, nichts Weltlicheres als du, nichts
Gerechteres, mein Allerheiligstes. Erzählung, Patro-
nin des Fernkämpfers, meine Herrin. Erzählung,
geräumigstes aller Fahrzeuge, Himmelswagen. Auge der
Erzählung, spiegele mich, denn allein du erkennst
mich und würdigst mich.
[...]
Erzählung, wiederhole, das heißt, erneuere; immer
neu hinausschiebend eine Entscheidung, welche nicht
sein darf.
[...]
Nachfahr, wenn ich nicht mehr hier bin, du erreichst
mich im Land der Erzählung, im neunten Land. Erzähler in deiner verwachsenen Feldhütte, du mit dem
Ortssinn, magst ruhig verstummen, schweigen vielleicht durch die Jahrhunderte, horchend nach außen,
dich versenkend nach innen, doch dann, König, Kind,
sammele dich, richte dich auf, stütze dich auf die
Ellenbogen, lächle im Kreis, hole tief Atem und heb
wieder an mit deinem allen Widerstreit schlichten-
den: 'Und...'" (Die Wiederholung 333f.)

"Im Zeichen der Erzählung habe ich angefangen!
Weitertun. Sein lassen. Gelten lassen. Darstellen.
Überliefern. Weiter den flüchtigsten der Stoffe
bearbeiten, deinen Atem; dessen Handwerker sein."
(NeSchr 90f.)

"GEDANKENSTIMME HOMER:
Nennt mir die Männer und Frauen und Kinder, die mich
suchen werden,
mich, ihren Erzähler, Vorsänger und Tonangeber, weil
sie mich brauchen, wie sonst nichts auf der Welt."
(HüB 169)
"Und ein Wind erhob sich, wie aus uns selber, welcher durch alle Dinge ging: der Wind der Poesie, der
Wind der Phantasie, der Wind der Ankunft in einer
ganz anderen Abwesenheit." (Die Abwesenheit 224)

In der Erzählung hat die poetische Phantasie einen Raum,

in dem sie sich ausbilden kann. Poetisches Erzählen und

Phantasie sind eng miteinander verwoben, obwohl der

erzählte Inhalt stets "realistisch" und nie "phantastisch" ist. Die Phantasie bildet sich am Gegenwärtigen; darin liegt sicher wieder ein Hinweis darauf, daß "realistisches" Schreiben im ausgehenden 20. Jahrhundert nicht zwangsläufig ein Schreiben über Katastrophen und Mißstände sein muß. Es ist auch die Einsicht, daß es "die Welt" nicht gibt; der Zugang zu ihren Erscheinungsformen und Ereignissen ist eine Frage der Perspektive.

In zahlreichen Notizen ist die Auffassung von Phantasie, die stark von Goethes Sichtweise beeinflußt ist, skizziert:

> "Phantasie heißt ja nicht 'Alice im Wunderland' oder 'Der Flüchtling versteckt sich in den Unterröcken der Großmutter', sondern: an der richtigen Stelle den Fluß fließen, den Wind wehen, den Himmel blauen zu lassen." (PhdW 93)
> "Die übliche 'Flucht in den Mythos' ist ja bloß die Bewegung von einer Unwirklichkeit in die andere. In der Phantasie aber geschieht das natürliche mythische Denken" (GdB 305)[1]

In Gesprächen mit Eckermann beschreibt Goethe "Phantasie" als "die Wahrheit des Realen";[2] und im Hinblick auf den Naturforscher erläutert er seine Auffassung:

> "Und zwar meine ich nicht eine Einbildungskraft, die ins Vage geht und sich Dinge imaginiert, die nicht existieren; sondern ich meine eine solche, die den wirklichen Boden der Erde nicht verläßt und mit dem Maßstab des Wirklichen und Erkannten zu geahndeten vermuteten Dingen schreitet. [...]
> Eine solche Einbildungskraft setzt aber freilich einen weiten ruhigen Kopf voraus, dem eine große Übersicht der lebendigen Welt und ihrer Gesetze zu Gebote steht."[3]

In der Phantasie, die sich in der Erzählung niederschlägt,

---

[1] Vgl. a. GdB. 159

[2] Eckermann, Gespr. am 25.12.1825, S. 154

[3] Ebd., Gespr. am 25.1.1830, S. 220

wird das gegenständlich Vorgefundene immer wieder neu
beleuchtet und in seiner Mannigfaltigkeit immer weiter
fortschreitend erkannt. Mit dem Blick auf die Dinge
entsteht ein dynamischer Zusammenhang zwischen ihnen. Ein
Textbeispiel für die innovative und verknüpfende Phantasie
ist das Schlußkapitel der "Lehre" mit dem Augenspaziergang
durch den Morzger Wald. Der Zusammenhang der "bewohnten
Welt", den Goethe an Ruysdaels Gemälde feststellte, ist
auch in Handkes Text eine Leistung der Phantasie. Mit
"ruhigem Kopf [...], dem eine große Übersicht der lebendigen Welt und ihrer Gesetze zu Gebote steht" erfolgt die
Selektion der Teile und ihre Verbindung.
Durch die Erzählung wird der Zugang zur Welt ständig
erneuert und erweitert. Diese Entwicklung hat ihren
Ausgangspunkt in Keuschnigs Frage: "Wer sagt denn, daß die
Welt bereits entdeckt ist?" Die Phantasie kreiert dann
über die Erzählung mit jedem Satz die Welt neu. Die
hartnäckige Anrufung der Muse Erzählung ist ein intellek-
tuelles und ästhetisches Gegengewicht zur Verbreitung
einer Endzeitstimmung vor dem erneut bevorstehenden Fin-
de-siècle. Soweit etwas mit der Phantasie anhand des
Realen sagbar ist, besteht es; solange alte Phänomene der
Natur neu entdeckt und beschrieben werden, ist die Welt
poetisch nicht zu Ende gedacht. Blumenberg beendet seine
"Arbeit am Mythos" mit zwei Fragen, die gleichfalls auf
die Öffnung der Welt und ihrer Geschichte durch die
Erzählung hinweisen. Eine positive Antwort ist schon aus
der Art der Fragestellung herauszulesen:

> "Weshalb sollte die Welt fortbestehen müssen, wenn
> nichts mehr zu sagen ist? Wie aber, wenn doch noch
> etwas zu sagen wäre?"[1]

Mit der gleichen Tendenz bekennt Handke:

> "Was das Denken betrifft, so glaube ich an eine

---

[1]   Blumenberg, Mythos, S. 689

'Endzeit'; aber nicht, was das Erzählen betrifft."
(PhdW 12)

Und im gleichen Atemzug erfolgt eine provokante Abgrenzung
von einer Literatur, die nach Raddatz' Meinung, "sich
gegenwärtig auf Realität einläßt, statt vor ihr zurückzuschrecken, die noch historisch-politische Fragestellungen
einschmilzt..."[1]

"Sicheres Zeichen, daß einer kein Künstler ist: wenn
er das Gerede von der Endzeit mitmacht." (PhdW 89)

So apodiktisch diese Äußerung ist, will sie doch den Wert
der Erzählung und der Kunst als Gegenmodell zu den
anscheinend übergewichtigen politischen, gesellschaftlichen und ökologischen Problemen der Zeit deutlich machen.
Ein mythisch poetischer Blick sensibilisiert das Bewußtsein und betrachtet die Welt aus einer anderen, keineswegs
irrealen, Perspektive.

In den "Phantasien der Wiederholung" gibt Handke ein
Beispiel für eine mögliche Beschreibung von Realität. Es
entsteht ein stehendes literarisches Bild, ein Land-
schaftsportrait mit Flora, Fauna und Personen, die auch in
einem Gemälde Poussins auftreten könnten. Doch Handkes
Bild hat keinen regressiv-arkadischen Charakter. Das Auge
des Betrachters gleitet über die Szenerie und zeigt ein
mögliches Geschehen im 20. Jahrhundert.

"Auf dem grauen Acker stand ein Kind mit einem
gelben Bogen, von dem ein gelber Pfeil losschnellte
und durch den blauen Himmel über den grauen Acker
flog. Auf dem Ackerweg lag neben einem beigen Reh-
bein ein Maulwurf. Zwei Tagpfauenaugen - Empfindung
von Purpur - segelten vorüber, und die Augen auf den
Flügeln blickten mich an. Der Sandhaufen am Ende des
Wegs erschien als Pyramide. Im Holunderbusch lag
eine steinerne Kugel, und dahinter gingen zwei
südländische Frauen mit Kopftuch und dunklen Pullo-

---

[1] Raddatz, S. 9

vern (Licht der Erzählung, Licht der Wiederholung)"
(PhdW 24)

3.2. Das Element der Wiederholung

Mythos und Erzählung setzen die Wiederholung des Geschehens voraus. Sie steht in Handkes Werk in einem unauf-
gelösten Spannungsverhältnis zu seiner Position gegen ein
erinnertes Wissen. Im Roman mit dem programmatischen Titel
"Die Wiederholung" zeigt er, wie durch eine bestimmte Form
der Erinnerung Vergangenes eine Position in der Gegenwart
erhält und damit von der Perspektive der Gegenwart
mitbestimmt wird.

> "Und Erinnerung hieß nicht: Was gewesen war, kehrte
> wieder; sondern: Was gewesen war, zeigte, indem es
> wiederkehrte, seinen Platz. Wenn ich mich erinnerte,
> erfuhr ich: So war das Erlebnis, genau so!, und
> damit wurde mir dieses erst bewußt, benennbar,
> stimmhaft und spruchreif, und deshalb ist mir die
> Erinnerung kein beliebiges Zurückdenken, sondern ein
> Am-Werk-Sein, und das Werk der Erinnerung schreibt
> dem Erlebten seinen Platz zu, in der es am Leben
> haltenden Folge, der Erzählung, die immer wieder
> übergehen kann ins offene Erzählen, ins größere
> Leben, in die Erinnerung." (Wiederholung 101f.)

Die Erinnerung ist selbst ein "Werk" und hat, wenn sie
sich in der Gegenwart der Literatur zeigt, weder regressi-
ven noch abstrakten Charakter. Mit ihr werden vergangene
Ereignisse gegenwärtig. Der Gegenwartsmythos bedeutet
nicht eine Reaktivierung antiker Mythen, sondern die
Schaffung einer Präsenz von Vergangenem durch die Wiederholung in der Gegenwart; das macht in der zutreffenden
Auffassung Handkes einen Mythos in der Gegenwart aus. Die
Vergleichbarkeit des Vergangenen mit dem Gegenwärtigen
durch die Erinnerung bestimmt ihren Wert im Augenblick.
Die "Erinnerung-Erinnerung" des Filip Kobal in "Die
Wiederholung" fußt auf dieser Idee. Er erinnert sich als
45jähriger, wie er sich als 20jähriger an die Jugendzeit

erinnerte. Die Erinnerung hebt hier insofern die Zeit auf,
als die Erinnerung eine Form der Gegenwart, und zwar im
Augenblick des Erinnerns, bedeutet. Die Vergleichbarkeit
der Geschehnisse läßt erst den Mythos in der Gegenwart
entstehen. Die gegenwärtige Situation initiiert die
Evidenz der Vergangenheit, und in dieser Hinsicht ist es
doch ein Zurück zu Prousts anscheinend gültigem Prinzip
der "memoire involontaire".

> "Der Mythos besteht aus Wiederholungen: vergleich-
> bare Geschehnisse mit verschiedenen Personen an
> verschiedenen Orten zu verschiedenen Zeiten." (PhdW
> 83)

Diese Sequenz hebt in ihrer Aussage Geschichte als
Progress im historischen, theoretischen und auch politischen Sinn auf. Die unterschiedlichen Ereignisse sind
"vergleichbar", eine äußere gesellschaftliche Entwicklung
ist eine Schimäre. Bohn stellt dazu fest: "Die Absage
richtet sich gegen jeden geschichtlichen Sinn, gegen
Geschichte als Prozeß und Struktur. Nacht und Grufthalle,
Jahrhundert und Kontinent-Leere, Weite und Zeitlosigkeit
sind an die Stelle des geschichtlich-gesellschaftlichen
Kontextes getreten."[1]
In der "Kindergeschichte" orientiert sich der "Erwachsene"
bald völlig weg von den Ereignissen einer offiziellen
Geschichtsschreibung, die meistens negative Ereignisse
überliefert. Zuvor wurde sein Kind "als ein Abkömmling von
dessen ärgsten Verfolgern, mit dem Tode bedroht..." (KG
71) Der anonyme Schreiber eines Drohbriefes ist insofern
auch ein Aufschreiber und Interpret von Geschichte. Er
spricht dem "Erwachsenen" und dem "Kind" die Verantwortung
für eine historische Vergangenheit zu, mit der beide keine
eigenen Erfahrungen verbinden. Hansen bescheinigt zwar
eine "geschichtsbewußte Spannung"[2], meint diese aber

---

[1] Bohn, S. 325

[2] Hansen, S. 197

nicht historisch und auf den Geschichtsprozeß bezogen,
sondern hebt das Element der Wiederholung hervor.

> "Diese Spannung konstituiert sich in einem Feld von
> drei bestimmten Momenten: dem Bewußtsein vom Verlust
> ursprünglicher Einheit und, damit verknüpft, die
> Einsicht, daß das Bild jener Einheit in der Gegen-
> wart nur um den Preis ihrer Veränderung in eine
> Jetztzeit als Wiederholung möglich ist; als zweites
> Moment ist die Form einer solchen Veränderung zu
> nennen, ein magischer Realismus, dem die Wiederho-
> lung im begrenzten Ausschnitt gelingt, weil inner-
> halb der gesetzten Grenzen die Verwandlung von
> Gegenwart in Jetztzeit als Wiederholung möglich
> ist;..."

Erst mit der Wiederholung in der Form der Erzählung wird
Erlebtes "mythisch". Die "ewige Erzählung" (KG 69)
bedeutet eine ewigwährende, weil ewig lesbare Gegenwart.
Der private Bezug zur kollektiven Geschichte wird zugunsten einer individuellen Geschichte, die auch paradigmatischen Charakter hat, aufgekündigt. Aus der subjektiven
Perspektive erzählt der Geschichtsschreiber der "Kindergeschichte" ein Geschehen, das er kennt, worin er lebt und
das er beeinflussen kann. Den anscheinend übergewichtigen
"schlechten Tatsachen" der Geschichte steht die Geschichte
des Kindes entgegen, die jedoch nicht frei ist von den
negativen Einflüssen aus der Öffentlichkeit. Ein "einzelnes friedlich rotgelb erleuchtetes Dachfenster" läßt den
"Erwachsenen", noch unter dem Eindruck der Todesdrohung
gegen das "Kind", von der Geschichte "abschwören".

> "Jetzt endlich ist es die förmliche Empörung - oder
> eher die Erbitterung: und hier verwünscht er jene
> Seins-Nichtse, die für ihren Lebenslauf die
> Geschichte brauchen; hier verwünscht er auch die
> Geschichte selber und schwört ihr für seine Person
> ab; hier erschaut er erstmals sich allein mit dem
> Kind in der Nacht des Jahrhunderts und in der leeren
> Grufthalle des Kontinents - und zugleich gibt das
> alles für später die Energie einer neuartigen Frei-
> heit. - Von jenem Tag aber auch das vorherrschende
> Gefühl für die Geschichte des Kindes: Bitterkeit.
> Diese war das der Wirklichkeit nächste Gefühl, mit
> der Trauer und der Heiterkeit." (KG 72ff.)

3.3. "Kindergeschichte" - Das Element der Sinnlichkeit

Das "Kind" und der "Erwachsene" sind als literarische
Figuren höchst individuell und gleichzeitig Symbole für
die Entwicklungsstufen der Menschheit. Beide stehen sich
als Repräsentanten von gegensätzlichen Bewußtseinsver-
fassungen gegenüber. Auf die philosophische Mythentheorie
bezogen repräsentiert das Kind eine spontane Sinnlichkeit,
es steht für den vorgestellten Zustand der Kindheit eines
Volkes oder gar der Menschheit. Der "Erwachsene" hingegen
repräsentiert Entwicklung und Rationalität, die er besonders durch das Beispiel des Kindes kritisch hinter-
fragt. Dem "Erwachsenen" ist das Kind ein "persönlicher
Lehrherr" (KG 49) in einer Kindheit des Geistes, die in
ungetrübter Reinheit zu den Dingen steht, weil es noch
nicht mit Geschichte belastet ist. Es muß nicht um
Unschuld bemüht sein, weil es unschuldig ist; es muß nicht
vergessen, weil es nicht mit Vergangenheit befrachtet ist;
es kommt gar nicht erst in die Versuchung, Ereignisse und
Dinge miteinander zu vergleichen, weil es noch wenig
vergleichbare Beispiele erlebt hat.

> "Ohne je eine Meinung zu 'Kindern' im allgemeinen
> gehabt zu haben, glaubte er eben an dieses bestimmte
> Kind. Er war überzeugt, daß das Kind da ein großes
> Gesetz verkörperte, welches er selber entweder
> vergessen oder nie gehabt hatte. War es ihm denn
> nicht im ersten Moment schon erschienen als sein
> persönliches Lehrherr? Nicht erst irgendwelchen
> besonderen Äußerungen aus 'Kindermund' also glaubte
> er, sondern seinem bloßen Vorhandensein: dem Men-
> schenwesen, das war, das es war. Das-es-war gab dem
> Erwachsenen das Wahrheitsmaß an; für ein Leben, wie
> es sein sollte." (KG 49)

Das erste einschneidende Ereignis in der Entwicklung des
Kindes ist der Beginn des Schulunterrichts, der vom
Bewußtsein der Erwachsenen geprägt ist. Die Entfernung von
den Dingen hin zu der abstrakten Begrifflichkeit des
Lernens führt zu einer ersten Irritation.

"-ein blindes Lernen der Namen ohne die Dinge,
welches auf das Kind sichtlich wie ein Einschärfen
unheilverkündender, zugleich völlig unbegreiflicher
Obrigkeitsvorschriften wirkte. Wenn es dann zu Hause
dastand und die für den folgenden Tag verlangte
Länge irgendeines Flusses oder Höhe eines Berges
aufsagte, dachte der Mann immer wieder, nie dürfe
vergessen werden, mit welch weitaufgerissenen,
schreckstarren Augen die Kinder der Erde das sogenannte Wissen der Menschheit rezitierten." (KG 75)

Am Vorbild des Kindes zeigt Handke erneut die Möglichkeit
eines unvoreingenommenen Zugangs zur Welt. Eine Entwicklung ist auch beim Erwachsenen noch möglich, wenn durch
Aufmerksamkeit und Übung ein sinnliches und ästhetisches
Verhältnis zur Welt wieder hergestellt wird. Das ist vom
Anspruch her weitaus bescheidener als die Kleistsche
Utopie eines unendlichen Bewußtseins oder des Nicht-
Bewußtseins der Gliederpuppe. Bewußtsein ist nicht pola-
risiert in ein Entweder/Oder; es wird eher dynamisch und
vom einzelnen und seinen Verfassungen als formbar begrif-
fen. Alles ist auch hier eine Frage des Denkens, und die
praktische Konsequenz daraus ist, daß durch dieses Denken
auch praktisch Zukunft verändert werden kann.

"Es wurde ihm dann klar: die modernen Zeiten, die er
doch so oft verwünscht und verworfen hatte, gab es
gar nicht; auch 'die Endzeit' war nur ein Hirnge-
spinst: mit jedem neuen Bewußtsein begannen die
immer gleichen Möglichkeiten, und die Augen der
Kinder im Gedränge - sieh sie dir an! - überlieferten den ewigen Geist. Weh dir, der du diesen Blick
versäumst." (KG 97)

In der "Lehre" war Cézannes der "Lehrmeister" für einen
ästhetischen Zugang zur Welt, in der "Kindergeschichte"
ist das Verhalten des Kindes eine Anleitung zu einer
höchstmöglichen reinen Anschauung. Es weckt im Erwachsenen
das verlorene Bewußtsein für Details in der Natur. Dabei
geht es ihm nur um die Wahrnehmung und nicht um eine
wertende Beurteilung in den Kategorien "schön" oder
"nicht-schön". Die Wahrnehmung des Kindes ist weitgehend
frei von Affekten, so daß seine Sinnlichkeit und Gefühle

die Dinge am reinsten aufnehmen kann. Es hat den unbelasteten zweckfreien Blick, der auf nichts anderes
gerichtet ist, als die Dinge mit ihrer Form kennenzulernen
und zu erfassen.

> "So blieb der Meister immer noch das andere, indem
> es ihn lehrte, mehr Zeit für die Farben draußen zu
> ahben; genauer die Formen zu sehen; und in der Folge
> tiefer - nicht bloß in Stimmungen - den Ablauf der
> Jahreszeiten an einem sich entrollenden Farn, einem
> zunehmend ledrigen Baumblatt oder den wachsenden
> Ringen eines Schneckenhauses zu empfinden. Von ihm
> erfuhr er auch das Eigentliche über das Wesen der
> Schönheit: 'Das Schöne sieht man so schlecht.'"

4. Parallelen in der bildenden Kunst: Enzo Cucchi

Verschiedene Kunstformen können nicht völlig getrennt
betrachtet werden. Sie durchdringen einander in ihren
Prinzipien. Goethe, Stifter, Keller oder auch Rilke sind
dafür Beispiele aus der Literatur.
Die Rückkehr zu den Formen des mythischen Erzählens findet
eine Entsprechung in der zeitgenössischen Malerei.
Literatur und bildende Kunst sind an dieser Stelle jedoch
noch nicht in einen nachvollziehbaren Dialog getreten.
Der Regreß auf mythische Inhalte ist besonders ausgeprägt
in der italienischen Gegenwartsmalerei der von dem
italienischen Kunstkritiker Achille Bonito Oliva als
"Transavanguardia" bezeichneten Gruppe. Die sogenannte
"Arte Ciffra", die im wesentlichen mit der italienischen
"Transavanguardia" gleichgesetzt wird, mit den Hauptver-
tretern Sandro Chia, Enzo Cucchi, Francesco Clemente und
Mimmo Paladino ist gekennzeichnet von einer Auseinandersetzung mit kulturgeschichtlichen Traditionen und Formen.[1] Die Werke der Kunstgeschichte werden als ein

---

[1] Die gegenwärtige Malerei Deutschlands dagegen bezieht
sich in dieser Form nicht unmittelbar auf kulturge-
schichtliche und mythische Inhalte. Es geht in erster
Linie um die Aufarbeitung von jüngerer Geschichte

verfügbarer Bestand angesehen, aus dem man aus der Perspektive der Gegenwart individuell schöpfen kann. Es ist gleichzeitig eine Beschäftigung mit den Ursprüngen der Kunst und eine Rückkehr zu einer sinnlich-mythischen Malerei. Die Form des Eklektizismus, durchaus ein Phänomen sogenannter "postmoderner Kunst", ist jedoch nicht die Methode des Zitats. Der Eklektizismus dieser Ausprägung ist vielmehr die Anerkennung der Geschichte der Kunst als eine Einheit. Der Künstler bedient sich nach individuellen "Lustkriterien"[1] der vorgegebenen Formen und Inhalte. Diese sind nicht deckungsgleich übertragen, sondern erfahren das mythische Element der Wiederholung und die gleichzeitige Umwandlung in Themen und Formen der Gegenwart. Insofern werden tradierte Mythen zum Gegenwartsmythos. Achille Bonito Olivas Feststellungen zu diesem Gesichtspunkt sind weitgehend zutreffend, bedürfen aber einiger Korrekturen.

"Das Zitat wird zur Methode: Der Künstler greift auf kulturelle Modelle zurück, mit denen er sich nicht mehr identifiziert-keinerlei Projektion, lediglich Nutzbarmachung. Der Rückgriff auf diese Modelle ist ein simpler Schnörkel, eine Variation ohne jede Aura und Weihe, von denen Drama, Mythos und Tragödie in der Regel begleitet sind. Die Künster der Transavanguardia bedienen sich ganz einfach dieser kulturellen Kategorie und der Malerei, die das bevorzugte Mittel für diesen Rückgriff ist. [...] Drama, Mythos und Tragödie finden ihre Umsetzung auf der alltäglichen Bühne der Malerei, in einer Kreativität, die in der Lage ist, sich gehenzulassen, die aber auch die konventionellen Formen des Ausdrucks kennt. Mit neomanieristischer Einfühlsamkeit wird die Geschichte der Kunst durchquert, ohne rhetorische oder pathetische Identifikationsversuche, eher en passant, mit unbefangener Lässigkeit, die die historische Bedeutungstiefe dieser wieder aufgegriffenen Ausdrucksformen in illusions- und hemmungslose

---

(Lüperts, Immendorf). Anselm Kiefer greift auf germanische Mythen zurück, bringt sie aber immer mit der Geschichte unseres Jahrhunderts in Verbindung.

[1] Oliva, in: Schulz-Hoffmann, Hrsg., Mythos Italien..., S. 107

Äußerlichkeiten übersetzt. An die Oberfläche zu
tragen bedeutet, sich ganz und gar auf die Malerei
einzulassen, bedeutet, Drama, Mythos und Tragödie
dem reinen Zufall des Bildes zu überlassen."[1]

Gerade auf Enzo Cucchi trifft diese Einordnung Olivas
nicht zu. Er durchquert die Geschichte der Kunst nicht mit
"neomanieristischer Einfühlsamkeit". Mit seinen Bildinhalten und Plastiken geht er den Weg zurück zu archaischen Formen des Bewußtseins, die sich in der Formensprache seiner Malerei und Plastiken entäußern.[2] Es sind,
um es mit Handkes Worten zu sagen, "Vorzeitformen", die im
Kunstwerk durch den Künstler als Vermittler eine Renais-
sance in der Gegenwart erleben. Diese Formen korrespondieren mit einem Teil der Schreibintentionen Handkes. Zur
Veranschaulichung des Vergleichs sollen drei Arbeiten
Cucchis herangezogen werden. Das Gegenstück aus Handkes
Werk in dieser Betrachtung ist "Langsame Heimkehr". Neben
den bereits erwähnten Elementen des Mythos - Erzählung,
Phantasie, Wiederholung, Kindheit - kommt dort eine
weitere Facette des Mythos zum Vorschein. Es ist Sorgers
Bewußtsein, das sich den archaischen Formen der Landschaft
zuwendet und sich den unbegrifflichen und daher auch
prälogischen Formen anzupassen versucht.

4.1. Gegenwartsmythos und "Vorzeitformen"

Für Cucchi sind Mythen "nicht bloß etwas Privates"[3]. Im
Kunstwerk dargestellt werden sie gegenwärtig und für eine

---

[1] Ebd., S. 108f.

[2] Doch ist Cucchis theoretischer Ansatz mit der Akzentu-
     ierung eines mythisch-sinnlichen Bewußtseins in
     wesentlichen Auffassungen identisch mit dem der
     genannten anderen italienischen Künstlern, vgl. dazu
     Oliva, Mythos Italien, S. 103ff.; Schulz-Hoffmann,
     Ebd., S. 260; Chia, Cucchi, Clemente; Katalog, Kunst-
     halle Bielefeld.

[3] Zit. nach Schulz-Hoffmann, Disegno, S. 18

Allgemeinheit zur Anschauung gebracht. Seine Hinwendung zum Mythos ist wie bei Clemente, Chia oder Paladino durch die Herkunft geprägt; Italien und der Mittelmeerraum sind Cucchis Heimat und ein Ursprung der abendländlichen Mythen. Mit dem Hinweis darauf konzentrieren sich seine Arbeiten auf die elementarsten Formen des Daseins. Erscheinungsformen der Zivilisation berücksichtigt er nur marginal. Die von ihm dargestellten Formen haben eher vorzivilisatorischen Charakter. Sie stellen in den Mythen für Cucchi die "eigentlichen Wahrheiten" dar.

> "Die Mythen sind das einzig Wahre, das wir auf der Welt haben. [...] Die Legenden handeln von den großen Dingen des Lebens: der Frau, den Bergen, dem Meer. Die Legenden sind die Berge, die Berge existieren, sie sind wahr. Das, was der Mensch sagt und tut, ist etwas Besonderes in einem bestimmten historischen Augenblick. Die Legenden dagegen sind die einzigen festen Dinge, sie sind einfach, sie sind die wichtigsten Dinge des Lebens."[1]

Diese "einfachen" "festen Dinge" sind auch in der Gegenwart vorhanden, haben aber ihre selbstverständliche und herausragende Bedeutung verloren. An ihre Stelle sind im Bewußtsein andere Bedeutungsträger getreten. Picht weist jedoch auf eine Art prähistorischen Gehalts im Bewußtsein hin, der sich in der "Erfahrung der Gegenwärtigkeit des Mythos" äußert:

> "Es bedeutet zunächst, daß jene Prähistorie noch heute mitten unter uns gegenwärtig ist. Der Wahn der modernen Zivilisation, wir hätten diese primitiven Vorstufen des archaischen Bewußtseins weit hinter uns gelassen, ist durch die moderne Kunst entlarvt. Die angeblich primitiven, archaischen Stadien der Bewußtseinsbildung begegnen uns hier nicht als folkloristische Restbestände; sie begegnen uns auf den avancierten Spitzen moderner Intellektualität."[2]

---

[1] A.a.O.

[2] Picht, S. 371

Die vorgeschichtlichen Bezugspunkte des Bewußtseins zählen zum Kernbereich der menschlichen Persönlichkeit; sie sind zeitlos und immanent und bedürfen der Wiederentdeckung, die im wesentlichen die Künste leisten. An dieser Stelle wird eine anthropologische Grundlagenforschung geleistet, um das Dasein des Gegenwartsmenschen verständlicher zu machen. Picht schreibt dazu:

> "Die Suche nach den elementaren Strukturen führte [...] zu der Entdeckung, daß die archaische Frühgeschichte der Menschheit nicht in ferner Vergangenheit versunken ist, sondern als ein unauslöschliches Substrat unserem Dasein auch heute noch zugrundeliegt."[1]

Diese Ursprünge wirken noch aktiv auf das wahrnehmende Subjekt. Sorger demonstriert, wie die visuelle Erfassung der landschaftlichen "Vorzeitformen" und die innere Reflexion der Formen eine Zurückversetzung und damit ein Wiederbeleben eines zeitlosen Bewußtseinskerns zur Folge haben. Aus diesem Bewußtsein heraus bestimmt sich zunächst sein Verhältnis zur Gegenwart, wenn er zur "Indianerin" sagt:

> " 'Ich liebe dieses Jahrhundert nicht', sagte der dann, und sie antwortete langsam, als lese sie ihm die Zukunft: 'Ja, du bist gesund und gehst vielleicht verloren.'" (LH 31)

Sowohl in Handkes als auch in Cucchis Arbeiten fallen Philosophie, Mythos und Kunst zusammen: Die Philosophie bestimmt den Standort des Individuums in der Welt; der Mythos reaktiviert Elementarstrukturen, und Kunst ist die Form, in der beide zusammentreffen und verwirklicht werden. Für Picht ist die Trennung der drei Bereiche ein

> "direkter Ausdruck der Mentalität des Industriezeitalters. Philosophie, Mythos und Kunst wurden vom kollektiven Bewußtsein der neuzeitlichen Industriegesellschaft gleichzeitig verdrängt. Das läßt ver-

---

[1]   Ebd., S. 195

muten, daß zwischen diesen drei Gestalten des Geistes ein tiefer Zusammenhang besteht."[1]

Er wendet sich gegen das Primat des anscheinend rein
begrifflich - logischen Denkens der modernen Wissenschaft
und trifft sich mit Valentin Sorger, dem "die Sprachfor-
meln seiner Wissenschaft, bei allem Überzeugtsein, immer
von neuem als ein fröhlicher Schwindel erscheinen....".
(LH 18) Mit den philosophischen Argumenten Adornos und
Horkheimers betont Picht die Bedeutung eines vorzivilisatorischen sinnlichen Bewußtseins und stellt den rationa-
listischen Aufklärungsglauben in Frage. In mythischer
Anschauung und mythischem Denken liegt die Möglichkeit von
Klarheit. Die progressive Wissenschaft und ihre Gesellschaft muß sich auf die von ihr entwickelten Vorurteile
stützen, die nicht mehr kritisch reflektiert werden
können. Das "Denken des Denkens" ist durch ein engmaschi-
ges System des Fortschritts nicht mehr möglich. Der
Rückgriff auf den Mythos in der Kunst ermöglicht eine
ursprüngliche Luzidität:

"Die Arbeitshypothese, von der ich sprach, besagt,
daß Kunst und Mythos nicht voneinander getrennt
werden können, und daß die Erkenntnis des Zusammenhangs das Denken nötigt, sich der Vorurteile zu
entledigen, auf denen die neuzeitliche Wissenschaft
beruht. Zwar gibt es Kunst, es gibt sogar moderne
Kunst; während wir uns einreden wollen, das mythische Denken sei vom sogenannten Logos abgelöst
worden und untergegangen. Aber genauere Betrachtung
zeigt, daß der viel beredete 'Untergang' des Mythos
nicht Untergang im Sinne von Zerstörung ist. Er ist
Untergang im Sinne des Versinkens unter die Oberfläche des Bewußtseins. Er ist Untergang im Sinne
der Verdrängung. Die Kunst ist gleichsam die letzte
Spitze eines uns unbekannten Eisberges, die über die
Oberfläche des gesellschaftlichen Bewußtseins noch
hinausragt. Sie ist gleichen Wesens wie der Mythos.
Aber sie wird im Gegensatz zum Mythos, von der
Industriegesellschaft toleriert, weil man sich
einreden kann, das Kunstwerk sei gar nicht Mythos,
sondern ein bloß 'ästhetisches' und damit zugleich

---

[1]   Picht, S. 367

unverbindliches Phänomen. Ist diese Beschreibung des Sachverhalts richtig, dann ist es nichts als ein Selbstbetrug, wenn das moderne Bewußtsein sich einbildet, aufgeklärt zu sein. Was sich als Aufklärung ausgibt, ist dann das Gegenteil von Aufklärung; es ist ein ausgeklügeltes System der Verdrängung."[1]

Ein Beispiel für "mythisches Denken" in der Kunst und ohne die Spuren eines "modernen Bewußtseins" sind, neben anderen Arbeiten, Cucchis Plastiken. Er zeigte sie erstmals in einer Einzelausstellung im Solomon R. Guggenheim Museum, New York, im Frühjahr 1986. Beide Bronze-Plastiken entstanden im selben Jahr. Sie haben keinen Titel. Textuelles Korrelat ist das erste Kapitel von Handkes "Langsame Heimkehr" mit dem Titel "Vorzeitformen".

Cucchis Plastiken stellen zwei Formen dar, die höchst entindividualisiert und im engsten Sinn zeitlos sind. Sie erinnern weder an prähistorische Zeichnungen oder Formen noch an vergleichbare Kunst- oder Kulturgegenstände irgendeiner Epoche. In ihrer Formensprache erscheint diese längliche Form wie ein Leitmotiv in den Gemälden, Zeichnungen und Plastiken seit Anfang der 80er Jahre. Eine vergleichende Zuordnung läuft ins Leere; Begriffe unserer Zeit, die ihr Wesen annähernd erfassen könnten, greifen nicht. Und damit ist seiner künstlerischer Absicht auch Rechnung getragen. Je nach individuellem Kontext fallen dem Betrachter beliebige Vergleiche ein: "Es gemahnt (...) an Meteoriten, an hinkelsteinförmige Gesteinsabsprengungen oder an übergroße Brotlaiber."[2] An einer Längsseite beider Plastiken ist das Relief eines Lebewesens herausgearbeitet. Es ist anthropomorph und hebt in einer mahnenden Geste einen Arm. Doch es ist ebenfalls nicht spezifizierbar; es ist nicht eindeutig prähistorisch, nicht embryonal oder eine Vorstufe des homo sapiens. Auch eine

---

[1]   Picht, S. 367f.

[2]   Schwander, S. 77ff., S. 95

zeitliche oder geschichtliche Bestimmung ist nicht überzeugend möglich. Jedoch ist die anscheinend banale
Feststellung von Bedeutung, daß die Plastiken in der
Gegenwart geschaffen wurden, in dieser wirken und in ihr
betrachtet werden. Sie repräsentieren eine originäre und
sinnliche Anschauung, die ohne Grundlage und daher zeitlos
ist. Deshalb sind sie mythisch zu nennen. Der Betrachter
kann sich auf nichts beziehen, als auf das, was er sieht.
Die Formen sind denkbar einfach und ohne wesentliche
zivilisatorische Prägungen. Auf den zeitlosen, utopischen
und dennoch durch die Schaffung des Kunstwerkes gegenwärtigen Charakter der Arbeiten Cucchis weist Diane
Waldmann hin:

> "His work embraces a culture in which tradition,
> custom und taste are bonded to the very fabric of
> everyday life. The pagan and religious legacies of
> his heritage, with their mysteries and legends, are
> mirrored in an art that speaks to us not only of the
> past but also of universal truths that are as rele-
> vant today as in earlier times. [...] The continuum
> of past and present, of ancient culture and new and
> vital civilization that informs Italian life endows
> Cucchi's art with its extraordinary visionary power.
> For it is as a visionary, as a twentieth-century
> mystic, that Cucchi speaks to us." [1]

Die gleiche Intention, durch universelle und mythische
Wahrheiten Begrifflichkeit und Zeitlichkeit auszuklammern,
liegt dem Gemälde mit dem Titel "Il pensiero della
montagna" aus dem Jahre 1982 zugrunde.

Für die Gebirgsformen vom Vordergrund bis zum hinternen
Mittelgrund wirken die Begriffe Natur und Landschaft
befremdend. Die Zeitlosigkeit des Bildausschnittes macht
eher die allgemeine Bezeichnung "Weltformen" angemessen.
Der Bezug zur Welt und zur Erde ist hergestellt durch den
menschenähnlichen Kopf am linken unteren Bildrand. Die
senkrecht stehende längliche Form auf einer Hügelspitze

---

[1]   Waldmann, S. 17

und die darüber querstehende, vielfach größere Form
vermitteln die gleiche Ungewißheit wie die Guggenheim-
Plastiken. Die von Schwarz bis Ockerbraun abgestufte
Farbgebung suggeriert Morgengrauen oder auch Abenddämme-
rung, also eine Zeit des Übergangs zwischen Tag und Nacht.
Der Zugang zu beiden Arbeiten liegt gewiß in einer nicht-
verbalen und daher reinen Anschauung von Formen und
Farbstimmungen. Geschichtliches und kulturelles Wissen
tragen auch hier zum Verständnis wenig bei. Das mythische
Phänomen der unmittelbaren Sinnlichkeit erscheint als der
einzig mögliche Zugang. Carla Schulz-Hoffmann führt dazu
im Hinblick auf Cucchis Bildmotivik aus:

> "Ihm geht es vielmehr um eine Wahrheit, die nichts
> mit den moralischen Instanzen unserer Zivilisation
> zu tun hat, die vielmehr in einem eher mythischen
> Vorfeld liegt, in dem die Bilder noch aus sich
> heraus eindeutig zu sprechen vermochten und noch
> nicht auf Erklärungen angewiesen waren. Diese Sehn-
> sucht nach einem mythischen Urzustand, die in Cuc-
> chis Bildern zumindest teilweise eingelöst scheint,
> begegnete in vergleichbarer Form schon bei Max
> Beckmann, dem sich Cucchi sicher nicht von ungefähr
> verbunden fühlt. Während allerdings Cucchi eine
> Reaktivierung durch die Malerei im Heute erreichen
> will, sah sich Beckmann auf eine unbekannte Zukunft
> verwiesen."[1]

In gleicher Weise greift Handke auf prähistorische Formen
zurück, die allerdings als solche innerhalb der Zivilisation auftauchen. Valentin Sorger bezieht sich auf diese
Formen, sieht sie aber als Teil der Gegenwart an. Sie
eröffnen ihm im Hier und Jetzt die Möglichkeit einer
Erneuerung in der Anschauung, durch die Betrachtung reiner
Formen. Schon im "Kurzen Brief" spricht der Erzähler von
einem "paradiesischen Zustand...in dem einem das Sehen
schon ein Erkennen war." (KB 150)
Sorgers Standort im "hohen Norden" ist ein deutlicher

---

[1] Schulz-Hoffmann, Disegno, S. 94; auch Diane Waldmann,
S. 18, weist auf den "pre-logical and pre-iconographic"
Charakter hin.

Hinweis auf Zivilisationsferne und Abgeschiedenheit, wo
die uransässige Indianerin der restlichen Welt in einer
Weise entrückt ist, daß sie "lachte bei der Vorstellung
eines anderen Erdteils." (LH 31)

Für Sorger ist die geologische Wissenschaft nicht ein
System technologischen Fortschritts, sondern sie hilft
ihm, "zu fühlen, wo er jeweils war..." (LH 12). Er nutzt
seine Wissenschaft, die Entstehung und Veränderung der
Erdformen im Verlauf der Erdgeschichte zu begreifen, und
in diesem Sinne versteht er auch den Vorgang der Zivilisation. Wissenschaft bedeutet ihm nicht Fortschritt oder
gedankliches Fortschreiten; sie eröffnet ihm die Möglichkeit, in seiner Phantasie die Entstehungsgeschichte zu
vergegenwärtigen.

> "... das Bewußtsein, gerade jetzt auf dem Gestade
> eines Flachufers zu stehen, während das meilenweit
> entfernte, durch die Inseln dazwischen kaum sicht-
> bare andere Ufer tatsächlich doch um einiges steiler
> war, und diese seltsame Asymetrie der abdrängenden
> Kraft der Erddrehung zuschreiben zu können,..." (LH
> 12)

Im ersten Kapitel sind weite Passagen bestimmt von den
zeitlosen Elementen "Erde", "Wasser" und "Wind". Die
Ureinwohner des amerikanischen Kontinents repräsentieren
mit ihren Jagdwerkzeugen, den "hölzernen Fischräder(n)",
eine ursprüngliche Entwicklungsstufe. Eine Textstelle im
Zusammenhang betrachtet zeigt die Versetzung des Zivilisa-
tionsmenschen Sorger in diese elementaren Formen von Natur
und Kultur.

> "Der Wind wehte stromaufwärts und erzeugte auf der
> immer noch gelben Fläche jetzt heftige kleine Wel-
> len, die nach Osten liefen, als flösse auch Wasser
> in diese Richtung; erst an den Rändern des Bildes
> wurde in mächtigen spiralförmigen Schlieren die
> wahre Strömung deutlich, wo, fast stofflich wirkend,
> wie ins Wasser geworfenes Gekröse, sich die schon
> nachtschwarzen Strudel drehten. Weit unten im Westen
> richtete sich, halb schon im Uferschatten, immer
> wieder ein finsteres Gebilde hoch aus dem Wasser-
> spiegel auf, erzeugte dabei einen rhythmisch ins

Haus herdringenden Knarrton und fiel dann jeweils
ins Wasser zurück, mit einem tierhaften, die ganze
leere Landschaft durchdringenden Geschnarch: es war
einer der letzten Tage, da die Indianer, bei dem
sinkenden Pegelstand, dort vom Fluß ihre großen
hölzernen Fischräder antreiben ließen, welche ihnen
als Fangturbinen auch über Nacht die Lachse einsammelten." (LH 25)

Darüber hinaus entdeckt Sorgers Kollege, Lauffer, im
Indianer-Dorf die Relikte einer "Vorzeitlandschaft". Sie
sind Symbole dafür, daß die Prähistorie innerhalb der
Zivilisation noch gegenwärtig ist. Es kommt nur darauf an,
daß der Betrachter diese realisiert. Der Wahrnehmung jener
Formen folgt dann die Rückerinnerung des Bewußtseins an
die mythische und prähistorische Gegenwart. Handke zeigt
damit, daß "unberührte Natur" im Verlauf der Jahrtausende
nicht ganz untergegangen ist. Das wahrnehmende Bewußtsein
bestimmt auch hier ihre Anwesenheit.

"Nicht nur, daß das Dorf von der Wildnis umgeben
war: der Urwald und die Vorzeitlandschaft waren im
ganzen erhaltengeblieben und herrschten immer noch
auch innerhalb der Gemeindefläche." (LH 43)

Für Lauffer ist das Relief der Erdoberfläche unter den
Hütten des Indianerdorfes der Ausgangspunkt zu einer
vergleichenden geologischen Studie. Er entdeckt im Dorf
zeitlose "Vorzeitformen" und schlägt in einer theoretischen Überlegung den Bogen zu einer weit entfernten Gegend
in Südamerika.

"Sein Sondergebiet wurden jedoch die Erdbereiche
unter den auf Pfählen ruhenden Hütten: die Bodenk-
leinformen dort, dem Wettereinfluß von oben entzo-
gen, waren anders als die ursprünglich verwandten,
inzwischen aber zerstörten Formen außerhalb des
Pfahlbereichs.
Diese winzige Wahrnehmung hatte ihn, als Entdekung,
doch aufgeregt. Eine nicht wie sonst von der Zivilisation beseitigte, sondern gerade durch sie erst von
fast jeder Zeitspur bewahrte kleine Naturform.
Umgekehrt waren in einer südamerikanischen Wüste, wo
es nie regnete oder taute und es seit einem Jahrhundert auch keinen Wind mehr gab, menschliche Fuß-

abdrücke und Pferdehufspuren aus einer lang vergangenen Zeit von der Natur ganz unberührt geblie-
ben." (LH 60)

Die Kulturform des Hauses hat es ermöglicht, daß die
natürliche Ursprungsform der Erdoberfläche erhalten blieb.
Auch in der "Lehre" zeigt Handke, wie über die Erinnerung
an die erdgeschichtliche Entwicklung ins Bewußtsein kommt,
daß der Mensch immer der Teil einer Entwicklungskette ist.
Dem Ich-Erzähler wird bewußt, daß Berlin in "einem breiten
Urstromtal liegt" (LSV 94), und er fühlt "an der leicht
abschüssigen Langenscheidtstraße das Spülen des Vorzeit-
wassers nach: eine linde und klare Empfindung." (LSV 95)
Im "Gewicht der Welt" ist ein Traum geschildert, in dem
sich Handke um Jahrtausende zurückversetzt sieht.

"Allseits stieg das Wasser, still, flutend: Mein
Seelengehäuse wurde weggeschwemmt, und ich fand mich
in der Urstromlandschaft, tausend Jahre zuvor. Ein
Assyrerheer hielt mich auf: daß ich einen Pullover
anhatte, bewahrte mich vor dem Durchbohrtwerden mit
der Lanze. Ein Taxifahrer nahm mich mit nach Damas-
kus..." (GdW 317)

Die "Urstromlandschaft" einer archaischen Welt und das
Taxi, ein Symbol der Gegenwart, sind in einem Bild
gemeinsam vorhanden. Der Latenzcharakter des Traumes
zeigt, daß ein mythisches Bewußtsein allenfalls verdrängt
ist und im Zustand einer wachen Phantasie oder auch im
Traum zum Vorschein kommt.

4.2. Kreisform - Rad - Bewegung

Cucchi zeigt in seinen Gemälden und Skulpturen immer
wieder Kreis-, Rad- und Spiralformen. So war neben den
beiden Plastiken der New Yorker Ausstellung ein Tondo mit
dem Titel "Preistoria" zu sehen. Die Form besteht aus
einer runden Scheibe, unter die ein um ein Vielfaches
kleineres Rad montiert ist. Auch bei fünf weiteren

Arbeiten aus dem Jahr 1986, die in der Ausstellung "Guida al disegno" 1987 in Bielefeld und München gezeigt wurden, montierte er an die Unterkanten der Bilder Räder aus Eisen. Wichtig dabei sind die Assoziationen, die mit der Kreisform und der des Rades verbunden sind. Das Rad evoziert Reise, Transport und Bewegung;[1] seine Erfindung war auch der erste bedeutende Schritt zu einer technischen Entwicklung. Folglich liegt der ikonographische Gehalt dieses Zeichens in der temporalen "Korrespondenz zwischen Vergangenheit und Gegenwart."[2] Außerdem sind das Rad und der Karren eine "Chiffre für den Transport von etwas Geistigem."[3] Dies ist die Vermittlung von mythischem Bewußtsein durch das Beispiel der dargestellten archai- schen Formen. Carla Schulz-Hoffmann beschreibt Cucchis

> "größere Nähe zu archaischen als zu gegenwärtigen
> Formen [...], eine Auffassung, die in seiner Defini-
> tion des Mythos begründet ist und dem Glauben an
> dessen Präsenz bzw. die Möglichkeit seiner Sicht-
> barmachung im Kunstwerk. Er antizipiert damit ebenso
> Gedanken und Sehnsüchte seiner Generation, wie
> Fontana dies für seine Zeit tat, Sehnsüchte, die
> allerdings nicht mehr von optimistischem Zukunfts-
> glauben geprägt sind, sondern deren positives Poten-
> tial umgekehrt an einer Vergangenheit wächst, die
> für die Gegenwart zurückgewonnen werden soll."[4]

Bewegung und Reise sind bei Handke ein Leitmotiv.[5] Sorgers Reise von Alaska nach Europa, von der Neuen in die Alte Welt, hat daher über die bloße Fortbewegung hinaus auch einen symbolischen Gehalt. Es ist die Reise zu den

---

[1] Vgl. dazu auch Friedel, S. 20

[2] Waldmann, Testa, S. 125

[3] Schulz-Hoffmann, Designo, S. 96; zur Bedeutung des Wagens und Karren in der Kunst- und Kulturgeschichte mit Verweis auf den frühkeltischen Kulturbereich, Giotto und Piero della Francesca, vgl. a. S. 96-101, 107-113.

[4] Schulz-Hoffmann, Disegno, S. 105

[5] Vgl. dazu I.7.2. dieser Arbeit.

Orten und Menschen, die er bereits hinter sich gelassen
hatte, die Teil seiner persönlichen Vergangenheit sind.
Auch bewegt er sich weg von den "Vorzeitformen" in die
"Welt der Namen" und Begriffe. Von den ursprünglichen
Benennungen im "hohen Norden", wie "die Indianer", "das
Acht-Meilen-Dorf", "Die Indianerin", führt Handke in die
Welt der Technologien und Institutionen schließlich mit
individuellen Benennungen ein.

> "In der Universitätsstadt an der Westküste des
> Kontinents, wo er zuvor ein paar Jahre gelebt hatte,
> gab es eine sehr breite, vor allen von Tankstellen
> und Einkaufszentren gesäumte Straße, die 'Northern
> Light Boulevard' hieß." (LH 89)

Die "Vorzeitformen" nimmt Sorger in der Phantasie mit in
diese Welt und wird damit wie der Künstler die "einzig
realistische Instanz zur Vermittlung einer tragfähigen
Gegenwelt, als derjenige, durch den allein der Transport
gültiger und damit zeitloser Ideen möglich ist."[1]

Auf die Form des Kreises ist in "Langsame Heimkehr" in
verschiedenen Zusammenhängen hingewiesen.
Der Kreis ist ein Sinnbild des In-sich-Geschlossenen,
Vollkommenen, Ganzen sowie der Ewigkeit und Dauer.[2]
Außerdem war die kreisrunde Gestalt, auch in der Anordnung
der Wohnanlagen, ein Zeichen für die göttliche Ordnung der
Welt. Im Wohngebiet der Indianer tauchen wiederholt
Kreisformen auf, ohne daß deren Bedeutung im Text ange-
sprochen ist. Begleitet von der Hauskatze geht Sorger um
die Indianersiedlung herum.

> "Am Strand waren Schwemmholzprügel zu Kreisen gelegt
> oder zufällig so angetrieben worden, und er stellte
> sich vor, daß die Indianer sich mit solchen Kreisen
> vielleicht gegen den Feiertag und das aus seinem

---

[1] Schulz-Hoffmann, Disegno, S. 99

[2] Vgl. im einzelnen dazu Lurker, insbes. S. 81ff. (Zeit
und Ewigkeit), S. 125ff. (Ursprung, Harmonie, Ganzheit)

Anlaß zu gedenkende abgrenzen wollten, und die ganze
Ansiedlung erschien ihm da als ein geheimer Bann-
kreis, in dem er als Eingeweihter seinen letzten
Rundgang machte.
[...]
'Kreisgang und Gedankenspiele', sagte Sorger zu der
hinter ihm herlaufenden und jeweils mit ihm im
Abstand stehenbleibenden Katze.
[....]
Mit dem Tier hinter sich den Kreis am Stromgestade
wieder schließend (zuletzt war aus dem energischen
Gehen ein Laufen geworden), dachte Sorger: Ich habe
heute zum ersten Mal die Höfe um die Behausungen
gesehen und entdeckt, daß die Siedlung eine Ring-
strasse hat." (LH 67ff.)

Gehend vollzieht er eine Kreisbewegung und setzt damit
selbst ein Zeichen für seinen Wunsch nach "Gleichmaß und
Dauer" (LH 90). In der Kreis- und Rad-Symbolik der
Arbeiten Cucchis ist erneut das Phänomen von Zeit und
Geschichte thematisiert. Die Idee einer mythischen
Gegenwelt im Kunstwerk bildet ein zeitliches Korrelat zur
Gegenwart. Das Kunstwerk hat in der Gegenwart seinen
Platz, spricht aber selbst von einer mythischen Ver-
gangenheit und wirkt damit auf das Jetzt. Die im Kunstwerk
enthaltene Realität ist immer eine Illusion, ein Schein
von Wirklichkeit, der seine Existenz und Wirkung durch den
Einfluß auf das Bewußtsein des Rezipienten erreicht. Die
Handlung in "Langsame Heimkehr" spielt eindeutig in der
zweiten Hälfte unseres Jahrhunderts. Aber dennoch schwebt
gerade über der Landschaft, wie sie Sorger im ersten
Kapitel wahrnimmt, eine eigentümliche Zeitlosigkeit.
Wie Carla Schulz-Hoffmann zu Cucchis Bildern feststellt,
ist auch dort "das Fehlen einer konkreten Zeit in einem
konkreten Raum" auffallend.

"Diese Abwesenheit einer konkreten Zeit und statt
dessen die Allgegenwart jeder Zeit, der Vergangenheit, Gegenwart und Zukunft bestimmt wesentlich
Cucchis bildnerisches Denken. Ein deutlicher Akzent
liegt dabei auf dem Versuch, eine vergangene, mythische Zeit als realrepräsent einzuführen und damit

für die Gegenwart fruchtbar zu machen."[1]

Für Cucchi ist bei der Kategorie Zeit auch "die futuristische Auffassung einer Allgegenwärtigkeit und Ungeschiedenheit der Zeit festzuhalten."[2] Er trifft sich mit dieser Interpretation der Zeit mit derjenigen Zeitvorstellung, die Handke in der Szene im Coffee-Shop dargestellt hat.[3] Der Künstler hat in diesen Entwürfen der Zeit die Aufgabe, "Übergänge (zu)öffnen, die Sicht auf eine Krümmung von Raum und Zeit zu verändern."[4] Die Konsequenz daraus für den Mythos in der Kunst ist, daß in der Dauer des Werkes ein vergangen geglaubtes mythisches Bewußtsein mit all seinen signifikanten Merkmalen gegenwärtig bleibt. Der Intellekt des Künstlers, sei er nun Maler oder Schriftsteller, kreiert den Mythos im Werk und ist ein Exempel für eine mythische Phantasie. Auf diese Weise kann sich in Sorgers Vorstellung "über dem Meer bis zum Horizont ein weiter antiker Säulenraum" (LH 144) auftun. Zeit und Geschichte sind ein Kreislauf, ein "Jahreskreis" (LH 51), den die subjektive Anschauung in Gang setzt. Daher kann auch eine längst vergangene Zeit vor Sorger wieder in Erscheinung treten: "Meeresherbst und Säulenraum: die Welt wurde wieder alt." (LH 145) An anderer Stelle vernimmt er gar ein "äolisches Brausen im Kopf von dem Wind aus der Vorzeit..." (LH 33). In diesen Sequenzen sind Mensch, Natur, Raum und "zeitliches Gewölbe" eine geschlossene Einheit. Diese kann jedoch erst durch die Augenblicke der negativen und destruktiven Seite eines dialektischen Bewußtseins[5] entstehen. Einen positiven Aspekt dieser Kehrseite, die die Möglichkeit einer Innovation eröffnet,

---

[1] Schulz-Hoffmann, Disegno, S. 100

[2] Ebd., S. 101, S. a. S. 101ff.

[3] Vgl. dazu I.1.9. dieser Arbeit

[4] Oliva, S. 30, in: Friedel, Katalog

[5] Vgl. dazu I.1.8. dieser Arbeit

beschreibt auch Cucchi. Er definiert damit auch die Funktion seiner Bilder.

> "Die Bilder sind wie Höhlen, riesige Höhlen, schrecklich, furchterregend, voller Zweifel und uns allen dunkel. Alle Höhlen sind voller Angst, mit Tod angefüllt, aber aus eben diesem Tod entsteht die Möglichkeit, alles noch einmal neu zu erfinden."[1]

4.3. Gegenwelten

Die Archaik der Orte und Räume in Cucchis Arbeiten ist gleichzeitig ein Beispiel für Gegenwelten, gesetzt "gegen negative Elemente in der Gegenwart."[2] Analog zu Sorgers Visionen aus der Antike oder einer frühgeschichtlichen Zeit erläutert Cucchi die Räume in seinen Bildern.

> "Es handelt sich um Orte, die Gegenwarten in sich enthalten, wirkliche Gegenwarten, verbunden mit der Geschichte, aber nicht mit Geschichte als Erinnerung oder als eine Art von Lager für Vergangenes, sondern eher als eine tatsächliche Wirklichkeit, die Gegenwart atmet."[3]

Cucchis Gegenentwurf zielt auf eine Daseinsharmonie, die ihre Ursprünge im "Verlangen nach einer innigen Beziehung zur Welt"[4] hat, wie Oliva einen Schwerpunkt von Cucchis Kunst benannte. Wie eine mythisch geprägte Daseinsharmonie zu verstehen ist, zeigt besonders ein Gemälde aus dem Jahr 1980 mit dem Titel "Pesce in schiena del mare adriatico." Die Meeres- und Gebirgsgegend ist zeitlich nicht einzuordnen. Die Figur springt von einem nicht sichtbaren Ort aus

---

[1] Zit. nach Schulz-Hoffmann, S. 113, in: Schulz- Hoffmann und Weisner, S. 113

[2] A.a.O.

[3] Zit. nach Schulz-Hoffmann, S. 113, in: Schulz- Hoffmann und Weisner

[4] Oliva, S. 26, in: Friedel

in das Wasser und der Körper verbindet aus der Perspektive
des Betrachters die schwarzblauen Gebirgsformen und das
leuchtende Wasser.[1] Der mit dem Mann verbundene Fisch und
das Gefüge des Bildaufbaus von Berg, Himmel, Meer und
Figur bilden eine Einheit und berichten von der großen
Nähe verschiedener Daseinsformen zueinander. Einzig der
enigmatisch wirkende Hund bringt mit seiner Bewegung, die
aus dem Bild herausstrebt, eine marginale Unruhe und
Brechung.
Cucchi benutzt auch hier einfachste Formen als Chiffren
für seine Vorstellung einer vorsprachlichen Welt. Der
gemeinsame Sprung mit dem Fisch ins Wasser ist ein Symbol
für den Ursprung des Lebens aus dem Meer. Cucchi erläutert
die Bedeutung des Meeres.

> "Das Meer ist der Ort der Wahrheit, der Legenden.
> Aus dem Meer entstehen alle Legenden, so wie ich
> selbst auch. Ich fühle das, es ist, als würde ich
> von außen auf mich selbst sehen. Mein Leben ist eine
> Legende, und ich bin ein Teil davon. Man muß nicht
> Jahrhunderte oder Jahrtausende zurückgehen: Die
> Legenden sind da wie eine bittere Vorbestimmung."[2]

Valentin Sorgers Bedürfnis nach Einheit mit der Welt
äußert sich durch seine Phantasie, die gleichsam bildhaft
aufleuchtet. Nachdem ihm das "Festhalten des Raumereignis-
ses" nicht gelang, übernimmt die Phantasie die Aufgabe,
die erstrebte Nähe zum Dasein zu schaffen. Der von ihm
gedachte Sprung erfolgt jedoch nicht in die Tiefe des
Meeres, sondern in die Höhe des Himmels.
Die Intention ist jedoch die gleiche wie in Cucchis Bild.

> "Für einen Augenblick freilich hatte er in sich die
> Kraft gespürt, sich als Ganzes in den hellen Hori-
> zont wegzuschießen und dort für immer in die Un-
> unterscheidbarkeit von Himmel und Erde aufzugehen."
> (LH 27)

---

[1] Zu den kunsthistorischen Bezügen der Koloristik des
     Bildes, vgl. Waldmann, S. 20ff.

[2] Chia, Cucchi, Clemente, S. 80

Cucchis und auch Handkes Kunst läßt sich nicht ausschließlich anhand von realistischen Maßstäben beurteilen. Von den Werken beider geht eine gewisse Magie aus; sie ist einer mythisch orientierten Kunst immer eigen. Beide sind als Künstler ernsthaft genug, um zu wissen, daß man den Stand der Zivilisation und den Verlauf der Zeit nicht zurückdrehen kann. Darum geht es auch nicht. Wichtig ist, eine starre Wirklichkeitsauffassung, wie sie von Medien aller Art produziert wird, zu korrigieren. In dieser Hinsicht ist der Schein des Kunstwerkes ein Gegengewicht zum nicht exakt definierten herrschenden Bewußtsein, auf das es einwirken kann. Cucchi äußert sich zu dieser Aufgabe des Künstlers: "Den Künstlern fällt die Aufgabe, ja die Pflicht zu, dieses zivilisatorische Niveau zu heben. Und sonst? Das ist das einzige, was zählt."[1]

Und Handke umreißt seine Auffassung von der Funktion der Kultur:

> "Alle Kultur ist ja immer nur dagewesen, daß man wenigstens auf einem halb... auf dem mindest erträglichen Status von Menschen bleibt, nichts anderes. Ich denk nie an ein Paradies. Alle Kunstwerke haben nur geschafft, daß es nicht total bestialisch wird, nichts anderes."[2]

---

[1] Zit. nach Waldmann, in: Friedel, S. 127

[2] Gamper, S. 102

Literaturverzeichnis

I. In dieser Arbeit zitierte Werke Peter Handkes

Die Hornissen. Roman. Frankfurt 1983. Erste Ausgabe: Frankfurt 1966. Zitiert: (H).

Der Hausierer. Roman. Frankfurt 1968. Erste Ausgabe: Frankfurt 1967. Zitiert: (Ha).

Über meinen neuen Roman "Der Hausierer". Zitiert: Handke, in: Fellinger (Hrsg.).

Die Angst des Tormanns beim Elfmeter. Erzählung. Frankfurt 1970. Zitiert: (AtbE).

Ich bin ein Bewohner des Elfenbeinturms. Aufsätze. Frankfurt 1979. Erste Ausgabe: Frankfurt 1972. Zitiert: (BE).

Der kurze Brief zum langen Abschied. Erzählung. Frankfurt 1972. Zitiert: (KB).

Als das Wünschen noch geholfen hat. Gedichte, Aufsätze, Texte, Fotos. Frankfurt 1974. Zitiert: (Wünschen).

Die Stunde der wahren Empfindung. Erzählung. Frankfurt 1975. Zitiert: (StwE).

Das Gewicht der Welt. Ein Journal (November 1975 - März 1977). Frankfurt 1982. Erste Ausgabe: Salzburg 1977. Zitiert: (GdW).

"Durch eine mythische Tür eintreten, wo jegliche Gesetze verschwunden sind". In: Fellinger. Erschienen in Le Monde am 18.05.1978. Zitiert: Handke, in: Fellinger.

Langsame Heimkehr. Erzählung. Frankfurt 1979. Zitiert: (LH).

Das Ende des Flanierens. Frankfurt 1982. Erste Ausgabe: Frankfurt 1980. Zitiert: (EdF).

Die Lehre der Sainte Victoire. Frankfurt 1980. Zitiert: (LSV).

Die Kindergeschichte. Frankfurt 1984. Erste Ausgabe: Frankfurt 1981. Zitiert: (KG).

Die Geschichte des Bleistifts. Frankfurt 1985. Erste Ausgabe: Salzburg 1982. Zitiert: (GdB).

Phantasien der Wiederholung. Frankfurt 1983. Zitiert: (PhdW).

Der Chinese des Schmerzes. Frankfurt 1983. Zitiert: (ChdSchm).

Die Wiederholung. Frankfurt 1986. Zitiert: (Wiederholung).

Gedicht an die Dauer. Frankfurt 1986. Zitiert: (GaD).

Nachmittag eines Schriftstellers. Erzählung. Salzburg 1987. Zitiert: (NeSchr).

Der Himmel über Berlin. Ein Filmbuch. Zusammen mit Wim Wenders. Frankfurt 1987. Zitiert: (HüB).

Aber ich lebe nur von den Zwischenräumen. Im Gespräch mit Herbert Gamper. Zürich 1987. Zitiert: (Gamper).

Die Abwesenheit. Ein Märchen. Frankfurt 1987. Zitiert: (Die Abwesenheit).

II. Weitere Literatur

Adorno, Theodor W.: Gesammelte Schriften, Bd. 3, Dialektik der Aufklärung, zus. m. Max Horkheimer, Frankfurt 1981. - Gesammelte Schriften, Bd. 7, Ästhetische Theorie.

Andresen, Carl; Erbse, Hartmut; Gigon, Olof; Schefold, Karl; Strohecker, Karl Friedrich; Zinn, Ernst, Hrsg.: Lexikon der alten Welt. Tübingen und Zürich 1965.

Arnheim, Rudolf: Anschauliches Denken. Köln 1977.

Arnold, Heinz Ludwig: Text und Kritik, Heft 24/24a. München 1978.

Bachelard, Gaston: Poetik des Raumes. Frankfurt 1975.

Badt, Kurt: Die Kunst Cézannes. Ansbach 1956.

Balzac, Honoré de: Das ungekannte Meisterwerk. Erzählungen. Zürich 1977.

Barthes, Roland: Am Nullpunkt der Literatur. Objektive Literatur. Zwei Essays. Hamburg 1959. - Mythen des Alltags. Frankfurt 1974

Bartmann, Christoph: Suche nach Zusammenhang. Handkes Werk als Prozeß. Wien 1984. - "Der Zusammenhang ist möglich". "Der kurze Brief zum langen Abschied" im Kontext, in: Fellinger (Hrsg.)

Bazin, Gerard: Gustave Courbet, in: Kindlers Malerei Lexikon. Köln. S. 812ff.

Bellosi, Luciano: Die Darstellung des Raums, in: Italienische Kunst. Band 2. Berlin 1987.

Benjamin, Walter: Gesammelte Schriften, unter Mitarbeit von Theodor W. Adorno und Gershom Scholem, hrsg. v. Rolf Thiedemann und Hermann Schweppenhäuser. Frankfurt 1982.

Bergson, Henri: Essai sur les données immédiates de la conscience. Paris 1889, 1924. - Materie und Gedächtnis.

Bloch, Ernst: Das Prinzip Hoffnung. Frankfurt 1973.

Blumenberg, Hans: Arbeit am Mythos. Frankfurt 1979. - Die Lesbarkeit der Welt. Frankfurt 1983.

Böhm, Gottfried: Rilke und die bildende Kunst. Frankfurt 1985 - Paul Cézanne. Montaigne Sainte Victoire. Frankfurt 1988.

Bohrer, Karl Heinz: Plötzlichkeit. Zum Augenblick des ästhetischen Scheins. Frankfurt 1981 - Hrsg.: Mythos und Moderne. Frankfurt 1983. - Existentielle und immaginative Erfahrung: "Der Ekel", in: König (Hrsg.).

Bubner, Rüdiger, Hrsg.: Das älteste Systemprogramm. Studien zur Frühgeschichte des deutschen Idealismus. Bonn 1973.

Burckhardt, Jacob: Griechische Kulturgeschichte. München 1982.

Buselmeier, Michael: "Das Paradies ist verriegelt", in: Arnold (Hrsg.).

Cézanne, Paul: Über die Kunst. Gespräche mit Gasquet und Briefe. hrsg. v. Walter Hess. Hamburg 1957 - Briefe. hrsg. v. John Rewald. Zürich 1979.

Chia, Sandro; Cucchi, Enzo; Clemente, Francesco; Eine Ausstellung der Kunsthalle Bielefeld. 13. Februar - 17. April 1983. Bearbeitung Heiner Bastian.

Conrad, Klaus: Die beginnende Schizophrenie: Versuch einer Gestaltanalyse des Wahns. Stuttgart 1979.

Cucchi, Enzo: Testa, Dokumentation der Ausstellung vom 1. Juli - 13. September 1987 in der Städtischen Galerie im Lenbachhaus. hrsg. v. Helmut Friedel - Testa; Katalog zur Ausstellung vom 1. Juli - 13. September, a.a.O.. hrsg. v. Helmut Friedel - Guida al Disegno. hrsg. v. Carla Schulz-Hoffmann und Ulrich Weisner.

Dettmering, Peter: Landschaft als Selbst-Objekt, in: Merkur. Februar 1980.

Durzak, Manfred: Gespräche über den Roman. Frankfurt 1976.

Eckermann, Johann Peter: Gespräche mit Goethe. hrsg. v. Fritz Bergemann. Frankfurt 1981.

Eliade, Mircea: Die Religionen und das Heilige Element der Religionsgeschichte. Darmstadt 1976.

Emerson, Raph Waldo: Natur. Zürich 1982.

Engelhardt, Hartmut: Der Versuch, wirklich zu sein. Zu Rilkes sachlichem Sagen. Frankfurt 1973.

Enklaar-Lagendijk, J.: Adalbert Stifter. Landschaft und Raum. Alphen aan de Rijn 1984.

Fazzioli, Edoardo: Gemalte Wörter. 214 chinesische Schriftzeichen - Vom Bild zum Begriff. Bergisch Gladbach 1988.

Fellinger, Hrsg.: Peter Handke. Frankfurt 1982.

Flaubert, Gustave: Madame Bovary. Stuttgart 1972.

Frank, Manfred: Der kommende Gott. Vorlesungen über die
Neue Mythologie. Frankfurt 1982. - Die Dichtung als
"Neue Mythologie", in: Bohrer (Hrsg.). Mythos und
Moderne.

Gabriel, Norbert: Peter Handke und Österreich. Bonn 1983.

Gadamer, Hans-Georg: Wahrheit und Methode. Grundzüge einer
philosophischen Hermeneutik. 4. Aufl. Tübingen 1975. -
Das Sein und das Nichts, in: König (Hrsg.).

Goethe, Johann Wolfgang: Gedenkausgabe der Werke. Briefe
und Gespräche. Band 1 - 23. Hrsg. v. Ernst Beutler.
Zürich 1949.

Goldschmidt, Georges-Arthur: Ist da jemand? Gemeinschaft
oder Gesellschaft - Heidegger oder Sartre, in: König
(Hrsg.). - Raumglück, in: Melzer/Tückel (Hrsg.).

Graf, Volker: "Verwandlung und Bergung der Dinge in
Gefahr". Peter Handkes Kunstutopie, in: Fellinger
(Hrsg.).

Grillparzer, Franz: Der arme Spielmann. Stuttgart 1986.

Haftmann, Werner: Malerei im 20. Jahrhundert. Eine
Entwicklungsgeschichte. München 1978.

Hansen, Olaf: Die Muse Atropos. Überlegungen zu Peter
Handke als schwierigem Erzähler, in: Fellinger (Hrsg.).

Hegel, Georg Wilhelm Friedrich: Vorlesungen über die
Geschichte der Philosophie. Band 1-3. Leipzig 1982.

Heidegger, Martin: Der Ursprung des Kunstwerks. Mit einer
Einführung von Hans-Georg Gadamer. Stuttgart 1960.

Heintz, Günter: Peter Handke. München 1976.

Herriegel, Eugen: ZEN in der Kunst des Bogenschießens.
München 1985. - Der Zen-Weg. München 1981.

Hillebrand, Bruno: Mensch und Raum im Roman. Studien zu
Keller, Stifter, Fontane. München 1971.

Hofmannsthal, Hugo von: Erzählungen. Frankfurt am Main
1986.

Holthusen, Hans Egon: Rainer Maria Rilke. Reinbek 1981.

Honsza, Norbert: Zur literarischen Situation nach 1945 in
der BRD, in Österreich und in der Schweiz. Wrodano 1974.

Husserl, Edmund: Ideen zu einer reinen Phänomenologie und phänomenologischen Philosophie. Einführung in die reine Phänomenologie Tübingen 1980. - Erfahrung und Urteil. Hamburg 1985.

Italienische Kunst: Eine neue Sicht auf ihre Geschichte. Berlin 1987.

Jeziorkowski, Klaus: Aufklärung in Manhattan. Über das Hellwerden des Kopfes und der Welt in Peter Handkes "Langsame Heimkehr", erscheint im Herbst 1989, in: Enlightenment, Festschrift für Helga Slessarev.

Jochims, Reimer: Visuelle Identität: konzeptionelle Malerei von Piero della Francesca bis zur Gegenwart. Frankfurt 1975.

Joyce, James: Stephen der Held. Frankfurt 1983.

Kandinsky, Wassily: Über das Geistige in der Kunst. Bern 1980.

Kant, Immanuel: Werke in sechs Bänden. hrsg. v. Wilhelm Weischedel. Band II. Kritik der reinen Vernunft. 5. Auflage. Darmstadt 1983.

Kleist, Heinrich von: Sämtliche Werke und Briefe. Band 2. hrsg. v. Helmut Sembdner.

Klinkowitz, Jerome: Aspekte der Prosa Peter Handkes, in: Fellinger (Hrsg.).

König, Traugott, Hrsg.: Sartre. Ein Kongreß. Reinbek 1988.

Kolleritsch, Alfred: Die Welt, die sich öffnet. Einige Bemerkungen zu Handke und Heidegger, in: Melzer/Tükel (Hrsg.).

Kreis, Rudolf: Ästhetische Kommunikation als Wunsch-produktion. Goethe-Kafka-Handke, Literaturanalyse am "Leitfaden des Leibes". Bonn 1978.

Kudszus, Winfried, Hrsg.: Literatur und Schizophrenie. München 1977.

Lämmert, Eberhard: Bauformen des Erzählens. Stuttgart 1972.

Laemmle, Peter: Gelassenheit zu den Dingen. Peter Handke auf den Spuren Martin Heideggers, in: Merkur. April 1981.

Leonhard, Kurt: Paul Cézanne. Reinbek 1987.

Lessing, Gotthold Ephraim: Laokoon oder Über die Grenzen der Malerei und Poesie. Stuttgart 1987.

Lex, Egila: Peter Handke und die Unschuld des Sehens. Zürich 1984.

Lipps, G.F.: Mythenbildung und Erkenntnis. Leipzig und Berlin 1907.

Lüdke, W. Martin: Der heilige Handke?, in: Frankfurter Rundschau vom 25. Oktober 1980 - "Am Ursprung liegt das Ziel." Über die Echternacher Springprozession, das Glück, die Moderne, Handke, und Heraklit, in: Melzer/-Tükel (Hrsg.).

Lurker, Manfred: Der Kreis als Symbol im Denken, Glauben und künstlerischen Gestalten der Menschheit. Stuttgart 1981.

Lützeler, Heinrich: Abstrakte Malerei. Bedeutung und Grenze. Gütersloh 1967.

Manthey, Jürgen: Wenn Blicke zeugen könnten. Eine psycho-historische Studie über das Sehen in Literatur und Philosophie. München 1983.

Melzer, Gerhard; Tükel, Jale, Hrsg.: Peter Handke. Die Arbeit am Glück. Königstein/Ts. 1985.

Melzer, Gerhard: "Lebendigkeit: ein Blick genügt." Zur Poetologie des Schauens bei Peter Handke, in: Melzer/-Tükel (Hrsg.).

Merleau-Ponty, Maurice: Das Auge und der Geist. Hamburg 1984 - Phänomenologie der Wahrnehmung. Berlin 1966.

Métraux, Alexandre: Ansichten der Natur und Aisthesis. Einige kritische Bemerkungen zum Landschaftsbegriff, in: Smuda (Hrsg.).

Meyer, Herman: Rilkes Cézanne-Erlebnis, in: Zarte Empirie. Stuttgart 1963. S. 244 - 286.

Meyer, Martin: Heimkehr ins Sein. Peter Handkes "Langsame Heimkehr" und "Die Lehre der Sainte Victoire", in: Fellinger (Hrsg.).

Mixner, Manfred: Peter Handke. Kronberg 1977.

Mommsen, Katharina: Peter Handke: "Das Gewicht der Welt". Tagebuch als literarische Form, in: Fellinger (Hrsg.).

Moritz, Karl Philipp: Anton Reiser. Ein psychologischer Roman. Frankfurt 1984.- Götterlehre oder mythologische Dichtungen der Alten. Leipzig 1984.

Müller, André: "Wer einmal versagt im Schreiben, hat für immer versagt". Gespräch mit Peter Handke, in: Die Zeit vom 3. März 1989.

Neubaur, Caroline: Der Berg will sein Opfer haben, in: Süddeutsche Zeitung vom 4.11.1980. S. 37 - Hiergelände, in: Fellinger (Hrsg.).

Nietzsche, Friedrich: Die Geburt der Tragödie aus dem Geiste der Musik. Werke Bd. 1, hrsg. v. Karl Schlechta, Frankfurt. Berlin. Wien 1980.

Oliva, Achille Bonito: Der visionäre Zug in der Ikonographie Cucchis, in: Enzo Cucchi, Testa, Katalog - Die Transavanguardia in Deutschland und Italien, in: Schulz-Hoffmann (Hrsg.): Mythos Italien....

Panofsky, Erwin: Aufsätze zu Grundfragen der Kunstwissenschaft. Berlin 1980.

Petrarca-Preis 1975 - 1979. München: Autorenbuchhandlung.

Petrarca, Francesco: Dichtungen. Briefe. Schriften. Frankfurt 1957.

Pfaff, Peter: Das Elend des Polyphem. Zum Thema der vom Hofe, Gerhard: Subjektivität bei Thomas Bernhard, Peter Handke, Wolfgang Koeppen und Botho Strauß. Königstein 1980.

Pöggeler, Otto: Heidegger und die hermeneutische Philosophie. Freiburg/München 1983.

Proust, Marcel: Auf der Suche nach der verlorenen Zeit. Frankfurt am Main 1979.

Picht, Georg: Kunst und Mythos. Stuttgart 1987.

Platon: Sämtliche Werke. Bd. 3. Phaidon, Politeia Hrsg. v. Walter F. Otto, Ernesto Grassi, Gert Plamböck. Hamburg 1984.

Ponge, Francis: Proemes. Natare Piscem Doces. Berlin 1959 - Das Notizbuch vom Kieferwald und La Mounine. Frankfurt 1982. - Einführung in den Kieselstein und andere Texte mit einem Aufsatz von Jean-Paul Sartre. Frankfurt 1986.

Pütz, Peter: Peter Handke, in: von Wiese, Hrsg.: Peter Handke. Frankfurt 1982.

Raddatz, Fritz J.: Zur deutschen Literatur der Zeit 3. Eine dritte deutsche Literatur. Stichwort zu Texten der Gegenwart. Reinbek 1987.

Rilke, Rainer Maria: Sämtliche Werke. Hrsg. vom Rilke-Archiv in Verbindung mit Ruth Sieber - Rilke besorgt durch Ernst Zinn. Frankfurt 1987. - Briefe über Cézanne. hrsg. v. Clara Rilke. Frankfurt 1983.

Ritter, Joachim: Landschaft. Zur Funktion des Ästhetischen in der modernen Gesellschaft. Münster 1978.

Robbe-Grillet, Alain: La Jalousie oder die Eifersucht. München 1959.

Rousseau, Jean-Jacques: Schriften. Bd. 2. hrsg. v. Henning Ritter. München 1978.

Rowley, George: The Principles of Chinese Painting. Princeton 1959.

Runzheimer, Doris: Peter Handkes Wendung zur Geschichte. Frankfurt. Bern. New York. Paris 1987.

Sartre, Jean Paul: Der Ekel. Reinbek 1975 - Der Mensch und die Dinge, in: Ponge, Einführung in den Kieselstein.

Schlegel, Friedrich: Über das Studium der griechischen Poesie: 1795 - 1797. hrsg. v. Ernst Behler. Paderborn. München. Wien. Zürich 1981.

Schmied, Wieland: Peter Handke unterwegs zu Cézanne, in: Der Tagesspiegel (Berlin). 5.4.1981.

Schmiedt, Helmut: Peter Handke, Franz Beckenbauer, John Lennon und andere Künstler. Zum Verhältnis von Popkultur und Gegenwartsliteratur, in: Arnold (Hrsg.).

Schneider, Manfred: Die Wiederholung der heiligen Zeichen, unveröffentliches Rundfunkmanuskript. Hessischer Rundfunk. Abendstudio vom 29.7.1987.

Schulz-Hoffmann, Carla, Hrsg.: Mythos Italien: Wintermärchen Deutschland, die italienische Kunst der Moderne und ihr Dialog mit Deutschland. Katalog zur Ausstellung vom 24. März bis 29. Mai 1988 im Haus der Kunst in München - "Die Malerei will die ganze Welt umfassen". Gedanken zu einigen zentralen Bildmotiven im Werk von Enzo Cucchi, in: Enzo Cucchi. Guida al Disegno - Mythos Italien - Wintermärchen Deutschland. Konstanten der italienischen Kunst des 20. Jahrhunderts im Vergleich mit Deutschland, in: Schulz- Hoffmann, Hrsg.: Mythos Italien....

Schwander, Martin: "....die Erde kommt ans Licht. Zu den plastischen Arbeiten von Enzo Cucchi, in: Enzo Cucchi Testa. Katalog.

Seidler, Herbert: Studien zu Grillparzer und Stifter. Wien-Köln-Graz 1970.

Sergooris, Gunter: Peter Handke und die Sprache. Bonn 1979.

Smuda, Manfred, Hrsg.: Landschaft. Frankfurt am Main 1986. - Natur als ästhetischer Gegenstand und als Gegenstand der Ästhetik. Zur Konstitution von Landschaft, in: Smuda (Hrsg.).

Spinoza, Baruch: Ethik. In geometrischer Weise behandelt. hrsg. v. Helmut Seidel. Frankfurt 1982.

Stierle, Karlheinz: Petrarcas Landschaften - Zur Geschichte ästhetischer Landschaftserfahrung. Krefeld 1979.

Suzuki, Disetz T.: Die große Befreiung. Einführung in den Zen-Buddhismus. Bern. München. Wien 1988. - Mushin - Die Zen-Lehre vom Nicht-Bewußtsein. Bern. München. Wien 1988.

Stifter, Adalbert: Werke. Herausgegeben und mit einem Nachwort versehen von Uwe Japp und Hans Joachim Piechotta. Frankfurt 1982.

Thuswaldner, Werner: Handkes Heimkehr. Verfahrensweisen früher und heute, in: Melzer/Tükel (Hrsg.).

Timpe, Karl-Lorenz: Launenfreier, lebendiger Ernst. Zur "Kindergeschichte", in: Fellinger (Hrsg.).

de La Varende, Jean: Gustave Flaubert. Hamburg 1985.

Virgil: Werke. Berlin und Weimar 1965.

Vogt, Walter: Die Schizophrenie der Kunst. Eine Rede, in: Kudszus (Hrsg.).

Die Vorsokratiker: Auswahl der Fragmente. Übersetzung und Erläuterungen Jaap Mansfield. Stuttgart 1987.

Waldmann, Diane: Enzo Cucchi: The Solomon R. Guggenheim Museum New York 1986, in: Enzo Cucchi Testa. Katalog - Enzo Cucchi. New York 1986.

Wellershoff, Irene: Innen und Außen. Wahrnehmung und Vorstellung bei Alain Robbe-Grillet und Peter Handke. München 1980.

Weinberg, Gotthart: Depersonalisation und Bewußtsein im Wien des frühen Hofmannsthal, in: Kudszus (Hrsg.).

Wiese, Benno von, Hrsg: Deutsche Dichter der Gegenwart. Berlin 1973.

Wittgenstein, Ludwig: Schriften. Bd. 1. Frankfurt am Main 1960. - Bemerkungen über die Farben. Frankfurt 1979.

Worringer, Wilhelm: Abstraktion und Einfühlung. München 1981.

Ziolkowski, Theodore: James Joyces Epiphanie und die
    Überwindung der empirischen Welt in der modernen deut-
    schen Prosa, in: Deutsche Vierteljahresschrift für
    Literatur. Wissenschaft und Geistesgeschichte. Bd. 95.
    1961. S. 594 - 616.

Ziegler, Konrat, Hrsg.: Der Kleine Pauly. Lexikon der
    Antike. Sontheimer, Walther, Bd. 3. München 1979.

Zürcher, Gustav: Leben mit Poesie, in: Arnold (Hrsg.).

MIX
Papier aus verantwortungsvollen Quellen
Paper from responsible sources
FSC® C105338

If you have any concerns about our products,
you can contact us on
ProductSafety@springernature.com

In case Publisher is established outside the EU,
the EU authorized representative is:
Springer Nature Customer Service Center GmbH
Europaplatz 3, 69115 Heidelberg, Germany

Printed by Libri Plureos GmbH
in Hamburg, Germany